住房和城乡建设行业专业人员知识丛书

劳务员专业知识

《住房和城乡建设行业专业人员知识丛书》编委会　编

中国环境出版集团·北京

图书在版编目（CIP）数据

劳务员专业知识 /《住房和城乡建设行业专业人员知识丛书》编委会编. —北京：中国环境出版集团，2019.4

（住房和城乡建设行业专业人员知识丛书）

ISBN 978-7-5111-3959-7

Ⅰ.①劳…　Ⅱ.①住…　Ⅲ.①建筑工程—劳务—管理—基本知识　Ⅳ.①F407.94

中国版本图书馆 CIP 数据核字（2019）第 072001 号

出 版 人　武德凯
责任编辑　张于嫣
责任校对　任　丽
封面设计　彭　杉

出版发行　中国环境出版集团
（100062　北京市东城区广渠门内大街 16 号）
网　　址：http：//www.cesp.com.cn
电子邮箱：bjgl@cesp.com.cn
联系电话：010-67112765（编辑管理部）
010-67112739（第三分社）
发行热线：010-67125803，010-67113405（传真）
印　　刷　北京中科印刷有限公司
经　　销　各地新华书店
版　　次　2019 年 4 月第 1 版
印　　次　2019 年 4 月第 1 次印刷
开　　本　787×1092　1/16
印　　张　16
字　　数　420 千字
定　　价　48.00 元

《住房和城乡建设行业专业人员知识丛书》
编 委 会

《劳务员专业知识》编写组

主　　编：谢佳元
副 主 编：杨　娥
主　　审：唐小林
参加编写：勾小琴　易佳玮　蔡万霞　刘开兰　杨永建

前　言

为了深入推进房屋建筑与市政基础设施工程现场施工专业人员（以下简称专业人员）队伍建设，更好地指导、服务于专业人员培训及人才评价工作，重庆市建设岗位培训中心组织编写了本套《住房和城乡建设行业专业人员知识丛书》，丛书紧扣现场施工专业人员职业能力标准，结合建设行业改革发展的新形势和新要求，坚持与施工现场专业人员的定位相结合、与现行的国家标准和行业标准相结合、与建设类“双证制”院校的专业设置相融合，力求体现科学性、针对性、实用性。

本书作为《住房和城乡建设行业专业人员知识丛书》中的一本，坚持以“职业素质”为基础、以“职业能力”为本位、以“实用易懂”为导向的编写思路，围绕与劳务员岗位能力要求相关的现行国家、行业及地方标准规范、技术指南等，重点对劳务员的知识点和能力点进行介绍，帮助读者学习基本的劳务员专业知识与技能，能够胜任参与现场劳务管理的基本工作。

本书共 10 章，内容包括：劳务员岗位职责、相关管理规定和标准、劳务实名制管理、流动人口管理、劳动保护、信访制度、人力资源管理、人工成本管理、劳务分包管理、劳务纠纷。本书与《通用知识》一书配套使用。

本书编写的具体分工是：主编由重庆建筑高级技工学校工程师谢佳元担任，副主编由重庆房地产学院工程师杨娥担任，重庆建筑高级技工学校易佳玮、勾小琴，重庆建工第三建设有限公司蔡万霞、重庆市建设岗位培训中心刘开兰参与编写。第一章、第二章由杨娥、刘开兰编写；第三章、第四章由易佳玮、杨永建编写；第五章由勾小琴编写；第六章、第七章、第八章、第九章、第十章由谢佳元、蔡万霞编写。

本书由唐小林任主审。

本书可作为施工现场专业人员岗位培训教材、“双证制”院校教学的参考用书，以及建筑类工程技术人员工作参考书。

限于编写时间之仓促，囿于编者之水平，书中难免有不足之处，恳请广大同仁和读者批评指正。

前言

目　录

第一章　劳务员岗位职责

在施工企业整体水平日益提高的形势下，施工企业的劳务管理工作也越来越受到各级负责人的重视和关注。劳务管理是在施工过程中进行工程管理的最为重要的一个方面，在工程的施工进度、施工质量以及企业形象等方面都起着重要的作用。作为劳务员在工程建设中主要从事对施工企业的建筑工人进行劳务合同管理，对施工过程中劳务资料的收集，参与劳务纠纷的处理，对劳务人员的计划和培训等工作。同时还参与劳务分包工作，协助项目经理做好分包企业的资质审核、劳务队伍的考查、参与劳务分包谈判、签订劳务分包合同等工作。现在建筑行业的竞争也越来越激烈，项目要取得好的经济效益，劳务员的作用越来越重要。

一、负责劳务计划及培训

1. 劳务管理计划职责

劳务员要保障施工劳动力的投入，按工程施工进度的需要安排其到岗，做好思想动员并采取经济措施保证足够的劳动力使用，以确保工程施工进度。工程劳动力组织及投入均需要由劳务员做出月度劳动力计划表，在公司内部进行合理调配，也可以从外部招聘，确保项目部对各种劳动力的需要，确保施工进度计划能够按期完成。

根据工程的不同项目和项目的不同阶段制订出劳动力需求计划表，见表 1-1。针对公司的项目用工情况，综合考虑，早做打算，或培训公司内部人员或外部招聘，保障劳动力的正常供应，使工程顺利进行。

工程的施工劳动力可以按以下三类进行组织：

①专业性强的技术工种类。

②普通技术工种类。

③非技术性普通工种类。

根据以上三类人员的组织原则，劳务员要预计出工程最高峰劳动力将达到多少人。劳动力的进退场根据工程施工进度的不同阶段作适当调整，见表 1-1。

2. 资格审查培训职责

为确保工程顺利进行施工，在组织工程劳动力时，将从本公司中抽出具有良好素质和安全意识强的、技术水平高的、身体健康，且有类似工程施工经验的一线操作工人安排进场施工；劳动力不足时及时从外部招聘。进场之前，对所有作业人员的上岗证书进行检查；所有施工人员进场前必须统一经过公司劳务技能及质量、安全技术等培训，考核合格后上岗挂牌施工。

表 1-1　劳动力需求计划样表　　单位：人

工种级别	按工程施工阶段投入劳动力情况								
	施工准备阶段	建筑工程阶段	钢结构工程阶段	装饰工程阶段	安装工程阶段	道路工程阶段	排水工程阶段	专业土石方工程阶段	收尾阶段
水电工	8	10	14	10	10	8	8	8	6
机械工	8	10	14	10	10	8	8	8	6
钢筋工	8	10	14	10	10	8	8	8	6
焊　工	8	10	20	10	10	8	8	8	6
混凝土工	8	10	14	10	10	8	8	8	6
砌筑工	8	10	14	10	10	8	8	8	6
抹灰工	8	10	10	10	10	8	8	8	6
架子工	8	14	14	10	10	8	8	8	6
管道工	8	10	10	10	14	8	8	8	6
安装工	8	10	14	10	10	8	8	8	6
木　工	8	10	14	10	10	8	8	8	6
普　工	16	20	20	20	20	20	20	20	20

二、负责劳动合同管理

建筑行业是劳动密集型行业，施工企业建筑工人数量众多，而且分布比较分散，给劳动合同的管理带来巨大的挑战，国家规定必须与每个用工人员在一个月内签订劳动合同，并且对劳动合同的执行情况进行跟踪。作为施工企业的劳务员对本企业的建筑工人进行合同管理是一项非常重要的工作。

1. 与劳务人员签订劳动合同

劳动合同的签订是双方当事人在协商一致的基础上，达成一致意见并严格按照《劳动合同法》的规定形式签订劳动合同。《劳动合同法》第十条规定，建立劳动关系，应当订立书面劳动合同。已建立劳动关系，未同时订立书面劳动合同的，应当自用工之日起一个月内订立书面劳动合同。用人单位与劳动者在用工前订立劳动合同的，劳动关系自用工之日起建立。

劳务员必须对施工现场劳务人员签订合同的情况进行盘查和跟踪。

2. 督促劳动合同的执行

劳务员要了解劳务人员的劳动合同执行情况，是否按时上下班，遵守公司的各项制度，在签订合同之后能否胜任现场的工作，工作能力如何，合同到期之后能否续聘等，这些都要在日常的管理工作中加以细化。另外，劳务人员各项具体权利的实现，通常依赖于建筑企业提供条件保障或者给予必要的配合，并执行劳动安全卫生章程，为劳动者提供劳动保护义务。

劳务员应根据劳动安全卫生规章和有关劳动保护法规，督促公司为劳务人员提供安全卫生的劳动条件和生产设备，加强安全卫生的管理工作，发放安全卫生防护用品，保证劳动过程中劳动者的安全和健康，并做好职业危害的防护工作，保障女职工和未成年劳动者享有特殊的劳动保护待遇。

3. 使劳务人员明确义务和权利

为合同签订人员详细讲解他们在合同执行期间的权利和义务，明确劳动纪律。劳动纪律是指用人单位依法制定的，全体职工在劳动过程中必须遵守的行为规则。它要求每个职工都必须按照规定的时间、地点、质量、方法和程序等方面的统一规则完成自己的劳动任务，实现全体职工在劳动过程中的行为方式和联系方式的规范化，以维护正常的生产、工作秩序。作为单位的劳务管理员就要对劳动者进行劳动纪律考核，与劳动者签订合同，对合同执行情况了然于心。

三、参与劳务纠纷的处理

作为建筑企业的劳务员应本着对国家、对人民群众高度负责的精神，以高度的政治敏锐性，充分认识劳务纠纷给社会稳定和对公司所在地区发展带来的严重危害，以严肃认真、实事求是的态度，把协商稳定贯穿于处理劳务纠纷工作中，杜绝劳务纠纷重大事件的发生。

1. 劳务纠纷处理程序

劳务队伍或施工班组一旦发生劳务纠纷，分包单位劳务管理人员必须在第一时间内上报项目部，特别是遇到劳务纠纷可能激化的局面时，不得有忽视、隐瞒，甚至纵容或激化矛盾的情况发生；项目部劳务员在接到消息后应立即赶赴施工现场，与劳务队伍或施工班组共同解决，同时要与公司取得联系；不允许出现重大劳务纠纷事件的发生。具体处理程序如图 1-1 所示。

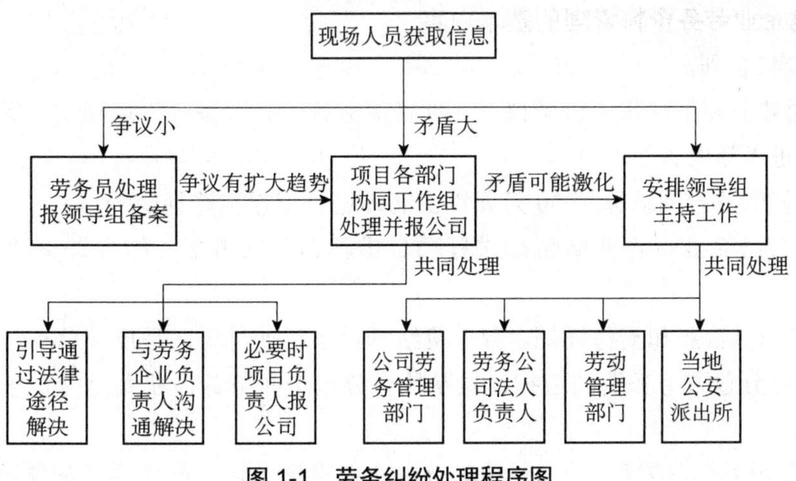

图 1-1　劳务纠纷处理程序图

重大纠纷包括：

1）劳务公司员工聚集或围堵项目部、公司机关，干扰、妨碍正常办公。

2）劳务公司员工聚集或围堵政府机关、道路等公共场所，群访、群诉。

3）劳务公司员工采取其他非正常手段，如跳楼、拨打 110 或都市快报热线等可能造成社会影响的情况。

2. 劳务纠纷出现的几种常见情况

1）分包单位中标后另转包，收取管理费后脱离管理，接包人亏损后组织工人闹事。

2）劳务公司与班组未签订合同进场施工，因其他原因后期不使用该队伍或合同签订时内容谈不成的，退场时索要的劳务费达不到其要求的组织工人闹事。短期工退场时与班组长因工资结算发生纠纷的。

3）当月已完工程量不按规定时间进行结算，工程竣工后结算，量、价不能满足劳务公司结算要求时组织工人闹事。

4）不严格落实实名制工作，组织多于施工现场实际施工人员的人数或非施工人员，以劳务费不足支付农民工工资为借口闹事。

3. 劳务员应加强对劳务纠纷事件的防范

项目部劳务员负责将本项目部所有劳务公司的工资发放情况进行汇总，监督各劳务公司及时发放农民工的劳务工资；督促各劳务公司及时进行合同备案，及时与农民工签订劳动合同，及时进行人员备案；督促劳务公司将人员花名册、考勤表、工资发放表、人员变动表、劳务费结算和工资支付情况统计表送交劳务企业负责人签字、企业加盖公章以合同为单位按月装订成册；负责劳务纠纷调解、处理，尽量将纠纷消除在萌芽状态。

四、负责劳务资料管理

施工企业劳动力众多，各工种复杂，劳务人员的资料比较琐碎，劳务管理人员应该及时收集管理各类劳务资料，妥善保管，预防纠纷的发生。劳务员还负责分包队伍的资质验审工作，参与劳务分包合同签订，所以分包合同资料也是劳务员的资料管理范畴。

1. 总承包企业劳务资料管理的基本内容

1）劳务分包合同。

2）中标通知书和新队伍引进考核表。项目部劳务员必须按照下述规定，保存好中标通知书和新队伍引进考核表备查：

①单项工程劳务合同估算价 50 万元以上的须进行招投标选择队伍。

②引进新劳务企业、作业队伍须进行项目推荐、公司考察、综合评价和集团公司审批手续。

3）劳务费结算台账和支付凭证。劳务费结算台账和支付凭证是反映总承包方是否按规定及时结算和支付分包方劳务费的依据，也是检查分包企业劳务作业人员能否按时发放工资的依据。

4）人员增减台账。项目部劳务员根据分包企业现场实际人员变动情况登记造册，是保证进入现场分包人员接受安全教育、持证上岗、合法用工的基础管理工作，必须每日完成人员动态管理，建筑施工企业、项目经理部应当按照标准做好施工人员实名制管理。

5）农民工夜校资料。总承包单位必须建立“农民工夜校”，将农民工教育培训工作纳入企业教育管理体系，其管理资料有：

①“农民工夜校”组织机构及人员名单；

②“农民工夜校”管理制度；

③农民工教育师资队伍名录及证书、证明；

④“农民工夜校”培训记录。

6）日常检查记录。包括以下两个方面：

①项目部劳务员对分包方进场人员的日常检查记录，是判定分包方该项目实际使用人员与非实际使用人员的重要资料；

②各项目经理部日常用工检查制度和劳务例会记录。

7）劳务作业队伍考评表。它包括：

①《劳务作业队伍考评表》；

②对作业队伍相关月度检查、季度考核、年度评价，分级评价的相关资料及报表。

2. 分包企业劳务资料管理的基本内容

（1）劳务作业人员花名册和身份证明

①劳务分包企业提供的进入施工现场人员花名册，是总承包单位掌控进场作业人员情况的重要材料。花名册必须包含姓名、籍贯、年龄、身份证号码、岗位证书编号、工种等重要信息。花名册也是总承包方在处理分包方劳务纠纷时识别是否参与发包工程施工作业的依据。因此，劳务员必须将分包企业人员花名册和身份证明作为重要文件收集保管。

②劳务分包企业提供的进入施工现场人员花名册，必须由分包企业审核盖章，由分包企业所属省建管处审核盖章，由当地建设主管部门审核盖章，与现场作业人员实名相符。

③《劳动合同法》第七条规定，用人单位自用工之日起即与劳动者建立劳动关系。用人单位应当建立职工名册备查。

（2）劳务作业人员劳动合同

（3）劳务作业人员工资表和考勤表

①劳务作业人员工资表和考勤表，是劳务分包企业进场作业人员实际发生作业行为工资分配的证明，也是总承包单位协助劳务分包企业处理劳务纠纷的依据。因此，劳务作业人员工资表和考勤表应该作为劳务管理重要资料存档备查。

②《建筑施工企业劳动用工和工资支付管理暂行规定》第十二条规定，建筑施工企业应当对劳动者出勤情况进行记录，作为发放工资的依据，并按照工资支付周期编制工资支付表，不得伪造、变造、隐匿、销毁出勤记录和工资支付表。

（4）施工作业人员岗位技能证书

（5）施工队长备案手册

劳务企业在承揽劳务分包工程时，应当向劳务发包企业提供《建筑业企业档案管理手册》，《手册》中应当包括拟承担该劳务分包工程施工队长的有关信息。劳务企业也可自愿到建设行政主管部门领取《建筑业企业劳务施工队长证书》。劳务发包企业不得允许《手册》中未记录的劳务企业施工队长进场施工。

（6）劳务分包合同及劳务作业人员备案证明

①劳务分包合同备案证和劳务作业人员备案证是建设行政主管部门和总承包企业对总承包单位发包分包工程及进场作业人员的管理证明，凡是未办理合同备案和人员备案的分包工程及人员，均属违法分包和非法用工；

②发包人应当在劳务分包合同订立后 7 日内，到建设行政主管部门办理劳务分包合同及施工人员备案。

3. 劳务管理资料档案的编制要求

1）劳务资料必须真实准确，与实际情况相符。资料尽量使用原件，使用复印件时需注明原件存放位置。

2）劳务资料要保证字迹清晰、图样清晰，表格整洁，签字盖章手续完备，打印版资料的签名栏必须手签。照片采用照片档案相册管理，要求图像清晰，文字说明准确。

3）归档的资料要求配有档案目录，档案资料必须真实、有效、完整。

4）按照“一案一卷”的档案资料管理原则进行规范整理，按照形成规律和特点，区别不同价值，便于保管和利用。

4. 劳务管理资料档案的保管

1）劳务管理资料档案最低保存年限：合同协议类 8 年；文件记录类 8 年；劳务费发放类 8 年；统计报表类 5 年。

2）档案柜架摆放要科学和便于查找。要定期进行档案的清理核对工作，做到账物相符，对破损或变质的档案要及时进行修补和复制。

3）要定期对保管期限已满的档案进行鉴定，准确地判定档案的存毁。档案的鉴定工作应在档案分管负责人的领导下，由相关业务人员组成鉴定小组，对确无保存价值的档案提出销毁意见，进行登记造册，经主管领导审批后销毁。

4）档案管理人员要认真做好劳务档案的归档工作。劳务档案现代化管理应与企业信息化建设同步发展，列入办公自动化系统并同步进行，不断提高档案管理水平。

5）档案资料使用统一规格的文件盒、文件夹进行管理保存。

第二章　相关管理规定和标准

第一节　劳务用工、持证上岗管理规定

随着我国建筑业企业生产和经营规模的不断扩大，建筑业总产值持续增长，2014 年达到 176 713.40 亿元，是 2005 年的 5.11 倍。截至 2015 年底，全社会就业人员总数 77 451 万人，其中建筑业从业人数 5 003.4 万人，比上年末增加 466.4 万人，增长 10.28%。建筑业从业人数占全社会就业人员总数的 6.46%，比上年提高 0.59 个百分点。建筑业在吸纳农村转移人口就业、推进新型城镇化建设和维护社会稳定等方面一直发挥着显著的作用。但是建筑行业使用劳动力的量特别大，施工环境复杂，而且大量的农民工文化素质偏低，为保障从业人员的安全和建筑业的健康发展，国家出台了一系列的规定和管理制度。

一、关于劳动者的规定

1）从事建筑业劳动的务工人员，必须是年满 16 周岁以上，国家规定的正常退休年龄以下，具有劳动能力的人员；从事繁重体力劳动和接触有毒有害物质的必须年满 18 周岁以上。

2）由于建筑业的工作大多是强体力劳动，因此务工者必须身体健康。凡患有高血压、心脏病、贫血、慢性肝炎、癫痫（羊角风）等症的人员，不宜从事建筑业的工作。

3）务工人员上岗前应接受相应的岗前培训，掌握一定的技术技能，具备文明施工、安全生产及法律法规意识，以适应相应的工作岗位的需要。

4）不同行业、不同工种、不同岗位的技能培训要求各不相同。基本技能和技术操作规程的培训可以使务工者掌握一定的操作技能，满足相应岗位的基本要求。

5）安全生产和工程质量常识培训内容有建筑施工安全常识、典型事故案例分析、施工质量基本知识。通过培训，使务工人员了解施工现场主要工种和辅助工种的工作关系，熟悉本工种有关的安全操作技术规程，正确使用个人防护用品和认真落实安全防护措施，提高质量意识，确保施工安全。

二、持证上岗管理规定

1）务工人员需要具备一些基本的法律知识，如《劳动法》《建筑法》《安全生产法》《建设工程安全生产管理条例》《建设工程质量管理条例》《治安管理处罚条例》等。了解这些法律

法规能够增强务工者遵纪守法和利用法律保护自身合法权益的意识。

2）职业道德和城市生活常识培训包括城市公共道德、职业道德、城市生活常识等。培训的目的是增强务工者适应城市工作和生活的能力，养成良好的公民道德意识，树立建设城市、爱护城市、保护环境、遵纪守法、文明礼貌的社会风尚。

3）职业资格证书是反映劳动者具备某种职业所需要的专业知识和技能的证明，是劳动者求职、从业的资格凭证，是用人单位招聘录用劳动者的重要依据之一，也是就业时证明劳动者技能水平的有效证件。职业资格证书与职业劳动活动密切相连，是根据特定职业的实际工作内容、特点、标准和规范等规定的技能水平确定等级，其等级分为初级工、中级工、高级工、技师和高级技师 5 级。从事特殊工种的人员，还必须经过专门培训并取得相关特种作业资格后才能上岗。

第二节　建筑劳务承包有关规定

一、国家对劳务企业的资质管理

1. 管理规定

1）劳务企业应具有根据相关部门要求建立“工资保证金专用账户”“农民工工资专用账户”的证明材料。

2）劳务企业应具有劳务分包企业规模、组织架构、技术力量、施工业绩以及财务、劳资、质量安全管理制度等相关材料。

3）劳务企业施工队长应当具有公司法人签署的项目负责人任命证书。此外，还需严格执行各省市有关规定。

4）企业从业人员花名册、岗位证书及特种作业人员的持证情况。

5）劳务员应当具有住房和城乡建设部颁发的劳务员岗位证书，并应当取得年度岗位培训和继续教育合格证书。同时，劳务企业应符合施工项目所在地建设主管部门相关管理要求，进行相关备案。

6）人员要求劳务分包企业施工队伍必须配备相应的管理人员，全部管理人员应 100%持有国家相关部门颁发的管理岗位证书，一般技术工人、特种作业人员、劳务普工等注册人员必须 100%持有相应工种的岗位证书。对于劳务分包工程队伍人数超过 50 人的，其中中级工比例不低于 40%、高级工比例不得低于 5%。

2. 公司资质规定

根据《公司法》的相关规定，劳务企业应办理工商注册并取得《企业法人营业执照》；根据《建筑业企业资质管理规定》（住建部令　第 22 号）的相关规定执行。

建筑劳务企业资质等级标准分为 13 类：

A. 木工作业分包企业资质标准

B. 砌筑作业分包企业资质标准

C. 抹灰作业分包企业资质标准

D. 石制作分包企业资质标准

E. 油漆作业分包企业资质标准

F. 钢筋作业分包企业资质标准

G. 混凝土作业分包企业资质标准

H. 脚手架作业分包企业资质标准

I. 模板作业分包企业资质标准

J. 焊接作业分包企业资质标准

K. 水暖电安装作业分包企业资质标准

L. 钣金作业分包企业资质标准

M. 架线作业分包企业资质标准

二、国家对建筑劳务企业上岗证书的规定及种类

1. 企业持证上岗的制度规定

1）劳务分包企业施工队伍必须配备相应的管理人员，不得低于注册人数的 8%，全部管理人员应 100%持有国家相关部门颁发的管理岗位证书。

2）管理人员的配备应符合以下标准：每个注册的劳务分包企业的法人代表、项目负责人、专职安全员必须具有安全资格证书。队伍人数在百人以上的劳务分包企业，必须配备一名专职劳务员，不足百人的可配备兼职管理人员，劳务员必须持有岗位资格证书。

3）一般技术工人、特种作业人员、劳务普工注册人员必须 100%持有相应工种的岗位证书。

4）劳务分包工程队伍中的初级工、中级工、高级工均须取得相应资格证书。

5）管理人员须持住房和城乡建设部岗位管理人员岗位证书；技术工人、普工须持国家职业资格证书或住房和城乡建设部职业技能岗位证书；特种作业人员须持住房和城乡建设部或国家安监局颁发的相关工种的《特种作业人员操作证书》；建筑行业起重设备操作人员须持住房和城乡建设部核发的相关工种的《建筑施工特种作业人员操作资格证》。

2. 关于建筑企业的规定

（1）建筑业企业的概念

建筑业企业是指从事土木工程、建筑工程、线路管道设备安装工程的新建、扩建、改建等施工活动的企业。建筑业企业资质分为施工总承包资质、专业承包资质和施工劳务资质 3 个序列。

施工总承包资质的企业（以下简称施工总承包企业），可以承接施工总承包工程。施工总承包企业可以对所承接的施工总承包工程内各专业工程全部自行施工，也可以将专业工程或劳务作业依法分包给具有相应资质的专业承包企业或劳务分包企业。取得专业承包资质的企业（以下简称专业承包企业），可以承接施工总承包企业分包的专业工程和建设单位依法发包的专业工程。专业承包企业可以对所承接的专业工程全部自行施工，也可以将劳务作业依法分包给具

有相应资质的劳务分包企业。取得劳务分包资质的企业（以下简称劳务分包企业），可以承接施工总承包企业或专业承包企业分包的劳务作业。

（2）建筑企业资质的申请

建筑业企业资质的申请和审批在《建筑业企业资质管理规定》（住建部令　第22号）中有以下相关规定：

第九条　下列建筑业企业资质，由国务院住房和城乡建设主管部门许可：

（一）施工总承包资质序列特级资质、一级资质及铁路工程施工总承包二级资质；

（二）专业承包资质序列公路、水运、水利、铁路、民航方面的专业承包一级资质及铁路、民航方面的专业承包二级资质；涉及多个专业的专业承包一级资质。

第十条　下列建筑业企业资质，由企业工商注册所在地省、自治区、直辖市人民政府住房和城乡建设主管部门许可：

（一）施工总承包资质序列二级资质及铁路、通信工程施工总承包三级资质；

（二）专业承包资质序列一级资质（不含公路、水运、水利、铁路、民航方面的专业承包一级资质及涉及多个专业的专业承包一级资质）；

（三）专业承包资质序列二级资质（不含铁路、民航方面的专业承包二级资质）；铁路方面专业承包三级资质；特种工程专业承包资质。

第十一条　下列建筑业企业资质，由企业工商注册所在地设区的市人民政府住房和城乡建设主管部门许可：

（一）施工总承包资质序列三级资质（不含铁路、通信工程施工总承包三级资质）；

（二）专业承包资质序列三级资质（不含铁路方面专业承包资质）及预拌混凝土、模板脚手架专业承包资质；

（三）施工劳务资质；

（四）燃气燃烧器具安装、维修企业资质。

第二十条　申请本规定第九条所列资质的，应当向企业工商注册所在地省、自治区、直辖市人民政府住房和城乡建设主管部门提出申请。其中，国务院国有资产管理部门直接监管的建筑企业及其下属一层级的企业，可以由国务院国有资产管理部门直接监管的建筑企业向国务院住房和城乡建设主管部门提出申请。

省、自治区、直辖市人民政府住房和城乡建设主管部门应当自受理申请之日起20个工作日内初审完毕，并将初审意见和申请材料报国务院住房和城乡建设主管部门。

国务院住房和城乡建设主管部门应当自省、自治区、直辖市人民政府住房和城乡建设主管部门受理申请材料之日起60个工作日内完成审查，公示审查意见，公示时间为10个工作日。其中，涉及公路、水运、水利、通信、铁路、民航等方面资质的，由国务院住房和城乡建设主管部门会同国务院有关部门审查。

企业申请建筑业企业资质，在资质许可机关的网站或审批平台提出申请事项，提交资金、专业技术人员、技术装备和已完成业绩等电子材料。

企业申请建筑业企业资质，应当如实提交有关申请材料。资质许可机关收到申请材料后，应当按照《中华人民共和国行政许可法》的规定办理受理手续。资质许可机关应当及时将资质许可决定向社会公开，并为公众查询提供便利。建筑业企业资质证书分为正本和副本，由国务院住房和城乡建设主管部门统一印制，正、副本具备同等法律效力。资质证书有效期为5年。

（3）建筑企业资质证书变更

建筑业企业资质证书有效期届满，企业继续从事建筑施工活动的，应当于资质证书有效期届满 3 个月前，向原资质许可机关提出延续申请。资质许可机关应当在建筑业企业资质证书有效期届满前做出是否准予延续的决定；逾期未作出决定的，视为准予延续。

在建筑业企业资质证书有效期内，企业的名称、地址、注册资本、法定代表人等发生变更的，应当在工商部门办理变更手续后 1 个月内办理资质证书变更手续。由国务院住房和城乡建设主管部门颁发的建筑业企业资质证书的变更，企业应当向企业工商注册所在地省、自治区、直辖市人民政府住房和城乡建设主管部门提出变更申请，省、自治区、直辖市人民政府住房和城乡建设主管部门应当自受理申请之日起 2 日内将有关变更证明材料报国务院住房和城乡建设主管部门，由国务院住房和城乡建设主管部门在 2 日内办理变更手续。

前款规定以外的资质证书的变更，由企业工商注册所在地的省、自治区、直辖市人民政府住房和城乡建设主管部门或者设区的市人民政府住房和城乡建设主管部门依法另行规定。变更结果应当在资质证书变更后 15 日内，报国务院住房和城乡建设主管部门备案。

涉及公路、水运、水利、通信、铁路、民航等方面的建筑业企业资质证书的变更，办理变更手续的住房和城乡建设主管部门应当将建筑业企业资质证书变更情况告知同级有关部门。

企业发生合并、分立、重组以及改制等事项，需承继原建筑业企业资质的，应当申请重新核定建筑业企业资质等级。企业需更换、遗失补办建筑业企业资质证书的，应当持建筑业企业资质证书更换、遗失补办申请等材料向资质许可机关申请办理。资质许可机关应当在 2 个工作日内办理完毕。企业遗失建筑业企业资质证书的，在申请补办前应当在公众媒体上刊登遗失声明。

企业申请建筑业企业资质升级、资质增项，在申请之日起前一年至资质许可决定作出前，有下列情形之一的，资质许可机关不予批准其建筑业企业资质升级申请和增项申请：

1）超越本企业资质等级或以其他企业的名义承揽工程，或允许其他企业或个人以本企业的名义承揽工程的；

2）与建设单位或企业之间相互串通投标，或以行贿等不正当手段谋取中标的；

3）未取得施工许可证擅自施工的；

4）将承包的工程转包或违法分包的；

5）违反国家工程建设强制性标准施工的；

6）恶意拖欠分包企业工程款或者劳务人员工资的；

7）隐瞒或谎报、拖延报告工程质量安全事故，破坏事故现场、阻碍对事故调查的；

8）按照国家法律、法规和标准规定需要持证上岗的现场管理人员和技术工种作业人员未取得证书上岗的；

9）未依法履行工程质量保修义务或拖延履行保修义务的；

10）伪造、变造、倒卖、出租、出借或者以其他形式非法转让建筑业企业资质证书的；

11）发生过较大以上质量安全事故或者发生过两起以上一般质量安全事故的；

12）其他违反法律、法规的行为。

申请资质证书变更，应当提交以下材料：

1）资质证书变更申请；

2）企业法人营业执照复印件；

3）建筑业企业资质证书正、副本原件；

4）与资质变更事项有关的证明材料。

（4）监督与管理

建筑业企业资质的年检与监督管理在《建筑业企业资质管理规定》（住建部令　第22号）中有如下规定：

县级以上人民政府住房和城乡建设主管部门和其他有关部门应当依照有关法律、法规和本规定，加强对企业取得建筑业企业资质后是否满足资质标准和市场行为的监督管理。上级住房和城乡建设主管部门应当加强对下级住房和城乡建设主管部门资质管理工作的监督检查，及时纠正建筑业企业资质管理中的违法行为。住房和城乡建设主管部门、其他有关部门的监督检查人员在实施监督检查时，应当出示证件，并要有两名以上人员参加。监督检查人员应当为被检查企业保守商业秘密，不得索取或者收受企业的财物，不得谋取其他利益。有关企业和个人对依法进行的监督检查应当协助与配合，不得拒绝或者阻挠。监督检查机关应当将监督检查的处理结果向社会公布。

企业违法从事建筑活动的，违法行为发生地的县级以上地方人民政府住房和城乡建设主管部门或者其他有关部门应当依法查处，并将违法事实、处理结果或者处理建议及时告知该建筑业企业资质的许可机关。对取得国务院住房和城乡建设主管部门颁发的建筑业企业资质证书的企业需要处以停业整顿、降低资质等级、吊销资质证书行政处罚的，县级以上地方人民政府住房和城乡建设主管部门或者其他有关部门，应当通过省、自治区、直辖市人民政府住房和城乡建设主管部门或者国务院有关部门，将违法事实、处理建议及时报送国务院住房和城乡建设主管部门。

取得建筑业企业资质证书的企业，应当保持资产、主要人员、技术装备等方面满足相应建筑业企业资质标准要求的条件。企业不再符合相应建筑业企业资质标准要求条件的，县级以上地方人民政府住房和城乡建设主管部门、其他有关部门，应当责令其限期改正并向社会公告，整改期限最长不超过 3 个月；企业整改期间不得申请建筑业企业资质的升级、增项，不能承揽新的工程；逾期仍未达到建筑业企业资质标准要求条件的，资质许可机关可以撤回其建筑业企业资质证书。被撤回建筑业企业资质证书的企业，可以在资质被撤回后3个月内，向资质许可机关提出核定低于原等级同类别资质的申请。

有下列情形之一的，资质许可机关应当撤销建筑业企业资质：

1）资质许可机关工作人员滥用职权、玩忽职守准予资质许可的；

2）超越法定职权准予资质许可的；

3）违反法定程序准予资质许可的；

4）对不符合资质标准条件的申请企业准予资质许可的；

5）依法可以撤销资质许可的其他情形。

以欺骗、贿赂等不正当手段取得资质许可的，应当予以撤销。

有下列情形之一的，资质许可机关应当依法注销建筑业企业资质，并向社会公布其建筑业企业资质证书作废，企业应当及时将建筑业企业资质证书交回资质许可机关：

1）资质证书有效期届满，未依法申请延续的；

2）企业依法终止的；

3）资质证书依法被撤回、撤销或吊销的；

4）企业提出注销申请的；

5）法律、法规规定的应当注销建筑业企业资质的其他情形。

申请企业隐瞒有关真实情况或者提供虚假材料申请建筑业企业资质的，资质许可机关不予许可，并给予警告，该申请企业在 1 年内不得再次申请建筑业企业资质。企业以欺骗、贿赂等不正当手段取得建筑业企业资质的，由原资质许可机关予以撤销；由县级以上地方人民政府住房和城乡建设主管部门或者其他有关部门给予警告，并处 3 万元的罚款；申请企业 3 年内不得再次申请建筑业企业资质。企业有本规定第二十三条行为之一，《中华人民共和国建筑法》《建设工程质量管理条例》和其他有关法律、法规对处罚机关和处罚方式有规定的，依照法律、法规的规定执行；法律、法规未作规定的，由县级以上地方人民政府住房和城乡建设主管部门或者其他有关部门给予警告，责令改正，并处 1 万元以上 3 万元以下的罚款。

第三节　建筑工人权益保护

一、权益保护、监督与保障

1. 国家高度重视农民工权益保护

《国务院关于解决农民工问题的若干意见》（国发〔2006〕5 号）中，全面表述了农民工权益保护的指导思想和基本原则。

1）指导思想：做好农民工工作，要以邓小平理论和“三个代表”的重要思想为指导，按照落实科学发展观和构建社会主义和谐社会的要求，坚持解放思想，实事求是，与时俱进；坚持从我国国情出发，统筹城乡发展；坚持以人为本，认真解决涉及农民工利益的问题。着力完善政策和管理，推进体制改革和制度创新，逐步建立城乡统一的劳动力市场和公平竞争的就业制度，建立保障农民工合法权益的政策体系和执法监督机制，建立惠及农民工的城乡公共服务体制和制度，拓宽农村劳动力转移就业渠道，保护和调动农民工的积极性，促进城乡经济繁荣和社会全面进步，推动社会主义新农村建设和中国特色的工业化、城镇化、现代化健康发展。

2）基本原则：

①公平对待，一视同仁。尊重和维护农民工的合法权益，消除对农民进城务工的歧视性规定和体制性障碍，使他们和城市职工享有同等的权利和义务。

②强化服务，完善管理。转变政府职能，加强和改善对农民工的公共服务和社会管理，发挥企业、社区和中介组织作用，为农民工生活与劳动创造良好环境和有利条件。

③统筹规划，合理引导。实行农村劳动力异地转移与就地转移相结合。既要积极引导农民进城务工，又要大力发展乡镇企业和县域经济，扩大农村劳动力在当地转移就业，使农民工就近就业。

④因地制宜，分类指导。输出地和输入地都要有针对性地解决农民工面临的各种问题。鼓励各地区从实际出发，探索保护农民工权益、促进农村富余劳动力有序流动的办法。

⑤立足当前，着眼长远。既要抓紧解决农民工面临的突出问题，又要依靠改革和发展，逐步解决深层次问题，形成从根本上保障农民工权益的体制和制度。

宪法和法律赋予了公民各种合法权益，包括政治权利、人身权利、民主权利、社会经济权利、教育权利以及其他权利等正当利益的总称。因此，所谓农民工权益指的是国家宪法和法律规定或认可的处在各种社会劳动关系中的农民工，在城镇企业履行劳动义务的同时所享有的与劳动有关的权利，还包括作为国家公民所享有的权利和相应的权益。如民主权利、政治权利、社会权利、经济权利、教育权利、劳动权利、就业权利、安全权利、人身自由权利、自由流动与自由迁徙权利、平等权利、发展权利、利益表达权利等。具体来说，主要包括两个层次的权利：基本生存权和发展权两类。其中，基本生存权包括劳动就业权、平等就业权、自由择业权、劳动报酬权、同工同酬权、劳动休息权、劳动安全卫生权、自由迁徙居住权、参与团体组织权、土地承包权及社会救助权等；发展权包括受教育培训权、子女受教育权、人格尊严权、民主政治参与权、文化身心发展权及社会保险权等。另外，农民工合法权益也可界定为经济性权益、社会性权益和政治性权益，主要包括下面几种类型的权益：劳动权益、劳动报酬权益、自由择业权益、劳动休息权益、社会保障权益、文化教育权益、子女受教育权益、自由迁徙居住权益、民主政治权益。

《劳动合同法》和《就业促进法》（简称“两法”）从2008年1月1日开始施行，“两法”是在我国正处在加快构建社会主义和谐社会的关键时期颁布的重要法律，“两法”对保障农民工的公平就业、参加职业培训等方面的权利给予了明确规定。“两法”的颁布实施，给农民工就业带来了积极的影响。《就业促进法》明确规定，农村劳动者进城就业享有与城镇劳动者平等的权利，不得对农村劳动者进城就业设置歧视性限制。《就业促进法》还明确规定，劳动者对实施就业歧视行为可以向人民法院提起诉讼，请求人民法院以国家审判权来保护其合法权益。在求职者行使就业诉权后，人民法院应当依照法定诉讼程序解决其因就业歧视所发生的纠纷，保障其受到侵犯的就业权利。《就业促进法》实施后，用人单位、职业中介或其他相关社会主体实施了就业歧视行为就不再仅仅是受到社会舆论的谴责或者主管部门的警告，而是要面临法律的制裁。本条规定的重要意义还在于：劳动者的求职权是有别于一般劳动权的重要权利，是一项源于宪法保障的基本权利。因此，当就业权受到侵犯时，劳动者享有的是直接向人民法院提起诉讼的权利，有别于其他劳动权利之诉讼须以劳动仲裁为前提条件。

城市农民工从事着城市中最脏、最累、最危险的职业，往往承受着极高的劳动强度与恶劣的劳动环境。许多农民工在卫生与安全保护设施根本不达标的条件下长期作业，患上职业病甚至身体慢性中毒，对其人身健康造成了巨大损害。为了赚取微薄的劳动报酬，相当数量的农民工付出了健康甚至生命的代价，社会保障的缺位使农民工承受了巨大的经济与心理压力，农民工的人身权利也极易受用人单位非法限制与侵犯。针对这些情况《劳动合同法》明确规定了在多种情形下，给劳动者造成损害的，应当承担赔偿责任。

农民工这个群体非常庞大，并且面临的问题也非常多。许多农民工的工作既没有合同保障，就业也极不稳定。《就业促进法》和《劳动合同法》从用工管理、就业服务、社会保障、公共服务、权益保障等方面都做出了明确规定。《劳动合同法》将“劳动报酬”作为劳动合同的必备条款之一，并规定：劳动合同中缺少劳动报酬条款的，由劳动行政主管部门责令改正；给劳动者造成损害的，由用人单位承担赔偿责任。用人单位与劳动者签订的劳动合同，应当明确约定工资支付的形式、标准、周期、日期等主要内容，工资标准不得低于最低工资标准。这条法规的主体劳动者，无疑也包括农民工，如果出现拖欠工资的情况，农民工可以依照《劳动合同法》的相关规定主张自己的权利。

（1）农民工权益保护在法律救济方面的规定

1）认真落实我国相关法律中对农民工权益保护的规定。

2）在涉及农民工权益的具体司法实践中，在法律规定的限度内向农民工一方实行“司法倾斜”，对侵害农民工权益者实施更严厉的惩处，对施害者起到警示惩戒作用。

3）简化解决纠纷的法律程序，为农民工提供一条维权的“便捷通道”。

4）建立专门的维护农民工权益的无偿法律救助机构，鼓励法律志愿者积极参与，解决农民工的疑难问题，帮助农民工在合法权益受到侵害的时候进行诉讼，以维护农民工的各项合法权益。

（2）农民工权益保护在社会救济方面的规定

1）重视发挥新闻舆论在维护农民工合法权益方面的导向和监督作用，更好地维护民工合法权益。

2）劳动和社会保障、工会、妇联、教育、工商等部门的积极参与，开辟多种农民工维权渠道。

3）开通维权热线，使农民工的权利及时得到维护。建立维权监督、举报制度，把农民工权益受损的情况及时反馈给有关部门。

4）加强对农民工的培训，提高农民工的素质。

农民工流出地的责任：加大农村教育经费投入，提高农村劳动力的整体素质；改变农村教育模式，培养适合农村及社会发展需要的人才；加大对农村转移劳动力的职业技能培训；加强对农村转移劳动力法律知识的培训。

农民工流入地的责任：加大对农民工岗前或其他职业技能的培训；为农民工接受继续教

育提供便利；为农民工子女接受教育创造条件。

（3）《国务院关于解决农民工问题的若干意见》的相关规定

1）把农民工纳入城市公共服务体系。输入地政府要转变思想观念和管理方式，对农民工实行属地管理。要在编制城市发展规划、制定公共政策、建设公用设施等方面统筹考虑。要增加公共财政支出，逐步健全覆盖农民工的城市公共服务体系。

2）保障农民工子女平等接受义务教育。输入地政府要承担起农民工同住子女义务教育的责任，将农民工子女义务教育纳入当地教育发展规划，列入教育经费预算，以全日制公办中小学为主接收农民工子女入学，并按照实际在校人数划拨学校公用经费，城市公办学校对农民工子女接受义务教育要与当地学生在收费、管理等方面同等对待，要在办学经费、师资培训等方面给予支持和指导，提高办学质量。

输出地政府要解决好农民工托留在农村子女的教育问题。

3）加强农民工疾病预防控制和适龄儿童免疫工作。输入地要加强农民工疾病预防控制工作，强化对农民工健康教育和聚居地的疾病监测，落实国家关于特定传染病的免费治疗政策。要把农民工子女纳入当地免疫规划，采取有效措施提高国家免疫规划疫苗的接种率。

进一步搞好农民工计划生育管理和服务。以输入地为主、输出地和输入地协调配合的管理服务体制。输入地政府要把农民工计划生育管理和服务经费纳入地方财政预算，提供国家规定的计划生育、生殖健康等免费服务项目和药具。用人单位要依法行使农民工计划生育相关管理服务责任。输出地要做好农民工计划生育宣传、教育和技术服务工作，免费发放《流动人口婚育证明》，及时向输入地提供农民工婚育信息。加强全国流动人口计划生育信息交换平台建设。

4）多渠道改善农民工居住条件。有关部门要加强监管，保证农民工居住场所符合基本的卫生和安全条件。招用农民工数量较多的企业，在符合规划的前提下，可在依法取得的企业用地范围内建设农民工集体宿舍。农民工集中的开发区和工业园区，可建设统一管理、供企业租用的员工宿舍，集约利用土地。加强对城乡接合部农民工聚居地区的规划、建设和管理，提高公共基础设施保障能力。各地要把长期在城市就业与生活的农民工居住问题，纳入城市住宅建设发展规划。有条件的地方，城镇单位聘用农民工，用人单位和个人可缴存住房公积金，用于农民工购买或租赁自住房。

《劳动合同法》规定，国务院劳动行政部门负责全国劳动合同制度实施的监督管理，县级以上地方人民政府劳动行政部门负责本行政区域内劳动合同制度实施的监督管理。县级以上各级人民政府劳动行政部门在劳动合同制度实施的监督管理工作中，应当听取工会、企业方面代表以及有关行业主管部门的意见。

《劳动合同法》还规定，县级以上地方人民政府劳动行政部门依法对下列实施劳动合同制度的情况进行监督检查：用人单位制定直接涉及劳动者切身利益的规章制度及其执行的情况；用人单位与劳动者订立和解除劳动合同的情况；劳务派遣单位和用工单位遵守劳务派遣有关规定的情况；用人单位遵守国家关于劳动者工作时间和休息休假规定的情况；用人单位支付劳动合同约定的劳动报酬和执行最低工资标准的情况；用人单位参加各项社会保险和缴纳社会保险费的情况；法律、法规规定的其他劳动监察事项。

县级以上地方人民政府劳动行政部门实施监督检查时，有权查阅与劳动合同、集体合同有关的材料，有权对劳动场所进行实地检查，用人单位和劳动者都应当如实提供有关情况和材料。劳动行政部门的工作人员进行监督检查，应当出示证件，依法行使职权，文明执法。

县级以上人民政府建设、卫生、安全生产监督管理等有关主管部门在各职责范围内，对用人单位执行劳动合同制度的情况进行监督管理。劳动者合法权益受到侵害的，有权要求有关部门依法处理，或者依法申请仲裁、提起诉讼。工会依法维护劳动者的合法权益，对用人单位履行劳动合同、集体合同情况进行监督。用人单位违反劳动法律、法规和劳动合同、集体合同的，工会有权提出意见或者要求纠正；劳动者申请仲裁、提起诉讼的，工会依法给予支持和帮助。任何组织去的行为都有权举报，县级以上人民政府劳动行政部门应当及时核实、处理，并对举报有功人员给予奖励。

2. 农民工权益保护的法律责任

（1）民事责任

农民工权益保护属于民事责任的范畴，民事责任是指行为人违反民事法律上的约定或者法定义务所应承担的对其不利的法律后果，其目的主要是恢复受害人的权利和补偿权利人的损失。我国《民法通则》根据民事责任的承担原因将民事责任主要划分为两类，即违反合同的民事责任（违约责任）和侵权的民事责任（侵权责任）。民事责任的种类有：

①违约责任：是指合同当事人不履行合同或者履行合同不符合约定而应承担的民事责任：

②侵权责任：是指行为人不法侵害社会公共财产或者他人财产、人身权利而应承担的民事责任。

（2）行政责任

行政责任是指有违反有关行政管理的法律规范的规定，但尚未构成犯罪的行为所依法应当受到的法律制裁。行政责任主要包括行政处罚和行政处分。

（3）刑事责任

刑事责任是指犯罪主体因违反刑法，实施了犯罪行为所应承担的法律责任。刑事责任是法律责任中最强烈的一种，其承担方式主要是刑罚，也包括一些非刑罚的处罚方法。

（4）其他责任

《劳动合同法》明确规定，劳动合同应当具备包括社会保险和劳动保护、劳动条件和职业危害防护等条款。劳动者有权拒绝签订用人单位管理人员违章指挥、强令冒险作业的劳动合同。劳动者对危害生命安全和身体健康的劳动条件，有权对用人单位提出批评、检举和控告。用人单位未依法为劳动者缴纳社会保险费的，劳动者可以解除劳动合同；用人单位以暴力、威胁或者非法限制人身自由的手段强迫劳动者劳动的，或者用人单位违章指挥、强令冒险作业危及劳动者人身安全的，劳动者可以立即解除劳动合同，不需事先告知用人单位。用人单位严重侵犯劳动者权益的，依法给予行政处罚；构成犯罪的，依法追究刑事责任；给劳动者造成损害的，应当承担赔偿责任。

《工伤保险条例》第六十二条规定，用人单位依照本条例规定应当参加工伤保险而未参加的，由劳动保障行政部门责令改正；未参加工伤保险期间用人单位发生工伤的，由该用人单位按照本条例规定的工伤保险待遇项目和标准支付费用。《劳动合同法》第五十六条规定，用人单位违反集体合同，侵犯职工劳动权益的可以依法要求用人单位承担责任；因履行集体合同发生争议，经协商解决不成的，工会可以依法申请仲裁、提起诉讼。第八十二条规定，用人单位自用工之日起超过一个月不满一年未与劳动者订立书面劳动合同的，应当向劳动者每月支付 2 倍的工资，用人单位违反本法规定不与劳动者订立无固定期限劳动合同的，自应当订立无固定期限劳动合同之日起向劳动者每月支付 2 倍的工资。第八十五条规定，用人单位有下列情形之一的，由劳动行政部门责令限期支付劳动报酬、加班费或者经济补偿；劳动报酬低于当地最低工资标准的，应当支付其差额部分；逾期不支付的，责令用人单位按应付金额50%以上 100%以下的标准向劳动者加付赔偿金：

①未按照劳动合同的约定或者国家规定及时足额支付劳动者劳动报酬；

②低于当地最低工资标准支付劳动者工资的；

③安排加班不支付加班费的；

④解除或者终止劳动合同，未依照本法规定向劳动者支付经济补偿。

【案例 1】

（1）事件经过

2015 年 4 月 27 日，苏州市某区人民法院审结一起劳动合同纠纷案。某塑胶公司因未与员工签订书面劳动合同，被判分别支付程某等 4 名农民工 8 个月的 2 倍工资各 2 万余元，并支付经济补偿金各 2 450 余元。2014 年 1 月，来务工的程某等 4 名农民工进入苏州某塑胶公司工作，分别担任电工和机修工。在双方未签订书面劳动合同的情况下，公司就让程某等上岗工作，公司以每月 2 450 余元的工薪，分别向 4 名员工发放了第 1 个月的工资。2014 年 9 月，塑胶公司才想到还没有与程某等 4 名员工签订劳动合同，便立即口头通知程某等人于 2014 年 9 月签订劳动合同，在协商合同的签订日期时，公司认为应该从程某等人进公司起算；而程某等人坚持要从 9 月开始，现有工资按税后算。双方无法达成一致，因此劳动合同没有签订。两日后，公司出具告知书，称因程某等 4 人未签订劳动合同，经公司研究决定，于 2014 年 9 月 29 日终止其与公司的劳动关系。对于公司无理解除双方劳动关系的行为，程某等人认为是公司侵犯了他们的合法权益。故今年 2 月程某等 4 名农民工诉至法院，要求塑胶公司各支付 2014 年 2 月到同年 9 月未签订劳动合同的 8 个月的双倍工资，总额为各 2.1 万余元；并提出支付经济补偿金 2 500 余元。塑胶公司认为，在程某等人 2014 年 1 月进公司时，公司已向程某等人发了签订劳动合同的书面通知，是原告没有前来签订劳动合同，故被告不同意支付双倍工资以及经济补偿金。

（2）判决结果

法院审理后认为，根据劳动合同法有关规定，用人单位自用工之日起超过 1 个月不满 1 年没有与劳动者订立书面劳动合同的，应当向劳动者每月支付 2 倍工资。原告、被告在 2014 年 1 月 5 日之后存在劳动关系，但并未签订书面的劳动合同。被告认为已书面通知要求原告签订劳动合同，而原告表示从未拿到合同也没有接到通知，直到 2008 年 9 月被告才要求与原告签订劳动合同，该时间显然已经超过法定的 1 个月期限，因此原告要求被告支付 2014 年 2 月到同年 9 月的 2 倍工资符合法律规定。同时根据相关规定，除向劳动者每月支付 2 倍的工资外，对于劳动者不与用人单位订立书面劳动合同的，用人单位应当书面通知劳动者终止劳动关系，并支付经济补偿，原告主张支付 1 个月工资经济补偿金应予以支持。故法院做出上述判决。

（3）案例分析

这是一起典型的违背劳动法的事件，相关单位没有把农民工权益保护落到实处，相关部门应该加大维护农民工权益的执法力度。强化劳动保障监察执法，加强劳动保障监察队伍建设，完善日常巡视检查制度和责任制度，依法严厉查处用人单位侵犯农民工权益的违法行为。健全农民工维权举报投诉制度，有关部门要认真受理农民工举报投诉并及时调查处理。加强和改进劳动争议调解、仲裁工作。对农民工申诉的劳动争议案件，要简化程序、加快审理，涉及劳动报酬、工伤待遇的要优先审理。起草、制定和完善维护农民工权益的法律法规。

做好对农民工的法律服务和法律援助工作。要把农民工列为法律援助的重点对象。对农民工申请法律援助，要简化程序，快速办理。如上述案例，农民工常常在劳动关系中处于弱势地位。对申请支付劳动报酬和工伤赔偿法律援助的，不再审查其经济困难条件。有关行政机关和行业协会应引导法律服务机构和从业人员积极参与涉及农民工的诉讼活动、非诉讼协调及调解活动。鼓励和支持律师及相关法律从业人员接受农民工委托，并对经济确有困难而又达不到法律援助条件的农民工适当减少或免除律师费。政府要根据实际情况安排一定的法律援助资金，为农民工获得法律援助提供必要的经费支持。

还需要强化工会维护农民工权益的作用。用人单位要依法保障农民工参加工会的权利。各级工会要以劳动合同、劳动工资、劳动条件和职业安全卫生为重点，督促用人单位履行法律法规规定的义务，维护农民工合法权益。充分发挥工会劳动保护监督检查的作用，完善群众性劳动保护监督检查制度，加强对安全生产的群众监督。同时，充分发挥共青团、妇联组织在农民工维权工作中的作用。

《国务院关于解决农民工问题的若干意见》的相关规定中，还指出了保障农民工依法享有的民主政治权利。招用农民工的单位，职工代表大会要有农民工代表，保障农民工参与企业民主管理权利。农民工户籍所在地的村民委员会，在组织换届选举或决定涉及农民工权益的重大事务时，应及时通知农民工，并通过适当方式行使民主权利。有关部门和单位在评定技术职称、晋升职务、评选劳动模范和先进工作者等方面，要将农民工与城镇职工同等看待。依法保障农民工的人身自由和人格尊严，严禁打骂、侮辱农民工的非法行为。

【案例 2】

（1）事件经过

某高新技术企业需招用一批拥有机械加工专长的劳动者，后经招聘程序，王某被录用，并于 2008 年 1 月办理了入职手续。该企业在办理入职手续时提出王某的试用期为 2 个月，支付试用期工资，试用期满业绩考核合格后再签订书面劳动合同。王某在该企业工作2个月后，人力资源部又通知其将再延长2个月的试用期，并将延长试用期的通知发到王某手中。2008年5月，该企业与王某订立了2年的书面劳动合同。在签订合同时，王某要求企业为其补缴1月至4月的社会保险，人力资源部以劳动合同签订之日为建立劳动关系之日为由，拒绝为其补缴。为此，王某将这家企业告上劳动争议仲裁委员会，请求确认2008年1月至4月双方存在劳动关系，并由企业支付未签订书面合同的双倍工资。

（2）判决结果

仲裁庭经调查认定，该企业在录用王某之后，在签订书面劳动合同前约定并延长试用期违反了《劳动合同法》的相关规定，没有依法订立书面劳动合同长达4个月，双方已经形成事实劳动关系。裁定该企业与王某订立的书面劳动合同，期限应自2008年1月起进行计算，并支付未签订书面劳动合同期间的双倍工资。

（3）案例分析

《劳动合同法》第七条、第九条、第十九条规定，用人单位自用工之日起即与劳动者建立劳动关系。建立劳动关系，应当订立书面劳动合同。已建立劳动关系，未同时订立书面劳动合同的，当自用工之日起1个月内订立书面劳动合同。劳动合同期限3个月以上不满1年的试用期不得超过1个月。劳动合同期限1年以上不满3年的，试用期不得超过2个月。3年以上固定期限和无固定期限的劳动合同，试用期不得超过6个月。

本案的焦点在于，用人单位将试用期与劳动合同期限分离，有意将签订劳动合同的时间与建立劳动关系的时间画等号，混淆用工之日的概念。所谓的在试用期满后才订立书面劳动合同，违反了《劳动合同法》关于试用期的规定。依据《劳动合同法》第七条、第九条、第十九条规定，用人单位自用工之日起即与劳动者建立劳动关系。建立劳动关系，应当订立书面劳动合同，已建立劳动关系，未同时订立书面劳动合同的应当自用工之日起1个月内订立书面劳动合同。劳动合同期限3个月以上不满1年的，试用期不得超过1个月。劳动合同期限1年以上不满3年的，试用期不得超过2个月。3年以上固定期限和无固定期限的劳动合同，试用期不得超过6个月。

用人单位片面地以签订书面劳动合同的时间来确定建立劳动关系的时间，也是明显违反法律规定的。另外，用人单位将试用期脱离劳动合同期限，甚至延长试用期，更是违背了法律规定。这种将试用期与劳动合同期限分离的行为，不仅不能起到考察劳动者的作用，而且，必然引发劳动争议，直接加大用人单位的用工法律成本。

为了解决上述问题，专家建议用人单位考虑与员工签订无固定期限劳动合同，在入职和劳动合同履行环节，无固定期限劳动合同有以下几点优势：

1）能够与劳动者约定6个月的试用期，使用人单位有充分的时间对新入职劳动者进行考察，如劳动者不能胜任工作，经过培训或者调整工作岗位；仍不能胜任工作的，用人单位向劳动者说明理由后可与其解除劳动关系。

2）用人单位可将与劳动者订立无固定期限劳动合同作为一种激励手段，通过这种方法在一定程度上能够使劳动者获得认同感，使其在工作中充分发挥主观能动性。

3）由于没有终止期限，从而减少了用人单位为劳动者办理终止、续订劳动合同手续时的工作量，降低了从事繁杂事务性工作出现失误的概率，降低特殊环节产生劳动争议的风险。

另外，本案虽然没有出现劳动者试用期期满后，用人单位未按照劳动合同所约定的条款支付劳动报酬的情形，但在实际工作中，的确存在因劳务管理人员不熟悉法律法规，在与劳动者约定试用期工资标准时或试用期期满后，支付工资时经常出现问题的情况。例如，新入职劳动者试用期的工资低于本地区最低档工资的问题、试用期工资标准低于劳动合同约定工资标准 80%的问题、试用期期间与期满后的工资标准相差过大的问题等。所以，请大家牢记《劳动合同法》第二十条的规定，劳动者在试用期的工资不得低于本单位相同岗位最低工资或者劳动合同约定工资的 80%，并不得低于用人单位所在地的最低工资标准。

【案例 3】

（1）基本事件

王女士于 2007 年 9 月到北京某报社广告部从事制作、核版工作，并签订了 2 年固定期限劳动合同。2008 年 3 月 10 日，报社与一家钟表公司签订了 20 万元的广告合作协议，客户要求在其报刊上刊登半版的钟表广告。王女士在对这项业务进行核版时，发现广告的版面，设计大小与订单不符，遂要求制作人员进行修改，直至报刊开始印刷时，王女士发现广告版面的尺寸仍未修改过来。广告刊出后，钟表公司马上与报社进行交涉，报社只好将 20 万元广告费退回并赔礼道歉。4 月 21 日，报社经调查、研究，以王女士不能胜任工作为由，决定与其解除劳动合同，且不支付经济补偿。王女士认为，自己已经尽职，也指出了制作人员的工作错误，最终失误应与本人无关。且报社也没有具体的考核标准，不能认定自己为不胜任工作，不应解除劳动合同。遂向劳动争议仲裁委员会提出了仲裁申请，要求报社继续履行与其签订的劳动合同。

（2）判决结果

据调查，王女士在此次广告错刊事故中，确实指出了广告制作人员的错误，而且报社也未能提供关于不胜任工作的考核标准，所以，报社以王女士不胜任工作为由做出解除劳动合同、不支付经济补偿的决定是不合法的。经调解，报社在向王女士支付 3 个月工资的经济补偿后与其解除了劳动合同。

（3）案例分析

依据《劳动合同法》第三十六条、第三十九条、第四十条、第四十一条第一款的规定，用人单位可以与劳动者解除劳动合同。劳动者有下列情形之一者，用人单位解除或者终止劳动合同，不需支付经济补偿：

1）因劳动者过错解除劳动合同的；

2）劳动者主动提出解除劳动合同的；

3）劳动者依法享受退休待遇的；

4）劳动合同到期终止劳动者提出不再续订劳动合同的。

其中，因劳动者过错解除劳动合同的情形主要有：在试用期被证明不符合录用条件，严重违反用人单位的规章制度，严重失职、营私舞弊，给用人单位造成重大损害的；劳动者同时与其他用人单位建立劳动关系，对完成本单位的工作任务造成严重影响或者经用人单位提出，拒不改正的；以欺诈、胁迫的手段或者乘人之危使对方在违背真实意思的情况下订立或者变更劳动合同的；被依法追究刑事责任的。

《劳动合同法》第四十条第二款规定，劳动者在试用期被证明不能胜任工作，可视为劳动者不符合录用条件，劳动者试用期满后，不能胜任劳动合同所约定的工作，用人单位应当对劳动者进行培训或者调整其工作岗位。如果劳动者经过一定时间的培训，仍不能胜任原约定的工作或者对重新安排的工作也不能胜任，说明劳动者缺乏履行劳动合同的能力，用人单位在提前 30 日以书面形式通知劳动者或者额外支付 1 个月工资后，可以解除劳动合同。

焦点一：什么情况下用人单位解除劳动合同，不用支付经济补偿？

经济补偿是指在劳动合同解除或者终止后用人单位依法一次性支付给劳动者的经济补助。很多用人单位在劳动者确有过错的情况下，却不能很好地运用法律来保护自身的合法权益。由于用人单位在管理、制度上存在的某些缺陷，反而成为了劳动者打赢劳动争议诉讼的关键。用人单位的主要缺陷体现在：

1）管理制度违反法律法规规定。

2）管理制度不依法履行公示、告知生效程序。

3）管理制度、工作程序编制有悖常理，缺乏可操作性。

在本案中，如果报社有关于严重违反规章制度情形的具体规范，有对造成重大经济损失标准的量化界定等生效的规章制度作为法律证据支持，是可以依法与他们解除劳动合同的也不需支付经济补偿。

焦点二：怎样理解不能胜任工作，如何判定？

劳动者不能胜任工作，是指劳动者不能按照要求完成劳动合同中约定的任务或者同工种、同岗位人员的工作量。用人单位不得故意提高劳动定额的标准，使劳动者无法完成劳动任务或者要求的工作量。

专家认为：劳动者是否胜任工作，可以通过以下步骤进行判定：

1）以劳动合同中约定的工作任务、工作量为考核标准，进行初步的考核。合同中关于工作任务、工作量的条款应尽可能量化，形成等级、标准，以便于考核的实际操作。

2）重点参考劳动者所在岗位的岗位说明书要求判定是否胜任。需注意，企业应在岗位说明书中对岗位职责、任职要求进行具体、详细的描述。

3）依靠完善的绩效考核制度，考核的方式方法要明确，考核结果要客观、公正，还要将结果告知劳动者。

本案中，报社未能提供王女士核版工作的职位说明书，且没有任何考核标准对其进行判定。因此，报社称王女士不胜任工作的说法不能得到法律的支持。

焦点三：因劳动者不能胜任工作而解除劳动合同，应履行怎样的程序？

用人单位以劳动者不能胜任工作为由解除劳动合同，是指在劳动者没有过错或者只有轻微过错情况下，用人单位履行了特定的程序后，有权不经过劳动者同意就解除劳动合同，这属于非因劳动者过错解除劳动合同。

依据《劳动合同法》第四十条第二款规定，劳动者在试用期被证明不能胜任工作，可视为劳动者不符合录用条件，劳动者试用期满后，不能胜任劳动合同所约定的工作，用人单位应当对劳动者进行培训或者调整其工作岗位。如果劳动者经过一定时间的培训仍不能胜任原约定的工作，或者对重新安排的工作也不能胜任，说明劳动者缺乏履行劳动合同的能力，用人单位在提前 30 日以书面形式通知劳动者或者额外支付 1 个月工资后可以解除劳动合同。

因此，在上述案件中，即使报社提供了证据证明王女士不能胜任工作，也不能直接与其解除劳动合同。报社还应当履行特定程序，例如，报社发现王女士不能胜任工作，应当先对其进行培训或调整岗位，如果仍不能胜任工作时，报社提前 30 日通知王女士解除劳动合同或者额外支付一个月的工资，使其做好准备寻找新工作。如不履行此程序，则属于违法解除劳动合同，依据《劳动合同法》第八十七条规定用人单位违反本法规定解除或者终止劳动合同的，应当依照本法第四十七条规定的经济补偿标准的 2 倍向劳动者支付赔偿金。

3. 用人单位的法律责任

人民法院审理劳动争议案件实行两审终审制。人民法院一审审理终结后，对一审判决不服的，当事人可在 15 日内向上一级人民法院提起上诉；对一审裁定不服的，当事人可在 10 日内向上一级人民法院提起上诉。经二审审理所做出的裁决是终审裁决，自送达之日起发生法律效力，当事人必须履行。

用人单位有权根据情况和需要，按照国家法律、法规的规定，制定单位内部具有普遍约束力、产生法律效力的行为规则、章程、措施和制度。但是，所有内部规章制度不得与宪法、法律、行政法规相抵触。一旦发现抵触，由有关的劳动行政部门及有关机关予以纠正。具有违法行为的用人单位应承担一定的法律责任：由劳动行政部门给予警告，并责令限期改正，逾期不改的，应给予通报批评；对劳动者造成损害的，应当承担赔偿责任。

用人单位有下列侵害劳动者合法权益情形之一的，由劳动行政部门责令支付劳动者的工资报酬、经济补偿，并可以责令支付赔偿金：

①克扣或者无故拖欠劳动者工资的；

②拒不支付劳动者延长工作时间工资报酬的；

③低于当地最低工资标准支付劳动者工资的；

④解除劳动合同后，未依照本法规定给予劳动者经济补偿的。

用人单位非法招用未满 16 周岁的未成年人的，由劳动行政部门责令改正，处以罚款；情节严重的，由工商行政管理部门吊销营业执照。同时国务院还于 2002 年 9 月 18 日公布修订的《禁止使用童工规定》对于用人单位非法招用童工的行为进一步明确规定了应负的行政责任、民事责任、刑事责任。

1）用人单位违反对女职工及未成年工特殊保护规定的法律责任。用人单位违反本法对女职工和未成年工的保护规定，侵害其合法权益的，由劳动行政部门责令改正，处以罚款；对女职工或者未成年工造成损害的，应当承担赔偿责任。

2）用人单位违反劳动合同的法律责任。我国《劳动法》《劳动合同法》对用人单位违反劳动合同规定的法律责任分别做了明确规定，主要有行政处罚、行政处分、经济赔偿和刑事责任。

3）用人单位违反社会保险法规的法律责任。《劳动法》第一百条规定，用人单位无故不缴纳社会保险费的，由劳动行政部门责令其限期缴纳；逾期不缴的，可以加收滞纳金。《违反〈中华人民共和国劳动法〉行政处罚办法》第十七条明确规定，用人单位无故不缴纳社会保险费的，应责令其限期缴纳；逾期不缴的，除责令其补交所欠款额外，可以按每日加收所欠款额2‰的滞纳金。滞纳金收入并入社会保险基金。

4）用人单位无理阻挠行政监督的法律责任。《劳动法》第一百零一条规定，用人单位无理阻挠劳动行政部门、有关部门及其工作人员行使监督检查权，打击报复举报人员的，由劳动行政部门或者有关部门处以罚款；构成犯罪的，对责任人员依法追究刑事责任。《违反（中华人民共和国劳动法）行政处罚办法》第十八条明确规定，用人单位无理阻挠劳动行政部门及其劳动监察人员行使监督检查权，或者打击报复举报人员的，处以 1 万元以下罚款。

【案例 4】

（1）事件经过

2008 年 4 月，冯某与 S 律所上海代表处签订聘用合同，约定冯某在该代表处担任法律顾问。2008 年 6 月，冯某与 W 公司签订无固定期限劳动合同及派遣协议书，协议书中约定 W 公司派遣冯某至 S 律所上海代表处工作。2009 年 3 月 S 律所上海代表处告知冯某因受金融危机的影响、客观情况发生重大变化不得已才减少员工以维持经营，通知冯某聘用关系将于一个月后终止。2009 年 4 月，S 律所上海代表处告知 W 公司已将冯某退回，W 公司遂为冯某开具退工证明，解除双方间的劳动合同。

后冯某诉至法院，要求 S 律所上海代表处恢复与其的用工关系、W 公司继续履行劳动合同，要求 S 律所上海代表处支付自终止聘用关系次日起至恢复工作岗位期间的全额工资，及赔偿金并缴纳该期间的社会保险并由 W 公司承担连带责任。

本案的主要争议焦点有二：

其一，用工单位（S 律所上海代表处）可否以客观情况发生重大变化为由将被派遣劳动者退回劳务派遣单位（W 公司）。

其二，劳务派遣单位可否以用工单位的客观情况发生重大变化为由解除与被退回劳动者之间的劳动关系。

（2）判决结果

法院一审判决：冯某与 W 公司签订的劳动合同继续履行至劳动合同解除或终止时止，W 公司按照上海市同期最低工资标准支付冯某自终止聘用关系次日起，至劳动合同解除或终止日止的工资，W 公司按照本市最低工资标准的相应缴费基数为冯某缴纳，自 2009 年 4 月起至劳动合同解除或终止之月期间的社会保险费，驳回冯某的其余诉讼请求。二审判决，驳回上诉，维持原判。

（3）案例分析

1）对于本案的争议焦点之一，即用工单位可否以客观情况发生重大变化为由将被派遣劳动者退回劳务派遣单位。仅就第六十五条的字面含义来看，无法得出劳务派遣中的用工单位是否可以像标准劳动关系中的用人单位一样以客观情况发生重大变化（第四十条第三项）或者经济性裁员（第四十一条）为理由终止对劳动者的使用。对该问题的理解存在着两种截然相反的观点，第一种观点认为，用工单位无权以第三十九条和第四十条第一、第二项之外的理由将劳动者退回派遣单位；第二种观点认为，用工单位退回被派遣劳动者并不受到第三十九条和第四十条第一、第二项规定的约束。

本案中，一审和二审法院均持第二种观点，即劳动者有《劳动合同法》第三十九条或第四十条第一、第二项规定情形的，用工单位可以将劳动者退回劳务派遣单位，劳务派遣单位依照劳动合同法有关规定，可以与劳动者解除劳动合同，除上述情形外，用工单位将劳动者退回劳务派遣单位的，劳务派遣单位不可以与劳动者解除劳动合同。换言之，第六十五条中涉及的第三十九条和第四十条第一、第二项的规定是对劳务派遣单位解除劳动关系的限制，而并非对用工单位退回劳动者的限制。其理由是：第一，从劳务派遣中三方关系的本质来看，劳务派遣单位是《劳动合同法》所称用人单位。应当履行用人单位对劳动者的义务劳动合同也是由派遣单位与劳动者订立。劳务派遣单位和劳动者之间是劳动法意义上的劳动关系，而用工单位与劳动者之间是使用关系其本质是民事关系。劳务派遣三方关系的本质决定了用工单位在结束劳动力的使用方面，所受到的限制不应当高于标准劳动关系中用人单位所受到的限制。第二，从劳务派遣这一用工方式的目的来看，劳务派遣的重要意义之一即在于其满足了劳动力市场灵活性的需求，若在用工权上对用工单位课以较之劳务派遣单位更为严格的限制，无疑是与劳务派遣这一制度设置的初衷相悖。

2）对于本案的争议焦点之二，即劳务派遣单位可否以用工单位的客观情况发生重大变化为由解除与被退回劳动者之间的劳动关系。如前所述，除第三十九条或第四十条第一、第二项规定的情形外，劳务派遣单位不得解除与被退回劳动者的劳动关系。与标准劳动关系相比劳务派遣的最显著特征即劳动力的使用与雇佣处于分离的状态。正是由于劳务派遣单位并非劳动力的实际使用单位，故劳务派遣单位无法如标准劳动关系中的用人单位一般，以客观情况发生重大变化为由解除与被退回劳动者之间的劳动关系。

本案中，W 公司与冯某所签订的系无固定期限劳动合同，故一审法院判决双方劳动合同恢复履行至劳动合同解除或终止时止，而并未写明具体的合同终止日期。同时，根据《劳动合同法》第五十八条的规定，被派遣劳动者在无工作期间，劳务派遣单位应当按照所在地人民政府规定的最低工资标准，向其按月支付报酬。故一审法院判令 W 公司按照上海市同期最低工资标准，支付冯某自终止聘用关系次日起至劳动合同解除或终止日止的工资。

用人单位必须重视对派遣员工的管理，选择专业化的劳务派遣服务机构。在管理劳务派遣公司出现失误时，派遣公司未能及时履行管理者义务，派遣协议中责任的认定非常重要。

具体如下：

1）派遣协议中明确各项权利义务。

2）完成告知的书面通知。

3）定期检查复核。

二、就业服务

1. 农民工就业现状

自从20世纪80年代以来，大量农村劳动力向非农产业转移、大规模跨地区流动就业，一大批农民离开农村进入城市，从务农者转为打工者，并成为新的产业工人。农民工在流动就业过程中产生的大量需求，催生了一个巨大的就业服务市场，同时也给过去主要面向城市劳动者的就业服务和职业培训工作带来了挑战。正是在这样的背景下，以农民工为对象的就业服务和职业培训应运而生。农民工在就业中所需要的服务也是多方面的，是多项制度、政策、法律、财政等所构成的一个密切联系的有机体系。从广义而言，农民工就业服务主要包括以下几方面：信息服务、培训服务、劳资关系服务、社会保障服务、生活服务、文化服务、创业服务、后方服务、发展服务。然而，农民进城务工，能否及时、准确地得到就业信息，尽快获得就业机会，是他们首先面对和关心的问题。

职业技能的高低则是他们就业的稳定性和收入水平高低的决定性因素。这二者同时关系到农民工的平等就业权能否得以实现。而就业信息的管理和职业技能的培训则正是农民工就业服务制度的核心内容。而狭义的农民工就业服务仅包括信息服务（或称职业介绍）与职业技能培训两个方面。

农民工就业服务的现状既是政府转变职能的重要标志，也是新时期做好就业工作的重要依托。然而，我国的农民工就业服务及其体系还没有完全建立并充分发挥其应有之功效，还需要进一步加强和完善，以保证我国庞大的农民工群体实现稳定、充分、有序地就业，为全面建成小康社会、构建社会主义和谐社会和贯彻落实科学发展观奠定坚实的基础和做好必要的准备，为加快我国的工业化、城市化、现代化进程做好铺垫。据国家统计局服务业调查中心近年调查资料显示，被调查农民工中尽管有半数参加过职业技能的培训，但大多也只是临时的、短期的岗前培训。农民工提高职业技能的主要方式有：参加短期（半年内）职业培训、自学专业知识、个人拜师学艺、接受长期（半年以上）职业教育等，分别占39.4%、24.1%、16.4%和9.7%。

许多农民工在外出务工前并没有联系好工作，而是在进城后依靠亲朋好友。由定居地亲属、朋友介绍的占28.20%；由在外务工的同乡、亲友介绍的占25.99%；自荐到用工单位工作的占10.51%。据劳动和社会保障部近年的调研显示，有45%的农民工没有接受过任何培训，25%的人接受过不超过15天的简单培训，接受过正规培训的人员仅占13.1%。同时，对外出务工农民的调查显示，有34.7%的人选择“托亲戚朋友找”，32.9%的人选择“去职业中介找”。

据国家统计局公布的《2011年我国农民工调查监测报告》统计，既没有参加农业技术培训也没有参加非农职业技能培训的农民工占 68.8%。由此可见，农民工文化素质和培训程度整体水平仍然偏低。目前，农民工的就业服务主要包括劳动力流出地的劳务输出服务和劳动力流入地的职业介绍服务。

各级领导对就业高度重视，江泽民同志曾指出："扩大就业，促进再就业，关系改革发展稳定的大局，关系人民群众生活水平的提高，关系国家的长治久安，不仅是重大的经济问题，也是重大的政治问题。就业问题解决得如何，是衡量一个执政党、一个政府的执政水平和治国水平的重要标志。"胡锦涛同志也强调："群众利益无小事。和谐社会建设，要从解决人民群众最关心、最直接、最现实的利益问题入手，为群众多办好事、实事。这是坚持以人为本的必然要求，也是坚持发展为了人民、发展依靠人民、发展成果由人民共享的必然要求。"习近平同志在十九大报告中指出"就业就是最大的民生"。劳动者的就业权在其作为劳动力市场的劳动力提供者时就享有，而不是建立劳动关系后才享有。而进城务工的农民工最关心的问题，对他们而言也是最紧迫的事情就是如何尽快找到工作，如何尽快获得相关的就业培训以找到工作或找到更好地工作。

2. 农民工就业的法律保障

（1）《宪法》相关规定

《宪法》是我国的根本大法，其他的一切法律皆以《宪法》为依据制定，不得与之相抵触。我国《宪法》共计 4 章 138 条，在 2004 年第 4 次宪法修正案中，《宪法》第十四条后增加了一款作为第四款，即国家建立健全同经济发展水平相适应的社会保障制度。其他的都没有直接涉及有关农民工就业服务权相关的法律规定。我国《宪法》第四十二条第二款规定，国家通过各种途径，创造劳动就业条件，加强劳动保护，改善劳动条件，并在发展生产的基础上，提高劳动报酬和福利待遇。该条第四款还规定"国家对就业前的公民进行必要的劳动就业训练。"这说明只要是中华人民共和国公民，政府就有义务为其提供相应的就业服务，他们均享有从国家和政府那里得到就业服务的权利。因此，此规定可以作为农民工获得就业服务的一个宪法性的权利，也是我们进行其他相关法律法规制定的宪法依据。

（2）《劳动法》相关规定

《劳动法》第三条第一款"劳动者享有平等就业和选择职业的权利、取得劳动报酬的权利、休息休假的权利、获得劳动安全卫生保护的权利、接受职业技能培训的权利、享受社会保险和福利的权利、提请劳动争议处理的权利以及法律规定的其他劳动权利。"从该款可知，只要是符合《劳动法》调整范围的一切劳动者都拥有平等就业和接受就业服务的权利，而农民工也当然地属于我国《劳动法》第二条所规定的调整范围。从该法第五条关于国家在《劳动法》规制下的义务之一的规定（即国家采取各种措施，促进劳动就业，发展职业教育，制定劳动标准，调节社会收入，完善社会保金，协调劳动关系，逐步提高劳动者的生活水平。）可知，《劳动法》将提供良好的就业服务的义务归结于国家的一项基本义务。第一，表明了我国现行《劳动力市场管理规定》将我国劳动就业服务定性为公共就业服务；第二，说明符合该法第二条关于该法调整范围的一切主体对于就业服务而言，他们是权利主体而非义务，且是以国家为义务主体的权利主体；第三，该法第十一条规定，地方各级人民政府应当采取措施，发展多种类型的职业介绍机构，提供就业服务。从该条可知，这也是《劳动法》关于农民工就业服务权的一个较为明确的规定。

《劳动合同法》及《实施条例》中，没有明确规定有关农民工就业服务权方面的内容，唯有第二十二条及第十六条关于劳动者专项培训费用的规定，是有关劳动者就业服务权的鲜有规定之一。

（3）《就业促进法》相关规定

《就业促进法》是于2007年8月30日第十届全国人民代表大会常务委员会第二十九会议通过。该法第二十八条规定，各族劳动者享有平等的劳动权利。尤其是该法第三十一条规定，农村劳动者进城就业享有与城镇劳动者平等的劳动权利，不得对农村劳动者进城就业设置歧视性限制。该法第五十二条、第五十三条和第五十四条关于就业援助的相关规定，其中第五十四条规定，地方各级人民政府加强基层就业援助服务工作，对就业困难人员实施重点帮助，提供有针对性的就业服务和公益性岗位援助；地方各级政府鼓励和支持社会各方面为就业困难人员提供技能培训、岗位信息等服务。

（4）《就业服务与就业管理规定》相关规定

《就业服务与就业管理规定》第五条规定，农村劳动者进城就业享有与城镇劳动者平等的就业权利，不得对农村劳动者进城就业设置歧视性限制。这是关于进城务工农民工平等地享有就业服务权的又一次明文规定，也是部门规章首次肯定了进城务工农民工能够享有与城镇居民平等的就业权的规定。

三、工资支付规定

20世纪90年代我国拖欠农民工工资的现象比较严重，造成了恶劣的社会影响，所以我国先后出台了《劳动合同法》《国务院关于解决农民工问题的若干意见》《关于印发〈建设领域农民工工资支付管理暂行办法〉的通知》等法律、法规和规章中明确了关于禁止拖欠农民工工资的规定。从国家法律层面上重视农民工的工资发放问题。

1. 农民工工资支付政策的主要内容

（1）国务院通知

《关于为解决建设领域拖欠工程款和农民工工资问题提供法律服务和法律援助的通知》（司发通〔2004〕159号）规定，一是统一思想，充分认识为解决建设领域拖欠工程款和农民工工资问题提供法律服务和法律援助的重要性；二是支持、引导法律服务机构及人员为解决建设领域拖欠工程款和农民工工资提供及时有效的法律服务；三是法律援助机构要积极为解决建设领域拖欠工程款和农民工工资提供及时有效的法律援助；四是加强领导，切实做好为解决建设领域拖欠工程款和农民工工资问题提供法律服务和法律援助的工作。

《关于印发〈建设领域农民工工资支付管理暂行办法〉的通知》（劳社部发〔2004〕22号）规定，企业必须严格按照《劳动法》《工资支付暂行规定》和《最低工资规定》等有关规定支付农民工工资，不得拖欠或克扣。企业应当根据劳动合同约定的农民工工资标准等内容，按照依法签订的集体合同或劳动合同约定的日期按月支付工资，并不得低于当地最低工资标准。

具体支付方式可由企业结合建筑行业特点在内部工资支付办法中规定。企业应将工资直接发放给农民工本人，严禁发放给“包工头”或其他不具备用工主体组织和个人。工程总承包企业应对劳务分包企业工资支付进行监督，督促其依法支付农民工工资。业主或工程总承包企业未按合同约定与建设工程某承包企业结清工程款，致使建设工程承包企业拖欠农民工工资的，由业主或工程总承包企业先行垫付农民工被拖欠的工资，先行垫付的工资数额以未结清的工程款为限。工程总承包企业不得将工程违反规定发包、分包给不具备用工主体资格的组织或个人，否则应承担清偿拖欠工资连带责任。

《关于贯彻落实〈国务院关于解决农民工问题的若干意见〉有关问题的通知》（国资厅发法规〔2006〕28 号）规定，中央企业要严格规范用人单位工资支付行为，确保农民工工资按时足额发放给本人，做到工资发放月清月结或按劳动合同约定执行。中央企业所有用人单位招用农民工都必须依法订立并履行劳动合同，建立权责明确的劳动关系。严格执行国家关于劳动合同试用期的规定，不得滥用试用期侵犯农民工权益。任何单位都不得违反劳动合同约定损害农民工权益。

《劳动合同法》第三十条规定，用人单位应当按照劳动合同约定和国家规定，向劳动者及时足额支付劳动报酬。用人单位拖欠或者未足额支付劳动报酬的，劳动者可以依法向当地人民法院申请支付令，人民法院应当依法发出支付令。

（2）《国务院关于解决农民工问题的若干意见》的关于工资支付的规定

1）建立农民工工资支付保障制度。严格规范用人单位工资支付行为，确保农民工工资按时足额发放给本人，做到工资发放月清月结或按劳动合同约定执行。建立工资支付监控制度和工资保证金制度，从根本上解决拖欠、克扣农民工工资问题。劳动保障部门要重点监控农民工集中的用人单位工资发放情况。对发生过拖欠工资的用人单位，强制在开户银行按期预存工资保证金，实行专户管理。切实解决政府投资项目拖欠工程款问题。所有建设单位都要按照合同约定及时拨付工程款项，建设资金不落实的，有关部门不得发放施工许可证；不得批准开工报告。对重点监控的建筑施工企业实行工资保证金制度。加大对拖欠农民工工资用人单位的处罚力度，对恶意拖欠、情节严重的，可依法责令停业整顿、降低或取消资质，直至吊销营业执照，并对有关人员依法予以制裁。各地方、各单位都要继续加大工资清欠力度，并确保不发生新的拖欠。

2）合理确定和提高农民工工资水平。规范农民工工资管理，切实改变农民工工资偏低、同工不同酬的状况。各地要严格执行最低工资制度，合理确定并适时调整最低工资标准，制定和推行小时最低工资标准。制定相关岗位劳动定额的行业参考标准。用人单位不得以实行计件工资为由拒绝执行最低工资制度，不得利用提高劳动定额变相降低工资水平。严格执行国家关于职工休息休假的规定，延长工时和休息日、法定假日工作的，要依法支付加班工资。农民工和其他职工要实行同工同酬。国务院有关部门要加强对地方制定、调整和执行最低工资标准的指导监督。各地要科学确定工资指导线，建立企业工资集体协商制度，促进农民工工资合理增长。

2. 违反农民工工资支付规定的处罚

虽然国家出台了许多相关的法律规定，但是农民工工资发放问题始终存在问题，拖欠工资，包工头跑路问题依然广泛存在。《劳动法》第五十条规定，工资应当以货币形式按月支付给劳动者本人。不得克扣或者无故拖欠劳动者的工资。第九十一条规定，用人单位有下列侵害劳动者合法权益情形之一的，由劳动行政部门责令支付劳动者的工资报酬、经济补偿，并可以责令支付赔偿金：

1）克扣或者无故拖欠劳动者工资的。

2）拒不支付劳动者延长工作时间工资报酬的。

3）低于当地最低工资标准支付劳动者工资的。

4）解除劳动合同后，未依照本法规定给予劳动者经济补偿的。

《中华人民共和国劳动法》行政处罚办法还规定，对用人单位有克扣或者无故拖欠劳动者工资等问题的，劳动行政部门要责令其支付劳动者的工资报酬、经济补偿，并可责令按相当于支付劳动者工资报酬、经济补偿总和的1～5倍支付赔偿金。

第四节　劳动合同管理

劳动合同是劳动者与用人单位确立劳动关系，明确双方权利和义务的协议，是劳动者与用人单位依据《劳动法》建立劳动关系的书面法律凭证。劳动合同也是稳定劳动关系、用人单位强化劳动管理、劳动者保障自身权益、双方处理争议的重要依据。

一、劳动合同的概念、种类和特征

1. 劳动合同的概念

劳动合同是劳动者和用人单位（企业、事业、机关、团体等）之间关于确立、变更和终止劳动权利和义务的协议。

2. 劳动合同的种类

《劳动合同法》第十二条规定，劳动合同期限分为固定期限、无固定期限和以完成一定工作任务为期限3种。《劳动合同法》第十条规定，建立劳动关系，应当订立书面劳动合同。已建立劳动关系，未同时订立书面劳动合同的，应当自用工之日起一个月内订立书面劳动合同。用人单位与劳动者在用工前订立劳动合同的，劳动关系自用工之日起建立。《劳动合同法》第六十八条规定，非全日制用工，是指以小时计酬为主，劳动者在同一用人单位一般平均每日工作时间不超过4小时，每周工作时间累计不超过24小时的用工形式。

（1）按照劳动合同期限划分

1）有固定期限的劳动合同。它是指用人单位与劳动者约定合同终止时间的劳动合同。用人单位与劳动者协商一致，可以订立固定期限劳动合同。它可以是长期的，也可以是短期的，由双方当事人根据工作需要和各自的实际情况确定。

2）无固定期限的劳动合同。它指用人单位与劳动者约定无确定终止时间的劳动合同，即双方当事人在劳动合同上只规定该合同生效的起始日期，并没有规定其终止日期。订立这种劳动合同，除法律、法规另有规定的情况下，劳动者和用人单位之间能够保持较为长期、稳定的劳动关系。签订这种劳动合同，除了双方当事人协商选择，在一定条件下，成为用人单位的一项法定义务。如我国《劳动法》第二十条第二款规定，劳动者在同一用人单位连续工作满 10 年以上，当事人双方同意延续劳动合同的，如果劳动者提出订立无固定期限的劳动合同，应当订立无固定期限的劳动合同。《劳动合同法》第十四条第二款还明确规定应当订立无固定期限劳动合同的情形还有：……（二）用人单位初次实行劳动合同制度或者国有企业改制重新订立劳动合同时，劳动者在该用人单位连续工作满 10 年且距法定退休年龄不足 10 年的；（三）连续订立 2 次固定期限劳动合同，且劳动者没有本法第三十九条和第四十条第一项、第二项规定的情形，续订劳动合同的。用人单位自用工之日起满 1 年不与劳动者订立书面劳动合同的，视为用人单位与劳动者已订立无固定期限劳动合同。

3）以完成一定工作任务为期限的劳动合同是指用人单位与劳动者约定以某项工作的完成为合同期限的劳动合同。当约定的工作或工程完成后，合同即行终止。这是一种特殊的定期劳动合同。

（2）按照用工方式的不同划分

1）全日制用工劳动合同，是指劳动者按照国家法定工作时间，从事全职工作的劳动合同。

2）非全日制用工劳动合同，是指劳动者按照国家法律的规定，从事部分时间工作的劳动合同。

我国《劳动合同法》第六十八条至第七十二条专门作了规定：

非全日制用工，是指以小时计酬为主，劳动者在同一用人单位一般平均每日工作时间不超过 4 个小时，每周工作时间累积不超过 24 小时的用工形式；非全日制用工双方当事人可以订立口头协议；从事非全日制用工的劳动者可以与一个或一个以上用人单位订立劳动合同，但是后订立的劳动合同不得影响先订立的劳动合同的履行；非全日制用工双方不得约定试用期；非全日制用工双方当事人任何一方都可以随时通知对方终止用工；终止用工，用人单位不向劳动者支付经济补偿；非全日制用工小时计酬标准不得低于用人单位所在地人民政府规定的最低小时工资标准；非全日制用工劳动报酬结算支付周期不得超过 15 小时。

3）劳务派遣用工劳动合同，是指劳务派遣单位与被派遣劳动者之间订立的劳动合同。我国《劳动合同法》第五十八条至第六十七条对劳务派遣专门做了特别规定：劳务派遣用工劳动合同的内容，除应当载明一般劳动合同必须具备的条款外，还应当载明被派遣劳动者的用工单位以及派遣期限、工作岗位等情况；劳务派遣单位应当与被派遣劳动者订立 2 年以上的固定期限劳动合同，按月支付劳动报酬；被派遣劳动者在无工作期间，劳务派遣单位应当按照所在地人民政府规定的最低工资标准，向其按月支付报酬；劳务派遣单位派遣劳动者应当与用工单位订立劳务派遣协议，劳务派遣单位应当将劳务派遣协议的内容告知被派遣劳动者，不得克扣用工单位按照劳务派遣协议支付给被派遣劳动者的劳动报酬，劳务派遣协议双方也不得向被派遣劳动者收取费用；劳务派遣单位跨地区派遣劳动者的，被派遣劳动者享有的劳动报酬和劳动条件，按照用工单位所在地的标准执行；被派遣劳动者享有与用工单位的劳动者同工同酬的权利；被派遣劳动者有权在劳务派遣单位或用工单位依法参加或者组织工会，维护自身的合法权益。

（3）按照劳动合同存在的形式不同划分

1）书面劳动合同。它是指以法定的书面形式订立的劳动合同。此类劳动合同适用于当事人的权利、义务需要明确的劳动关系。我国的《劳动法》第十九条、《劳动合同法》第十条都明确规定：建立劳动关系，应当订立书面劳动合同。已建立劳动关系，未同时订立书面劳动合同的，应当自用工之日起 1 个月内订立的书面劳动合同。书面劳动合同是由双方当事人达成权利、义务协议后用文字形式固定下来，作为存在劳动关系的凭证。

2）口头劳动合同。它是指由劳动关系当事人以口头约定的形式产生的劳动合同。我国《劳动合同法》第六十九条规定，非全日制用工双方当事人可以订立口头协议。这类劳动合同适用于当事人之间的权利、义务可以短时间内结清的劳动关系。

【案例 1】

成都某公司招聘了一批研发人员，并与之签订了一年的劳动合同。由于新接了一批软件类工程，公司与这批研发人员又签了一年的劳动合同。工程陆续完工时，公司通知这批研发期满终止不再续签。但其中部分科研人员提出不同意见，认为两次签订固定期限劳动合同后，劳动者就享有和公司签订无固定期限劳动合同的权利。公司不同意这种说法。

依据《劳动合同法》的规定，两次续签固定期限劳动合同的员工，可以与企业订立无固定期限劳动合同。而此时，在是否同意与员工续签的问题上，企业是没有选择权的。

3. 劳动合同的特征

劳动合同是一种比较特殊的合同，它除了满足一般民事合同的要件，还有自身的特殊之处。

（1）国家干预下的当事人意思自治

劳动合同是在国家干预下的当事人意思自治，而民事合同是没有国家干预的，体现的是当事人意思自治。也就是说，当两个人在签订民事合同的时候，只要合同的内容不侵犯国家利益、公共利益，也不侵害第三者的利益，基本上都不受国家的干预。但是劳动合同却不同，尽管用人单位和劳动者之间约定的是他们双方之间的事，但他们也不可以随便任意约定合同内容。比如说，用人单位在与劳动者约定工资条款的时候，就不可以把工资约定在当地政府规定的最低工资以下；在约定时间条款的时候，对于标准工时制的劳动者，用人单位不可以与劳动者协商约定让其每天工作时间超过 8 小时。8 小时之内可以允许当事人随便约定，但 8 小时以上就不可以。尽管双方当事人把每天的标准工时约定在 8 小时以上，并不侵犯国家的利益，也不侵犯公共利益，但也是不可以的，因为违反了《劳动法》的规定。这就是国家干预的体现，因此，在劳动合同中的当事人意思自治是限定在一定范围里的。

（2）合同双方当事人强弱对比悬殊

在民事合同中，当事人之间一般没有强弱之分，而劳动合同的双方当事人之间强弱对比则比较悬殊。在劳动合同当事人中，一方当事人是非常弱小的个体，即劳动者；而另一方则是无论从资本实力还是其他方面来看都较强大的组织，即用人单位。针对这一特点，《劳动合同法》应是一部着重保护劳动者权益的“倾斜法”，因为在劳资双方不对等的条件下，只有倾斜于弱势群体才能达到公平。事实上，在劳动合同立法过程中发生的诸多争论，都可以归结到一个较为实质和本源的分歧——《劳动合同法》究竟应该是平等保护劳资双方利益的“平等法”，还是侧重保护劳动者权益的“倾斜法”。“倾斜法”的立法理念，认为劳动关系是一种不平等的关系，必须通过法律的强制来弥补劳动者的弱势地位。侧重保护劳动者，是具有社会法品格的劳动法律与生俱来的使命。《劳动合同法》向劳动者倾斜，追求的正是实质上的公正。我们看到，这一理念在《劳动合同法》中的确有了一定的体现。

（3）劳动合同具有人身性

用人单位与劳动者建立劳动合同关系，目的是使用劳动力。马克思曾经说过：“我们把劳动力或劳动能力，理解为人的身体即活的人体中存在的、每当人生产某种使用价值时就运用的体力和智力的总和。”因此可以说，劳动力是蕴含在劳动者的肌肉和大脑，与劳动者人身密不可分的。这样一来，劳动合同的履行，对于劳动者来说，就具有了所谓的人身性。

（4）劳动合同同时具有平等性和隶属性

劳动合同关系的平等性主要表现为双方权利义务的表面上的对等。在市场经济条件下，这主要体现在以下两个方面：

第一，管理方和劳动者双方都是劳动力市场的主体，双方都要遵循平等自愿协商的原则订立劳动合同，缔结劳动关系。任何一方在单方决定与对方解除劳动关系时，都要遵循一定的法律规定。

第二，双方各自遵守自己的权利与义务，发生争议时法律地位平等。劳动合同关系具有人身让渡的特征，劳动者同用人单位签订劳动合同，缔结劳动关系之后，就有义务在工作场所接受用人单位的管理和监督，按照用人单位所规定的纪律或要求付出劳动。《劳动合同法》第四条规定，用人单位应当依法建立和完善劳动规章制度；《劳动法》第三条规定，劳动者应当遵守劳动纪律和职业道德。换句话说，企业依法制定的规章制度和劳动纪律，劳动者应当遵守和执行，这就形成了所谓的隶属性，也就是不平等性。

实践中，企业内部规章制度和劳动纪律往往是其行使隶属管理权的主要工具之一。因此依法制定出好的规章制度是企业对员工进行管理所必需的。

【案例2】

张某某是某国有企业的职工，与该企业签有无固定期限劳动合同。几年前，由于行业不景气，企业生产任务不重，张某某作为销售部的司机像其他工人一样，没有多少活儿，经常早退，有时甚至根本不来。企业领导考虑到厂里的事又不多，工人的收入较低，于是对此现象听之任之，未进行严格管理。去年下半年，企业效益开始好转，生产逐步走上了正轨。为了严格执行劳动纪律，企业向所有职工发出通知："以前由于管理不严，一些职工有违反企业考勤和管理规定的行为，可以既往不咎。但从今以后，我们要严格考勤纪律，每个职工都必须按时上下班，如有违者，将按有关规定处理，绝不手软。"

张某某接到通知后的第一个星期，每天还能坚持出勤，并能完成企业交给的送货任务，即驾车将产品送到客户手里。但一周后，他的懒惰性又上来了，时常让有驾照的弟弟驾车替他为客户送货，而他自己却有时闲逛，有时在另外一家企业兼职做推销产品的工作，从中获得兼职收入。后来，张某某请他人代替自己上班的情况被企业发现。企业经过调查，获得了张某某在一个月内让其弟替班送货10天的证据，按照该企业考勤制度的规定，张某某的行为应按旷工处理。最后，根据本企业规章制度第六章第二条的规定："犯有下列严重违纪行为之一的，予以解除劳动合同：旷工累计 3 天以上；擅自从事第二职业或为其他企业提供兼职工作的。"做出了解除张某某劳动合同的决定。张某某对企业解除劳动合同的决定十分不满，2日后向劳动争议仲裁委员会提出了仲裁申请。要求撤销企业以严重违纪为理由做出的解除劳动合同的决定，并支付解除劳动合同的经济补偿金 1 万元（相当于张某某 4 个月的工资），同时另支付违约金 12 万元。仲裁庭最终认可公司的处罚决定，驳回了张某某的仲裁申请。

4. 劳动合同的格式与必备条款

（1）劳动合同的格式

劳动合同的签订需要在双方当事人协商一致的基础上进行，并且严格按照《劳动合同法》规定的形式签订，合同签订后也会出现变更、解除和终止的情形。协商一致原则是我国签订劳动合同的基本原则。合同双方在就劳动合同的内容、条款，在法律法规允许的范围内，由双方当事人共同讨论、协商、在取得完全一致的意思表示后确定。只有双方当事人就合同的主要条款达成一致意见后，合同才成立和生效。在实践中，常见的是用人单位事先拟好的劳动合同，由劳动者做出是否签约的决定。根据我国《合同法》的有关规定，采用格式条款订立合同的，提供格式条款的一方应遵循公平原则确定当事人之间的权利和义务，并采取合理的方式提请对方注意免除或者限制其责任的条款，按照对方的要求，对该条款予以说明。

（2）劳动合同的必备条款

劳动合同的内容是指劳动者与用人单位双方，通过平等协商所达成的关于劳动权利和劳动义务的具体条款。它是劳动合同的核心部分，双方当事人必须认真对待，一经签订，即应遵守执行，不得任意违反。它包括的条款有：

1）劳动合同期限和试用期限。

①劳动合同期限，是合同的有效时间，起于劳动合同生效之时，终于劳动合同终止或解除之时。劳动合同可以有固定期限，也可以无固定期限，或者以完成一定的工作为期限。合同期满即终止。劳动合同终止要出现终止的条件，劳动合同的终止条件是指在劳动合同履行过程中，当出现某种事件或某种行为时，劳动合同即终止。劳动合同终止的条件可以是时间

之外的某种事件或行为。劳动合同中应有规定期限的条款，若没有规定又不能用其他方法明确必要的期限时，劳动合同不能成立。就具体的劳动合同而言，当事人在不违背法律禁止性规定的前提下，可自行协商解除合同期限。

②试用期限。根据我国《劳动合同法》的规定，试用期限有以下几种情况：其一，劳动合同期限 3 个月以上不满 1 年的，试用期不得超过一个月；劳动合同期限 1 年以上不满 3 年的，试用期不得超过 2 个月；3 年以上固定期限和无固定期限的劳动合同，试用期不得超过 6 个月。其二，同一用人单位与同一劳动者只能约定一次试用期。其三，以完成一定工作任务为期限的劳动合同或劳动合同期限不满 3 个月的，不得约定试用期。其四，试用期包含在劳动合同期限内，劳动合同仅约定试用期的，试用期不成立，该期限视为劳动合同期限。

2）工作内容和工作时间。

①工作内容，主要是指劳动者为用人单位提供的劳动，是劳动者应履行的主要义务。劳动者被录用到用人单位以后，应承担何种工作或职务，工作上应达到什么要求等，应在劳动合同中加以明确。双方在协商一致的基础上明确劳动者所应从事工作的类型及其应达到的数量指标、质量指标等，也可以参照同行业的通常情形来执行，关于劳动或工作的时间、地点、方法和范围等，法律有统一规定的，依照法律执行；没有统一规定的，可由双方协商，但不能违背法律的基本原则。

②工作时间，是指劳动者在用人单位应从事劳动的时间，包括每日应工作的时间和每周应工作的天数。根据《国务院关于职工工作时间的规定》，我国目前实行的是每日工作 8 小时，每周工作 40 小时的标准工作制。因工作性质或生产特点的限制，不能实行每日 8 小时，每周工作 40 小时的标准工时制度的，可以实行缩短工时制、综合计算工时制、不定时工时制等。劳动者和用人单位都要遵守劳动法规定的工时制度，用人单位不得随意延长工作时间，依法延长劳动时间的，应按国家规定的标准支付劳动报酬。

3）劳动报酬和保险、福利待遇。

①劳动报酬。用人单位向劳动者支付劳动报酬，这是用人单位的主要义务。与此相对应，获得劳动报酬是劳动者的主要权利。劳动报酬，专指在劳动法中所调整的劳动者基于劳动关系而取得的各种劳动收入，其主要支付形式是工资，此外还有津贴、奖金等。在劳动合同中应明确劳动报酬的数额，支付方法，奖金、津贴的数额及获得的条件等。根据《劳动合同法》第十八条的规定，劳动合同对劳动报酬约定不明确，引发争议的，用人单位与劳动者可以重新协商。协商不成的适用集体合同规定，没有集体合同规定或者集体合同未作规定的，实行同工同酬。

②保险、福利待遇。在我国，劳动者享受社会保险的权利受到法律保护。在《劳动合同法》颁布以前，虽然没有将社会保险条款规定为劳动合同的必备条款，但是根据其第七十二条的规定，用人单位和劳动者必须依法参加社会保险，缴纳社会保险费。用人单位参加社会保险并缴纳社会保险费是法律的强制性规定，用人单位不能以劳动合同中没有约定为由拒绝为劳动者缴纳社会保险费。为了强化用人单位的社会责任和劳动者的社会保险意识并起到明示作用，《劳动合同法》突出了社会保险条款，规定在劳动合同中应当具备的社会保险的内容。职工福利，是指用人单位和有关社会服务机构为满足劳动者生活的共同需要和特殊需要，在

工资和社会保险之外向职工及其亲属提供一定的货币、实物、服务等形式的物质帮助。其中包括：为减少劳动者生活费用开支和解决劳动者生活困难而提供的各种补贴；为方便劳动者生活和减轻劳动职工家务负担而提供各种生活设施和服务；为活跃劳动者文化而提供的各种文化设施和服务。

4）生产条件或工作条件。劳动者各项具体权利的实现，通常依赖于用人单位提供条件保障或者给予必要的配合，并执行劳动安全卫生章程，为劳动者提供劳动保护义务。用人单位应根据劳动安全卫生规章和有关劳动保护法规，为劳动者提供安全卫生的劳动条件和生产设备，加强安全卫生的管理工作，发放安全卫生防护用品，保证劳动过程中劳动者的安全和健康，并做好职业危害的防护工作，保障女职工和未成年劳动者特殊的劳动保护待遇的实现。

5）劳动纪律和政治待遇。

①劳动纪律，是指用人单位依法制定的，全体职工在劳动过程中必须遵守的行为规则。它要求每个职工都必须按照规定的时间、地点、质量、方法和程序等方面的统一规则完成自己的劳动任务、实现全体职工在劳动过程中的行为方式和联系方式的规范化，以维护正常的生产、工作秩序。劳动纪律的内容一般应当包括：

a. 时间纪律，即职工在作息时间、考勤、请假方面的规则。

b. 组织纪律，即职工在服从人事调配、听从指挥、保守秘密、接受监督方面的规则。

c. 岗位纪律，即职工在完成劳动任务、履行岗位职责、遵循操作规程、遵守职业道德方面的规则。

d. 职场纪律，即职工在工作场所遵守公共秩序，协作配合方面的规则。

e. 安全卫生纪律，即职工在劳动安全卫生、环境保护方面的规则。

f. 品行纪律，即职工在廉洁奉公、爱护财产、厉行节约、关心集体方面的规则。

g. 其他纪律。

②政治待遇，是指职工直接或间接管理所在企业内部事务。主要有以下 4 种形式：

a. 机构参与，或称组织参与，即职工通过组织一定的代表性专门机构参与企业管理，如我国职工代表大会。

b. 代表参与，即职工通过合法程序产生的职工代表参与企业管理，如职工代表参加企业有关机构或监督企业日常管理活动等。

c. 岗位参与，即职工通过在劳动岗位上实行自治来参与企业管理，如我国的班组自我管理等。

d. 个人参与，即职工本人以个人行为参与企业管理，如职工个人向企业提出合理化建议，向企业有关管理机构进行查询等。

6）劳动合同的变更和解除。劳动合同变更，是指劳动合同在履行过程中，由于法定原因或约定条件发生变化，对已生效的劳动合同条款进行修改或补充。劳动合同双方应对适用劳动合同变更的情形进行约定，以维护自身合法权利。劳动合同解除，是指劳动合同订立后，尚未全部履行以前，由于某种原因导致劳动合同当事人一方或双方提起消灭劳动关系的法律行为。劳动合同解除有法定解除和约定解除两种情况。

5. 劳动合同的其他条款及当事人约定事项

（1）劳动合同的其他必备条款

1）协商约定保守商业秘密的条款。用人单位与劳动者可以在劳动合同中约定保守用人单位的商业秘密和知识产权相关的保密事项。根据我国劳动合同法的相关规定：

①在竞业限制期限内按月给予劳动者经济补偿。劳动者违反竞业限制约定的，应当按照约定向用人单位支付违约金。

②竞业限制的人员限于用人单位的高级管理人员、高级技术人员和其他负有保密义务的人员。竞业限制的范围、地域、期限由用人单位与劳动者约定，竞业限制的约定不得违反法律、法规的规定。

③竞业限制期限，不得超过 2 年。

④竞业期内可以到非竞业单位就业。除本法上述的情形外，用人单位不得与劳动者约定由劳动者承担违约金。

2）协商约定专业技术培训的规定用人单位与劳动者提供专业培训费用，对其进行专业技术培训的，可以与劳动者订立协议，约定服务期。劳动者违反服务期约定的，应当按照约定向用人单位支付违约金。违约金的数额不得超过用人单位提供的培训费用。培训费按照服务期，逐年摊销，余额部分为违约金。

①培训费用，包括用人单位为了对劳动者进行专业技术培训而支付的有凭证的培训费用、培训期间的差旅费用以及因参加培训产生的用于该劳动者的其他直接费用。

②劳动合同期满，但是用人单位与劳动者依照《劳动合同法》第二十二条的规定约定的服务期尚未到期的，劳动合同应当续延至服务期满；双方另有约定的，从其约定。

③用人单位与劳动者约定了服务期，劳动者依照《劳动合同法》第三十八条的规定（单位过错）解除劳动合同的，不属于违反服务期的约定，用人单位不得要求劳动者支付违约金。

④有劳动者过错情形，导致用人单位与劳动者解除约定服务期的劳动合同的，劳动者应当按照劳动合同的约定向用人单位支付违约金。

【案例 3】

张某曾担任某电脑科技公司某区总经理，由于不满该公司的工资待遇，便于 2009 年 3 月加入了另一家科技公司。张某作为广州公司的高级管理人员，曾与该公司签订了为期 2 年的竞业限制协议，竞业限制的范围是中国所有的电脑科技公司，于是张某在离职后不得不向原公司支付了竞业限制补偿金。因为他违反了竞业限制约定，应当按照协议支付违约金。

（2）劳动合同的约定条款

当事人约定的其他事项除上述内容外，劳动合同的当事人还可以在充分协商一致的基础上约定其他内容。当事人约定的其他内容并不是每一个劳动合同所必须具备的，如果欠缺这些内容，合同仍可以成立，但也并不是说对劳动合同而言当事人约定的其他内容是可有可无的。当事人约定的其他内容对于明确当事人的权利、义务和责任，同必备内容一样有着重要意义。当事人约定的内容同样不得违背法律的有关规定。

6. 劳动合同的变更、解除及违约责任

（1）劳动合同的变更

劳动合同的变更指在劳动合同履行过程中，因某种原因或法律规定，劳动者和用人单位协商一致，对原合同进行修改或补充。我国《劳动法》第十七条规定：订立和变更劳动合同，应当遵循平等自愿、协商一致的原则，不得违反法律、行政法规的规定。《劳动合同法》第三十五条规定：用人单位与劳动者协商一致，可以变更劳动合同约定的内容。变更劳动合同，应当采用书面形式。变更后的劳动合同文本由用人单位和劳动者各执一份。劳动合同的变更，仅限于劳动合同内容的变更，不包括当事人主体的变更。劳动合同依法订立后，即具有法律效力，双方当事人必须履行劳动合同规定的义务，任何一方当事人不得擅自改变劳动合同的内容，但是在劳动合同的履行过程中，由于客观条件的变化，依法允许变更劳动合同。变更劳动合同时，一般须经过以下 3 个程序：

第一，提出要求。要求变更劳动合同的一方当事人，应事先向对方提出，并说明情况和理由，请对方在限期内答复。

第二，做出答复。接到变更劳动合同要求的另一方当事人，应在规定的限期内给予答复，表示同意或不同意变更，或提出建议协商解决。

第三，签订协议。双方当事人意思表示取得一致后，签订变更劳动合同的书面协议，经签字盖章，立即生效。

变更劳动合同和订立合同一样，也必须按照《劳动法》第十七条规定的平等自愿协商一致的原则，真实地反映双方当事人的意志，才具有法律效力。双方按劳动合同变更条款，各自履行自己的义务。

（2）劳动合同的解除

劳动合同的解除与订立或变更不同。订立或变更是双方当事人的法律行为，必须经双方当事人协商一致才能成立，而劳动合同解除可以是双方当事人的法律行为也可以是单方面的法律行为，即不仅可以经双方协商一致解除劳动合同，也可以由一方当事人提出而解除劳动合同。

第一种情形：双方当事人协商解除劳动合同。我国《劳动法》第二十四条、《劳动合同法》第三十六条规定：经劳动合同当事人协商一致，劳动合同可以解除；用人单位与劳动者协商一致，可以解除劳动合同。当事人一方要求解除劳动合同，应事先向对方提出要求，经双方协商一致，同意解除劳动合同，才可以解除。双方当事人应按照要约、承诺的程序，签订解除劳动合同的书面协议。

第二种情形：用人单位提前解除劳动合同。根据我国《劳动法》第二十五条、第二十六条，《劳动合同法》第三十九条、第四十条规定了允许用人单位解除劳动合同的法定条件。劳动者有以下情况之一者，允许用人单位解除劳动合同：

①在试用期间被证明不符合录用条件的；

②严重违反用人单位的规章制度的；

③严重失职，营私舞弊，给用人单位造成重大损害的；

④劳动者同时与其他用人单位建立劳动关系，对完成本单位的工作任务务造成严重影响，或者经用人单位提出，拒不改正的；

⑤因本法第二十六条第一款第一项规定的情形致使劳动合同无效的；

⑥被依法追究刑事责任的。以上情况是由于劳动者本身的原因所造成的，应允许用人单位解除劳动合同，且不给予经济补偿。

用人单位应提前通知劳动者解除劳动合同的情况，我国《劳动合同法》第四十条规定：有下列情形之一的，用人单位提前 30 日以书面形式通知劳动者本人或者额外支付劳动者一个月工资后，可以解除劳动合同：

①劳动者患病或者非因工负伤，在规定的医疗期满后不能从事原工作，也不能从事由用人单位另行安排的工作的；

②劳动者不能胜任工作，经过培训或者调整工作岗位，仍不能胜任工作的；

③劳动合同订立时所依据的客观情况发生重大变化，致使劳动合同无法履行，经用人单位与劳动者协商，未能就变更劳动合同内容达成协议的。

由于经济性裁员，用人单位按照法定程序与被裁减人员解除劳动合同的，我国《劳动法》第二十七条规定：用人单位濒临破产进行法定整顿期间或者生产经营产生严重困难，确需裁减人员的，应当提前 30 日向工会或者全体职工说明情况，听取工会或者职工的意见，经向劳动行政部门报告后，可以裁减人。同时 1994 年 11 月 14 日劳动部制定并发布了《企业经济性裁减人员规定》，其中进一步明确规定用人单位濒临破产，被人民法院宣告进入法定整顿期间或生产经营发生严重困难，达到当地政府规定的严重困难企业标准，确需裁减人员的，可以裁员。用人单位从裁减人员起，6 个月内需要重新招人员的，必须优先从本单位裁减的人员中录用。

用人单位裁减人员必须遵守的法定程序是：

①提前 30 日向工会或者全体职工说明情况，并提供有关生产经营状况的资料；

②提出裁减人员方案，内容包括：被裁减人员名单，裁减时间及实施步骤，符合法律、法规规定和集体合同约定的被裁减人员经济补偿办法；

③将裁减人员方案征求工会或者全体职工的意见，并对方案进行修改和完善；

④向当地劳动行政部门报告裁减人员方案以及工会或者全体职工的意见，并听取劳动行政部门的意见；

⑤由用人单位正式公布裁减人员方案，与被裁减人员办理解除劳动合同手续，按照有关规定向被裁减人员本人支付经济补偿金，出具裁减人员证明书。

《劳动合同法》第四十一条进一步作了规定：有下列情形之一，需要裁减人员 20 人以上或者裁减不足 20 人但占企业职工总数 10%以上的，用人单位提前 30%日向工会或者全体职工说明情况，听取工会或者职工的意见后，裁减人员方案经向劳动行政部门报告，可以裁减人员；依照企业破产法规定进行重整的；生产经营发生严重困难的；企业转产、重大技术革新或者经营方式调整，经变更劳动合同后，仍需裁减人员的。

其他因劳动合同订立时所依据的客观经济情况发生重大变化，致使劳动合同无法履行的。

裁减人员时，应当优先留用下列人员：

第一，与本单位订立较长期限的固定期限劳动合同的；

第二，与本单位订立无固定期限劳动合同的；

第三，家庭无其他就业人员，有需要扶养的老人或者未成年人的。用人单位依照本条第一款规定裁减人员，在 6 个月内重新招用人员的，应当通知被裁减的人员，并在同等条件下优先招用被裁减的人员。

用人单位不得解除劳动合同的情况为了保护劳动者的合法权益，我国劳动法、劳动合同法还规定了不得解除劳动合同的情形。《劳动法》第二十九条、《劳动合同法》第四十二条规定的情形有：

①从事接触职业病危害作业的劳动者未进行离岗前职业健康检查，或者疑似职业病病人在诊断或者医学观察期间的；

②在本单位患职业病或者因工负伤并被确认丧失或者部分丧失劳动能力的；

③患病或者非因工负伤，在规定的医疗期内的；

④女职工在孕期、产期、哺乳期的；

⑤在单位连续工作满 15 年，且距法定退休年龄不足 5 年的；

⑥法律、行政法规规定的其他情形。

劳动者提前解除劳动合同。为了保障劳动者择业自主权，促进人才合理流动，我国《劳动法》第三十一条、第三十二条和《劳动合同法》第三十七条、第三十八条明确规定了劳动者提前解除劳动合同的情况，有以下两种：

1）提前通知用人单位解除劳动合同的情形。我国《劳动法》第三十一条规定：劳动者解除劳动合同，应当提前 30 日以书面形式通知用人单位。《劳动合同法》第三十七条规定：劳动者提前 30 日以书面形式通知用人单位，可以解除劳动合同。劳动者在试用期内提前 3 日通知用人单位，可以解除劳动合同。同时，为了防止劳动者任意提出提前解除劳动合同而可能损害用人单位利益，《劳动法》第一百零二条、《劳动合同法》第九十条都规定：劳动者违反本法规定的条件解除劳动合同，对用人单位造成经济损失的，应当依法承担赔偿责任。这要求劳动者必须依法严肃地行使自己的权利，维护用人单位的合法权益。

2）随时通知用人单位解除劳动合同的情况我国《劳动法》第三十二条规定：有下列情形之一的，劳动者可以随时通知用人单位除劳动合同：

①在试用期内的（提前 3 天）；

②用人单位以暴力、威胁或者非法限制人身自由的手段强迫劳动的；

③用人单位未按照劳动合同约定支付劳动报酬或者提供劳动条件的。

《劳动合同法》第三十八条进一步明确规定了用人单位有下列情形之一的，劳动者可以解除劳动合同：

①未按照劳动合同约定提供劳动保护或者劳动条件的；

②未及时足额支付劳动报酬的；

③未依法为劳动者缴纳社会保险费的；

④用人单位的规章制度违反法律、法规的规定，损害劳动者权益的；

⑤因本法第二十六条第一款规定的情形致使劳动合同无效的；

⑥法律、行政法规规定劳动者可以解除劳动合同的其他情形。用人单位以暴力、威胁或者非法限制人身自由的手段强迫劳动者劳动的，或者用人单位违章指挥、强令冒险作业危及劳动者人身安全的，劳动者可以立即解除劳动合同，不需事先告知用人单位。

劳动合同自行解除。劳动合同自行解除指国家法律、法规规定的特殊情况发生而导致劳动合同自行终止法律效力。它只适用于一些特殊情况，且不需履行解除劳动合同的手续。根据我国有关劳动法法规的规定，劳动者被除名、开除、劳动教养以及被判刑的，劳动合同自行解除。

违约责任劳动合同违约责任，是指劳动合同当事人因过错而违反劳动合同的约定，不履行或不完全履行劳动合同的义务应承担的法律责任。从我国现行劳动立法看，当事人违反劳动合同的约定，实施了不履行和不完全履行劳动合同的行为，必须承担的违约责任，包括行政责任、经济责任和刑事责任3种。

二、劳动合同审查的内容和要求

1. 劳动合同审查的内容

劳动合同审查是指劳动行政主管部门审查、证明劳动合同真实性、合法性的一项行政监督措施。在我国主要是指劳动鉴证制度。

劳动合同鉴定所审查的内容包括：

①双方当事人是否具备鉴定劳动合同的资格；

②合同内容是否符合法规和政策；

③双方当事人是否在平等自愿和协商一致的基础上签订劳动合同；

④合同条款是否完备，双方的责任、权利、义务是否明确；

⑤中外合同文本是否一致。

已鉴定的劳动合同，因其依据的法规政策发生变化而与现行法规政策有矛盾的，可免费重新鉴定，劳动合同鉴证后发现确有错误的，应立即撤销鉴定并退还鉴定费，或重新鉴证。

2. 劳动合同审查的要求

第一，当事人申请。劳动合同签订后，当事人双方要亲自向劳动合同鉴证机关提出对劳动合同进行鉴证的口头或书面申请。用人单位可以由法定代表人委托受权代理人，如劳资处、科长或其他工作人员，但必须出具委托书，明确授权范围。申请劳动合同鉴证的当事人，应当向鉴证机关提供下述材料：

①劳动合同书及其副本；

②营业执照或副本；

③法定代表人或委托代理人资格证明；

④被招用工人的身份证或户籍证明；

⑤被招用人员的学历证明、体检证明和《劳动手册》；

⑥其他有关证明材料。

第二，鉴证机关审核。鉴证机关的鉴证人员按照法定的鉴证内容，对当事人提供的劳动合同书及有关证明材料进行审查、核实。在劳动合同鉴证过程中，鉴证人员对当事人双方提供的鉴证材料，认为不完备或有疑义时，应当要求当事人作必要的补充或向有关单位核实；鉴证人员有权就劳动合同内容的有关问题询问双方当事人；对于内容不合法、不真实的劳动合同，鉴证人员应立即向当事人提出纠正：当事人对鉴证人员的处理认为有不当之处时，可以向鉴证人员所在的劳动行政机关申诉，要求做出处理。劳动合同鉴证申请人应当按照有关规定向鉴证机关交付鉴证费。

第三，确认证明。劳动合同鉴证机关经过审查、核实，对于符合法律规定的劳动合同，应予以确认，由鉴证人员在劳动合同书上签名，加盖劳动合同鉴证章，或附上加盖劳动合同鉴证章和鉴证人员签名的鉴证专页。

三、劳动合同的实施和管理

1. 劳动合同的实施

劳动合同的实施，指在劳动合同签订后，当事人双方按照劳动合同的约定各自履行其约定的义务，依法主张其约定的权利，即劳动合同的履行过程。用人单位应当按照劳动合同约定和国家规定，向劳动者及时足额支付劳动报酬。用人单位拖欠或者未足额支付劳动报酬的，劳动者可以依法向当地人民法院申请支付令，人民法院应当依法发出支付令。用人单位应当严格执行劳动定额标准，不得强迫或者变相强迫劳动者加班。用人单位安排加班的，应当按照国家有关规定向劳动者支付加班费。劳动者拒绝用人单位管理人员违章指挥、强令冒险作业的，不视为违反劳动合同。劳动者对危害生命安全和身体健康的劳动条件，有权对用人单位提出批评、检举和控告。用人单位变更名称、法定代表人、主要负责人或者投资人等事项，不影响劳动合同的履行。用人单位发生合并或者分立等情况，原劳动合同继续有效，劳动合同由承继其权利和义务的用人单位继续履行。

2. 劳动合同的管理

劳动合同管理，是指有关国家机关和其他机构和组织，对劳动合同的订立、续订、履行、变更、中止和接触，依法进行指导、监督、服务、追究责任等一系列活动，以保证劳动合同正常运行。

（1）劳动合同管理的体制

我国劳动合同管理体制由行政管理、社会管理和用人单位内部管理构成。劳动合同的行政管理，主要由劳动行政部门实施，用人单位主管部门也有一定的劳动合同管理职能。劳动行政部门作为劳动合同的主管机关对劳动合同进行综合和统一管理在劳动合同管理体制中处于最重要地位。劳动合同的社会管理，主要是由劳动就业服务机构等社会机构和工会、行政协会、企业协会等社会团体，在各自业务或职责范围内，对劳动合同运行的特定环节或特定方面进行管理。其中特别重要的是职业介绍机构对劳动合同订立的中介和指导，工会对劳动合同履行的监督、对劳动合同解除的干预和对劳动争议处理的参与。劳动合同用人单位的内部管理，即单位行政及其参与的劳动争议调解机构对劳动合同运行的管理。它是微观劳动管理的基本组成部分和组织劳动过程的必要手段。

（2）劳动合同管理的主要措施

劳动合同备案，是劳动合同备案机关依法对劳动合同进行审查和保存，以确立劳动合同的订立、续订、变更和解除的一项监督措施。它由劳动行政部门和地方工会组织分别在各自职责范围内具体实施，以订立、续订、变更的劳动合同和解除劳动合同的事实为备案对象，表明对劳动关系解除和存续的确认。各种劳动合同的订立和解除都应当备案，而经劳动行政部门鉴定和批准的劳动合同不必再向行政部门备案。劳动合同示范文本是由劳动行政部门统一印发的，为劳动者和用人单位订立劳动合同提供示范的劳动合同书。它具体表明劳动合同内容的基本结构，记载着劳动合同的一般性条款。合同当事人双方一般应当按照合同示范文本的条款进行协商以确定合同具体内容。使用合同示范文本，有助于保证合同内容的合法性和完整性，以实现合同内容和形式的规范化。

劳动合同的签订双方当事人在协商一致的基础上，并达成意思表示一致则要严格按照《劳动合同法》的规定形式签订劳动合同。《劳动合同法》第十条规定建立劳动关系，应当订立书面劳动合同。已建立劳动关系，未同时订立书面劳动合同的，应当自用工之日起一个月内订立书面劳动合同。用人单位与劳动者在用工前订立劳动合同的，劳动关系自用工之日起建立。非全日制用工可以签订口头合同。

（1）书面形式订立劳动合同

劳动合同作为劳动关系双方当事人权利义务的协议，也有书面形式和口头形式之分。以书面形式订立劳动合同是指劳动者在与用人单位建立劳动关系时，直接用书面文字形式表达和记载当事人经过协商而达成一致的协议。我国《劳动法》和《劳动合同法》明确规定，劳动合同应当以书面形式订立。用书面形式订立劳动合同严肃慎重、准确可靠、有据可查，一旦发生争议时，便于查清事实，分清是非，也有利于主管部门和劳动行政部门进行监督检查。另外，书面劳动合同能够加强合同当事人的责任感，促使合同所规定的各项义务能够全面履行。与书面形式相对应的口头形式由于没有可以保存的文字依据，随意性大，容易发生纠纷，且难以举证，不利于保护当事人的合法权益。

（2）未在建立劳动关系的同时订立书面劳动合同的处理方式

对于已经建立劳动关系，但没有同时订立书面劳动合同的情况，要求用人单位与劳动者应当自用工之日起一个月内订立书面劳动合同。根据本法规定，用人单位自用工之日起满一年不与劳动者订立书面劳动合同的，视为用人单位与劳动者已订立无固定期限劳动合同。用人单位未在用工的同时订立书面劳动合同，与劳动者约定的劳动报酬不明确的，新招用的劳动者的劳动报酬应当按照企业的或者行业的集体合同规定的标准执行；没有集体合同或者集体合同未作规定的，用人单位应当对劳动者实行同工同酬。用人单位自用工之日起超过一个月但不满一年未与劳动者订立书面劳动合同的，应当向劳动者支付 2 倍的月工资。

【案例4】

刘先生于2000年起就在某用人单位工作，直至双方发生争执时的2010年3月，用人单位在长达10年的时间里，均没有与刘先生签订书面劳动合同。同时，用人单位也没有及时为刘先生办理相关的社保手续。

2010年3月，双方因是否继续事实上的劳动合同内容而产生争执，后因双方未能达成一致意见，刘先生遂依据《劳动合同法》的相关规定，向当地的劳动仲裁委员会递交劳动仲裁申请书，最后，刘先生关于支付双倍工资等各项主张得到了仲裁庭的支持。

3. 全体公民放假的节日及加班工资计算

（1）法定节假日工资计算

《劳动法》规定在节假日安排员工加班的应当支付300%的工资报酬。

另外，《劳动法》第四十四条规定：有下列情形之一的，用人单位应当按照下列标准支付高于劳动者正常工作时间工资的工资报酬：

1）安排劳动者延长工作时间的，支付不低于工资的150%的工资报酬；

2）休息日安排劳动者工作又不能安排补休的，支付不低于工资的200%的工资报酬；

3）法定休假日安排劳动者工作的，支付不低于工资的300%的工资报酬。

（2）制度工作时间的计算

年工作日：365天−104天（休息日）−11天（法定节假日）=250天

月工作日：250天÷12个月=20.83天/月

工作小时数的计算：以月、年的工作日乘以每日的8小时。

（3）日工资、小时工资的折算

按照《劳动法》第五十一条的规定，法定节假日用人单位应当依法支付工资，即折算日工资、小时工资时不剔除国家规定的11天法定节假日。据此，日工资、小时工资的折算为：

日工资：月工资收入÷月计薪天数

小时工资：月工资收入÷（月计薪天数×8小时）。

月计薪天数=（365天−104天）÷12月=21.75天

法定节假日加班工资=月工资基数÷21.75天×300%×加班天数

休息日加班工资=月工资基数÷21.75天×200%×加班天数

法定休假日的工资应为：日基本工资+加班费。以底薪1 500元为例，日基本工资应为：1 500÷21.75=68.97元，小时工资应为：1 500÷（21.75×8）=8.62元，在法定节假日当天，分别以上班时间为0个、6个、8个、10个小时为例，来说明当天工资的计算。

上班时间为0小时，即休息，当天工资为：日基本工资+加班费=68.97+0=68.97

上班时间为6小时，当天工资为：日基本工资+加班费=68.97+8.62×3×6=68.97+155.16=224.13

上班时间为8小时，当天工资为：日基本工资+加班费=68.97+8.62×3×8=68.97+206.88=275.85

上班时间为10小时，当天工资为：日基本工资+加班费=68.97+8.62×3×10=68.97+258.6=327.57

所以，如果在法定休假日上班了，你只需要根据上班小时数，算出加班工资，再加上日基本工资，就是你当天应得工资总数。不过要注意的是，单位在算工资时，一般会把法定休假日算在基本天数中，加班费则另外单列为法定休假日加班费。

以上算法，不包括单位给的其他福利。

1）法定休假日为有薪假，不上班是有日基本工资的。

2）法定休假日不允许用补休来调整。不论何种原因，只要在法定休假日上班了，当天工资就要按法定休假日上班来计算。

3）每年度的节假日安排，国务院一般会在上一年的公历12月公布。

4）法定休假日安排劳动者工作的，支付不低于工资的300%的工资报酬。《劳动法》第44条规定，这里的工资报酬是指加班费。

5）法定休假日上班算工资，通俗的说法是，上一天顶4天，或者上一个小时顶4个小时。

6）法定休假日如果和双休日重叠，双休日要调休到其他时间，具体调换安排，国务院会在公布年度节假日通知中做出安排。

7）当前实行的法定休假日有11天：元旦1天（1月1日），春节3天（正月初一、初二、初三），清明节1天（清明当日），劳动节1天（5月1日），端午节1天（农历端午当日），中秋节1天（农历中秋当日），国庆节3天（10月1日、2日、3日）。

另：休息日是指双休日，星期六和星期日，不是有薪假，所以双休日加班，只有两倍于基本工资的加班费，休息日是可以调休，或安排补休的。《劳动法》第三十八条还规定，用人单位应当保证劳动者每周至少休息一日。

节假日上班加班费的计算方法：法定节日工作不允许调休，按1∶3的比例支付加班费，双休日允许调休，未调休按1∶2的比例支付加班费，其他时间加班按1∶1.5的比例支付加班费。《劳动法》规定，法定休假日安排劳动者工作的，支付不低于工资的300%的工资报酬。

劳动者在法定节假日休假期间，用人单位应该支付工资，也就是说，用人单位按月支付的正常工资中已经包括了法定节假日工资。但是，在计算法定节假日加班工资时，却不能将正常工资抵消加班工资。原劳动部发布的《对（工资支付暂行规定）有关问题的补充规定》明确规定，凡是安排劳动者在法定工作日延长工作时间或者安排在休息日工作而又不能补休的，均应该支付给劳动者不低于劳动合同约定的劳动者本人小时或日工资标准150%、200%的工资；安排劳动者在法定节假日工作的，则应该另外向劳动者支付不低于劳动合同约定的小时或日工资标准300%的工资。

4. 劳动合同法律效力的认定

劳动合同的法律效力就是指依法赋予劳动合同双方当事人及相关第三方的法律约束力。我国《劳动法》的第十七条规定：劳动合同依法订立即具有法律约束力，当事人必须履行劳动合同规定的义务。《劳动合同法》第十六条进一步规定：劳动合同由用人单位与劳动者协商一致，并经用人单位与劳动者在劳动合同文本上签字或盖章生效。

（1）无效劳动合同

《劳动合同法》第二十六条具体规定，下列劳动合同无效或者部分无效：

1）以欺诈、胁迫的手段或者乘人之危，使对方在违背真实意思的情况下订立或者变更劳动合同的。

2）用人单位免除自己的法定责任、排除劳动者权利的。

3）违反法律、行政法规强制性规定的。对劳动合同的无效或者部分无效有争议的，由劳动争议仲裁机构或者人民法院确认。

（2）无效劳动合同的确认和处理

我国《劳动法》第十八条第三款，《劳动合同法》第二十六条第二款都明确规定；对劳动合同无效或部分无效有争议的，由劳动争议仲裁机构或人民法院确认。对无效劳动合同的处理，一般包括3种情况：

第一，撤销合同。这种方式适用于被确认全部无效的劳动合同。全部无效劳动合同是国家不予承认和保护的合同。它从订立时起就无法律效力应通过撤销合同来终止依据该合同而产生的劳动关系。未履行的，不得履行；正在履行的，停止履行。对于已经履行的部分，应按照事实劳动关系对待。劳动者已支出的劳动，应得到相应的报酬和有关待遇。

第二，修改合同。这种方式适用于被确认部分无效的劳动合同及程序不合法而无效的劳动合同。劳动合同中的某项条款被确认无效，就不能执行，应依法予以修改。修改后的合法条款应溯及合同生效之时。对于程序不合法而无法律效力的劳动合同，应从程序上予以补充修改，以确认该项劳动关系存在的合法性。

第三，赔偿损失。我国《劳动法》第九十七条规定；由于用人单位的原因订立的无效合同，对劳动者造成损害的，应当承担赔偿责任。《劳动合同法》第八十六条规定：劳动合同依照本法第二十六条规定被确认无效，给对方造成损害的，有过错的一方应当承担赔偿责任。

5. 劳动合同纠纷的处理

劳动合同在履行过程中，双方当事人有可能会对履行劳动合同产生争议，我国法律对劳动合同纠纷的处理有一套独特的程序。我国《劳动法》对劳动争议的处理原则、程序等已有明确的规定。无论双方在劳动合同中是否约定或如何约定，都必须按照法定的处理程序进行。所以，实践中即使有约定，也大多是直接引用法律的相关规定。目前，我国劳动争议处理程序的体制一般是按照“调解、仲裁、诉讼”3个阶段顺次成的，用人单位与劳动者发生争议后，当事人可以依法申请调解、仲裁、提起诉讼，也可以协商解决。具体来说，劳动争议发生后，当事人可以向本单位劳动争议调解委员会申请调解，调解不成的，当事人一方要求仲裁的，可以向劳动争议仲裁委员会申请仲裁。当事人一方也可不经调解，而直接向劳动争议仲裁委员会申请仲裁。对仲裁裁决不服的，可以向人民法院提起诉讼。解决劳动争议，需要遵守合法、公正、及时处理的原则，依法维护劳动争议当事人的合法权益。

【案例1】

（1）基本事件

2009年3月，某公司招收录用了张某，但因张某在入职时尚处于申请并享受自谋职业社会保险补贴阶段，于是公司以张某当时正在享受社保补贴，已经缴纳了社会保险，无法与其签订劳动合同为由，与其签订了劳务协议，没有承担用人单位应缴纳社会保险的义务。3个月后张某在上班途中发生机动车道路交通事故，公司人事部门得知后即通知张某解除劳务协议。

张某认为企业应当为自己申报工伤，而企业则认为双方签订的是劳务协议，无须承担劳动法律责任。在与企业协商无果后，张某个人申请了工伤认定，并被认定为工伤，经劳动能力鉴定伤残等级为 8 级。后来，由于公司拒绝支付工伤保险待遇，张某将该公司告上仲裁庭，要求确认劳动关系，并支付工伤保险待遇。

仲裁庭经调查认为：企业与张某已建立了事实劳动关系，应当签订书面劳动合同，承担劳动法律责任。依据《劳动合同法》第十条、《工伤保险条例》第六十条的规定，裁定企业与张某存有劳动关系，应当签订劳动合同并支付工伤保险待遇。

（2）案例分析

签订劳动合同的双方当事人应具备签订合同的主体资格。依据《劳动合同法》第二条的规定，中华人民共和国境内的企业、个体经济组织、民办非企业单位等组织，以下称用人单位，与劳动者建立劳动关系订立、履行、变更、解除或者终止劳动合同，适用本法。国家有关法规及《劳动合同法》的相关规定，用人单位在招收录用失业人员时，应当为其办理合法的用工手续，并建立劳动关系。《工伤保险条例》第六十条规定，用人单位依照本条例规定应当参加工伤保险而未参加的，由劳动保障行政部门责令改正。未参加工伤保险期间用人单位职工发生工伤的，由该用人单位按照本条例规定的工伤保险待遇项目和标准支付费用。

劳动合同是依据《劳动法》和《劳动合同法》由用人单位与劳动者双方确立权利和义务的法律文书。一经确立，用人单位与劳动者之间就建立了劳动法律关系，受《劳动法》和《劳动合同法》的调整。而劳务协议与劳动合同有本质上的区别，不受《劳动法》和《劳动合同法》的调整，是另一法律范畴的问题。

本案中的用人单位和劳动者，具备签订劳动合同的主体资格，但用人单位试图规避缴纳社会保险的义务而与劳动者签订了劳务协议。劳动者享受社保补贴证明其处于失业阶段，依据国家有关法规及《劳动合同法》的相关规定，用人单位在招收录用失业人员时，应当为其办理合法的用工手续并建立劳动关系。但用人单位既没有依法为劳动者办理招工备案手续，也没有自用工之日起依法与劳动者订立书面劳动合同，违反了《劳动合同法》相关规定，因此要承担相应的法律责任。同时，《工伤保险条例》第六十条规定，用人单位依照本条例规定应当参加工伤保险而未参加的，由劳动保障行政部门责令改正。未参加工伤保险期间用人单位职工发生工伤的，由该用人单位按照本条例规定的工伤保险待遇项目和标准支付费用。该企业没有按照《工伤保险条例》依法为张某缴纳工伤保险，因此工伤保险基金支付项目的工伤保险待遇由用人单位承担。

（3）案例启示

现实中，的确有些用人单位存在不注重入职工作，盲目混淆劳动关系、劳动法律关系的现象，要么以带有经济属性的协议代替劳动合同，要么为控制用工成本，滥用非全日制用工形式，签订的是非全日制劳动合同，实行的却是全日制用工的各项规定。从长远考虑，错误的做法不仅侵害了劳动者的合法权益，更不利于用人单位的健康发展。为了解决上述问题，我们认为还是应当建立一套完善的用工管理制度，把握劳动关系与事实劳动关系的区别，明确用人单位与不同劳动者的法律关系——劳动关系或劳务关系根据业态或岗位需求，依法使用全日制、非全日制或劳务派遣用工形式。避免出现因片面控制用工成本而盲目选择用工形式，以致不断引发劳动争议的现象。入职环节对症施治的 6 个解决方案，针对以上问题，用人单位应当建立一套行之有效的入职管理制度和工作程序，在明确具体内容后将其制度化，确保用人单位在入职管理工作中“有法可依”。入职管理环节应做好的基本工作，应包含以下几个方面：

1）入职材料的收取、甄别、管理。用人单位应要求劳动者提供与劳动合同直接相关的信息及材料，如社会保险参保情况相关材料、身份证、学历证明、本人从业资格证明等必备的材料，以及用人单位认为应当了解或收取的信息材料，并对此类材料进行甄别，建立个人劳动档案备查、备用。

2）背景调查工作。一般情况下用人单位应细致地了解劳动者的工作履历、婚育状况、身体健康程度等情况。例如，是否从事过特殊单位的特殊岗位。除此以外，对劳动者的社会关系以及是否有不良记录等情况也应进行了解。通过背景调查，能够对入职员工的内在因素，例如，个人性格、职业态度等有较为深入的了解，便于在日后当用人单位与劳动者出现需要解决的问题时，能够抓住主要矛盾，从一开始就为用人单位构建和谐用工环境和工作氛围打下良好的基础。

3）入职培训、申明。做好入职培训工作，除进行业务培训外，还应安排劳动者进行用人单位规章制度、劳动安全卫生、保守用人单位商业秘密和与知识产权等的相关培训。除相应的培训之外，用人单位还需要通过签订入职申明书，作为劳动合同的附件的形式，依法履行涉及劳动者切身利益的规章制度和重大事项决定公示、告知程序。这一举措一方面可使用人单位如实告知劳动者工作内容、工作条件、工作地点、职业危害、安全生产状况、劳动报酬、规章制度以及劳动者要求了解的其他情况；另一方面也使劳动者如实告知用人单位与劳动合同直接相关的基本情况。

4）入职体检。用人单位安排劳动者进行体检，便于了解其现实身体状况及家族遗传病史等情况。能够使用人单位按照自身需要安排劳动者从事适当的工作岗位，既能满足用人单位的用工需要也能顾及劳动者的身体健康状况，避免因工作安排不当对劳动者身体造成损害导致劳动争议的产生。特别是国家对女职工的健康及婚育实行更为宽泛的劳动保护。因此了解女职工入职时的健康及婚育状况，能够起到保护用人单位和劳动者双方合法权益的作用。如果劳动者可能从事接触职业病危害的工作岗位，用人单位更应依法在其入职前进行专项入职体检。

5）订立书面劳动合同手续。依据《劳动合同法》第三条的规定，在遵循合法、公平、平等自愿、协商一致、诚实信用的原则下，用人单位与劳动者就劳动合同期限、工作内容和工作地点、工作时间和休息休假、劳动报酬等必备条款可以进行约定，同时也可对试用期、培训、保守秘密、补充保险和福利待遇等其他可约定条款进行约定。签订后的文本由用人单位和劳动者各执一份，同时应做好劳动合同文本发放的记录工作，备用备查。特别需要注意的是，用人单位自用工之日起即要与劳动者建立劳动关系订立书面劳动合同。已建立劳动关系，未同时订立书面劳动合同的，应当自用工之日起一个月内订立书面劳动合同。

6）试用期管理。《劳动合同法》规定，同一用人单位与同一劳动者只能约定一次试用期，以完成一定工作任务为期限的劳动合同或者劳动合同期限不满 3 个月的不得约定试用期，试用期包含在劳动合同期限内。劳动合同仅约定试用期的，试用期不成立，该期限为劳动合同期限。试用期间，用人单位应对劳动者的综合表现进行考核，试用期期满前考核合格者，双方对岗位及薪酬待遇有明确约定的，应按照约定执行，劳动者被证明不符合录用条件的，用人单位向劳动者说明理由后可以解除劳动合同，劳动者在试用期内提前 3 日通知用人单位，可以解除劳动合同。

同时制定用工管理制度时应考虑的因素包括：

1）将劳动者可能具有的人员类别在制度条款中予以列举，如下岗再就业人员、失业人员、实习学生、应届毕业生等。

2）区分和判定劳动法律关系，做到劳动关系实际状态与表现形式相统一，在制度条款中明确用人单位与不同类型的劳动者建立的是哪一种法律关系。如下岗再就业人员可以与新用人单位签订劳务协议，失业人员和应届毕业生与用人单位签订劳动合同，实习学生与用人单位签订实习协议，双方不存在雇佣关系。关于下岗再就业人员其定义为“两个没有一个有”，就是说没有与原单位终止或解除劳动关系也没有工作岗位，但有就业的能力和要求，所以下岗员工与新用人单位，就可以签订劳务协议。因其与原单位还存有形式上的劳动关系，所以原单位承担缴纳社会保险的义务，签订劳务协议的用人单位按照相关规定只需缴纳兼职工伤保险即可。

3）在确定应建立的法律关系后，用人单位应依法并按照相应的工作程序与劳动者订立相应的书面合同，明确当事人双方的权利和义务。

【案例 2】

（1）基本事件

2009 年 3 月，江某应聘到北京一家服装厂工作，双方签订了 3 年期限的劳动合同，工资标准为 1 200 元/月，并约定了 5 个月的试用期，试用期工资为 960 元/月。2009 年 7 月底在试用期期满前一天该服装厂人力资源部找到江某，告知其试用期内绩效考核不合格以试用期内被证明不符合录用条件为由，要与其解除劳动合同，并要求江某当日即办理合同解除手续。而江某表示，自己在应聘服装厂工作时从未看到有关录用条件的说明，在签订劳动合同及此后的工作中，服装厂也未曾告知自己相关的绩效考核规定，况且自己也一直严格遵守工作时间和工厂的相关规章制度，于是她要求服装厂向其支付经济补偿。后来，在遭到服装厂的拒绝后，江某向劳动争议仲裁委员会提请了仲裁，要求裁定服装厂违法解除劳动合同，支付其双倍经济补偿的赔偿金。

审理中，服装厂提供了绩效考核制度规定，但由于其未能出具该制度已公示告知以及江某试用期内不符合录用条件的证明材料，最终，劳动争议仲裁委员会裁决：服装厂与江某解除劳动合同属于违法解除，应当依法向江某支付一个月工资的赔偿金。

（2）案例分析

《劳动合同法》规定，用人单位依法与劳动者在试用期内解除劳动合同，主要有以下几种情形：

1）劳动者在试用期间被证明不符合录用条件的。

2）劳动者严重违反用人单位的规章制度的。

3）劳动者严重失职，营私舞弊，给用人单位造成重大损害的。

4）劳动者同时与其他用人单位建立劳动关系，对完成本单位的工作任务造成严重影响，或者经用人单位提出拒不改正的。

5）因《劳动合同法》第二十六条第一款第一项规定的情形致使劳动合同无效的。

6）劳动者被依法追究刑事责任的。

7）劳动者患病或者非因工负伤，在规定的医疗期满后不能从事原工作，也不能从事由用人单位另行安排的工作的。

8）劳动者不能胜任工作，经过培训或者调整工作岗位，仍不能胜任工作的。

上述案例中，服装厂在试用期内与江某解除劳动关系，应当根据《劳动合同法》第二十一条和第三十九条的规定，证明江某试用期内不符合录用条件，并向劳动者说明情况。但服装厂却无法提供有效的证据材料而未得到支持，向江某支付了双倍经济补偿的赔偿金。根据《劳动合同法》第四条规定，用人单位应当将直接涉及劳动者切身利益的规章制度和重大事项决定，公示或者告知劳动者。服装厂败诉的关键原因就在于其绩效考核制度未做到向所有员工公示告知，这使得服装厂的管理依据不符合法律规定致使管理无效。

（3）案例提示

实践中，上述第一种情形是较为常见的。而绩效考核结果是用人单位证明劳动者试用期内不符合录用条件最直接和最有效的说明。从绩效考核的种类上看，通常可以分为 3 种：日常考核、年度考核和专项考核。

日常考核是用人单位的各级直属主管对于所管辖人员就平时工作、能力、品德、知识、敬业精神等做出的考核，是对员工日常工作表现的客观评价，也是年度考核或专项考核的重要参考资料。

年度考核是用人单位根据自身的经营情况，以财年或自然年为周期，安排的参考员工日常考核、专项考核结果的考核总评。

专项考核是在考核年度内，当员工具有特别优秀或特别恶劣的行为时、当员工处于特定的时期时、当用人单位准备做出重大决定时，用人单位安排的专项考核，并根据绩效考核结果进行相应的调整与处理。试用期绩效考核，属于用人单位针对处于试用期内的员工的专项考核，试用期考核的结果直接决定着员工是否符合录用条件，是否能够继续与用人单位存续劳动关系。当然，这也是试用期内最容易引发劳动争议的关键点。

从绩效考核制度本身来看，它是用人单位的内部规定，是用人单位实施管理行为的重要依据，更是规范和约束用人单位、劳动者双方行为的规定。但在本案中，服装厂没有对江某所在岗位的录用条件进行具体明确，也无法提供江某绩效考核结果不合格，及相应绩效考核标准评价等有力的证据材料，所以不能充分证明江某试用期内不符合录用条件，这也是服装厂没有细化绩效考核制度相关内容所导致的结果。因此，用人单位要通过建立制度，规避绩效考核引发的劳动争议，除了确保绩效考核管理制度的全面、完备、依法生效外，还应当加强对绩效考核指标的量化和工作程序的规范化，提高指标及程序的可操作性，确保指标制定的合理性和客观性。同时，用人单位还应当加强对绩效考核管理过程中相关书面材料的备案工作，以便发生争议时举证有利。

【案例 3】

（1）基本事件

小张 5 月初到一家公司应聘，当时双方商定试用期为一个月。5 月中旬，公司人事部通知小张说她不适合现在的工作岗位，并说给小张两周左右的时间，等小张有了新的工作意向，公司将辞退她。可是还没到两周，5 月 25 日，小张发现自己怀孕了。小张找到公司经理说其在孕期不可以被辞退。公司经理表示，辞退小张并不是因为小张怀孕，而是因为小张不适合现在的工作岗位，因此可以辞退。

（2）案例分析

在本案例中，如果用人单位通过考核能够证明小张在试用期内不符合录用条件，就可以与她解除劳动合同。

（3）案例启示

试用期绩效考核，就属于用人单位针对处于试用期内的员工的专项考核，试用期考核的结果直接决定着员工是否符合录用条件，是否能够继续与用人单位存续劳动关系。

第五节　民工工资保证金制度

建设领域农民工工资保证金（即工资保证金）制度，是指建筑工程项目施工建设前，建筑企业由本市行政区域内的实体商业银行出具担保足额支付工资的独立保函（即工资保函）或者开立银行专用存款账户，按承建工程项目合同造价的规定比例存入资金，用于处置建设领域因欠薪引发的劳资纠纷群体性突发事件，维护劳动者合法权益，当建筑施工企业拖欠工资且符合本办法规定的保证金提取条件时，人社部门通知建筑企业和开立专用账户银行从该企业工资保证金专户中提取相应资金，在人社部门和行业主管部门监督下，发放被欠薪工资的制度。

（1）概念

农民工工资保证金，是指在工程开工之前，由建设工程项目审批行政部门负责通知，并监督建设单位按照工程合同价款的 3%向银行专户存储的工资专项资金。保证金根据省、市、县各级项目审批权限实行层级监管，并实行专户存储、专项支取，任何单位和个人不得挪用。

（2）可以支取保证金的几种情况

有下列 4 种情形之一时，经劳动保障部门查证属实后可以支取保证金：

1）建设企业未依法及时结算农民工工资，拖欠农民工工资的。

2）建设单位或建设企业非法转包、分包建设工程，导致用工主体不具有法人资格而发生拖欠农民工工资行为的。

3）建设单位或建设企业法人代表或工程负责人隐匿逃跑或死亡，造成拖欠农民工工资的。

4）其他被认为拖欠农民工工资的。

工程交工后，建设单位在施工现场农民工集散场所公示本建设项目的竣工日期、工资结算结果等情况，公示时间不得少于15个工作日。凡无拖欠的，由银行将保证金本金及活期利息一次性退还缴费单位。

（3）补缴保证金

启用保证金支付农民工工资后，劳动部门将责令责任单位在30日内等额补缴已启动支付的保证金。逾期未补缴的，建设工程项目部门对在建工程予以停工，已竣工项目不予验收。同时，建设工程项目审批部门和劳动保障部门将责任单位记入信用档案，通报批评并向社会曝光；情节严重的，依法予以处罚。

《农民工工资保证金管理暂行办法》第十条规定建筑施工单位按下列标准预存农民工工资保证金：

1）工程合同价款在100万元（不含100万元）以下的，按工程合同价款的5%预存；工程合同价款在100万元以上至200万元的（含100万元），按工程合同价款的4%预存；工程合同价款在200万元至500万元（含200万元）的，按工程合同价款的3%预存；工程合同价款在500万元以上的（含500万元），按工程合同价款的2%预存；

2）上年未完工的在建工程，建筑施工企业按剩余施工量和相应比例补存工资保证金；

3）包工不包料的工程按工程合同价款的8%预存。

已存入工资保证金的建筑施工企业，确因资金周转困难无法按时支付农民工工资，劳动保障行政部门可动用该企业的工资保证金支付，建筑施工企业应在动用之日起10日内按动用金额的200%补存。

建筑施工企业不按时支付农民工工资、数额超过专户存储工资保证金数额，劳动保障行政部门可动用该企业的工资保证金支付，并会同建设、公安等行政部门强制企业补足差额部分。建筑施工企业应在动用之日起10日内按动用金额的200%补存工资保证金。

（4）重庆市关于保障金的动态监管措施

为完善建设领域农民工工资支付保障金制度，建立解决建设领域拖欠工程款问题的长效机制，加快企业诚信机制的建立，在维护和保障农民工合法权益的基础上，进一步减轻企业负担，重庆市针对保障金制度做出如下规定：

1）按单项工程或按限额缴纳了保障金的单位，针对新的市管工程项目需要缴纳保障金时，凡在此之前一年内未发生拖欠工程款或农民工工资的，可申请减免50%的保障金；在此之前2年内未发生拖欠工程款或农民工工资的，可申请减免80%的保障金；在此之前3年内未发生拖欠工程款或农民工工资的，可申请免缴保障金。

2）享受减免保障金的单位，在工程实施过程中，因拖欠行为造成群访、集访、农民工闹事等不良事件的，除应在规定（或协商）的期限内付清拖欠款项之外，相应保障金按未减免前的标准的2～3倍进行追缴，否则，建设行政主管部门有权责令工程停工。

3）对拖欠工程款或农民工工资被列入不良行为企业名单的单位，除增加缴纳保障金外，还将视其情节，由建设行政主管部门给予通报批评、限制投标资格等处罚，同时对相关负责人的从业资格进行限制，情节严重的，直至取消其从业资格。

4）不良行为记录时限为一年，一年期满后，企业可申请撤销处罚和摘牌。经市建委和劳动保障部门核实，企业在一年之内确无拖欠记录后，由市建委撤销其不良行为记录。

第三章　劳务实名制管理

推行建筑劳务人员实名制管理的目的是动态监管工程建设项目施工现场劳务用工情况，提高建筑业企业建筑劳务人员管理水平，防范建筑劳务人员工资纠纷，保障建筑劳务人员合法权益，构建有利于形成建筑产业工人队伍的长效机制，促进建筑工程质量安全水平的提高和建筑业的健康发展。

第一节　实名制管理要求

一、实名制管理的作用和主要内容

劳务工人实名制管理是在贯彻实施国务院《关于切实解决建设领域拖欠工程款问题的通知》(国办发〔2003〕94 号）的过程中，由各地方建设行政主管部门和建筑企业提出的，该项措施是为了规范建筑市场的正常秩序、加强建筑企业用工合法性管理的一项重要举措。

根据住房和城乡建设部《关于进一步加强建筑市场监管工作的意见》(建市〔2011〕86 号）的要求，推行建筑劳务人员实名制管理。施工总承包单位要以工程项目为单位落实劳务人员实名管理制度，要配置专人对劳务分包单位的劳动统计、出工考勤、工资发放进行监管，并处理劳务人员的举报投诉。用工单位要设置专人对劳务人员身份信息、劳动合同、工资发放、持证上岗、工伤保险、意外伤害险等情况进行规范管理。要总结试点地的经验，扩大建筑劳务人员信息化管理试点范围，实行建筑劳务人员从业档案电子化管理。

1. 劳务工人实名制管理的作用

1）有利于督促劳务企业合法用工。

如果劳务企业与劳务人员不签订书面劳动合同，双方缺乏法律约束和保护，也给总包监督和司法仲裁增加了难度。通过实行劳务实名制管理，督促劳务企业、劳务人员依法签订劳动合同，明确双方权利义务，规范双方履约行为，使劳务用工管理逐步纳入规范有序的轨道，从根本上规避用工风险，减少劳动纠纷、促进企业稳定。

2）有利于开展劳务人员岗前培训和继续教育，实行持证上岗，确保工程质量和安全生产。

农民工未经过必要的安全和技能培训就进入施工工地，给工程质量和安全带来隐患。实行劳务实名制管理，掌握劳务人员的技能水平，工作经历，有利于有计划、有针对性地对农民工进行培训，切实提高他们的知识和技能水平，确保工程质量和安全生产。

3）有利于监督劳务企业工资发放。

拖欠农民工工资问题严重损害农民工的合法利益，影响了企业稳定，增加社会不安定因素。实行劳务实名制管理，逐人做好出勤、完成任务的记录，按时支付工资，张榜公示工资支付情况，使项目可以有效监督劳务企业的工资发放。

4）有利于监督劳务企业缴纳社会保险费。

国家逐步推行将农民工纳入基本社会保险覆盖对象，要求劳务企业除投保意外伤害保险外，还应当为劳务人员建立大病、养老保险、工伤保险。实行劳务实名制管理，使总包企业了解劳务企业用工数、工资总额，便于总包企业有效监督劳务企业按时、足额缴纳社会保险费。

5）有利于总包企业提高现场管理水平。

实行劳务实名制管理，使总包企业掌握劳务人员数量、技能水平、流动情况、可以提前安排劳务队伍使用计划，预测劳务人员使用数量，并根据工程进度，及时调配劳动力，有效促进项目现场管理。

6）有利于现场安全管理，避免恶性事件发生。

实行劳务实名制管理，入场劳务人员凭工作卡刷卡进入施工现场，彻底杜绝闲杂人员混入施工现场，有利于现场制安管理。

7）有利于保存原始凭证。

避免和依法处理劳动纠纷，实行劳务实名制管理，公开劳务人员考勤、工资支付、社保缴费情况并保存记录，在遇到劳动纠纷时可以作为法律依据，便于公安、司法部门及时依法处理纠纷，避免企业损失。

2. 实名制管理的主要内容

1）对进场人员花名册、身份证、劳动合同、岗位技能证书进行备案管理。

2）做好劳务管理工作内业资料的收集、整理、归档。

3）开展劳务管理相关数据的收集统计工作，建立劳务费、农民工工资结算兑付统计台账，检查监督劳务分包单位对农民工工资支付情况。

4）规范分包单位用工行为、保证其合法用工。

5）建立健全企业实名制管理的规章制度和监督检查实施到位。

二、各类企业实名制管理的内容和重点

1. 各类企业实名制管理的内容和重点

1）总承包、专业承包企业应设置劳务管理机构和劳务管理员（简称劳务员），制定劳务管理制度。劳务员应持有岗位证书，切实履行劳务管理的职责。

2）劳务员要做好劳务管理工作内业资料的收集、整理、归档，包括：企业法人营业执照、资质证书、建筑企业档案管理手册、安全生产许可证、项目施工劳务人员动态统计表、劳务分包合同、交易备案登记证书、劳务人员备案通知书、劳务合同书、身份证、岗位技能证书、

月度考勤表、月度工资发放表等。

3）项目经理部劳务员负责项目日常劳务管理和相关数据的收集统计工作，建立劳务费、农民工工资结算兑付情况统计台账，检查监督劳务分包单位对农民工资的支付情况，对于劳务分包单位在支付农民工工资存在的问题，应要求其限期整改。

4）项目经理部的劳务员要严格按照劳务管理相关规定，加强对现场的监控，规范分包单位的用工行为，保证其合法用工，依据实名制要求，监督劳务分包做好劳务人员的劳动合同签订、人员增减变动登记台账。

2. 劳务企业实名制管理

1）劳务分包企业应设置劳务管理机构和劳务管理员（简称劳务员），制定劳务管理制度。劳务员应持有岗位证书，切实履行劳务管理的职责。

2）劳务分包单位的劳务员在进场施工前，应按实名制管理要求，将进场施工人员花名册、身份证、劳务合同文本、岗位技能证书复印件及时报送总承包商备案。总承包方劳务员根据劳务分包单位提供的劳务人员信息资料，逐一核对是否有身份证、劳务合同和岗位技能证书，不具备以上条件的不得使用，总承包商不允许其进入施工现场。

3）劳务员要做好劳务管理工作内业资料的收集、整理、归档，包括：企业法人营业执照、资质证书、建筑企业档案管理手册、安全生产许可证、项目施工劳务人员动态统计表、劳务分包合同、交易备案登记证书、劳务人员备案通知书、劳务合同书、身份证、岗位技能证书、月度考勤表、月度工资发放表等。

3. 劳务实名制管理标准化表格

在实名制管理过程中表格名册特别重要，要有用工花名册（见表 3-1）、工资表（见表 3-2）、考勤表（见表 3-3）、工人进出场登记（见表 3-4、表 3-5）、工资支付情况（见表 3-6）等都要做详细的登记，每月例会要形成会议纪要（见表 3-7）。

表 3-1　公司劳务作业人员（含队长、班组长、农民工）花名册

项目名称（全称）：__________　班组名称：__________　______年____月

编号	姓名	性别	工种（或岗位）	家庭住址	身份证号	劳动合同编号
申明：此表登记劳务作业人员为我单位在该工程全部人数，情况属实			班组长签字：________；用工企业劳动力管理员签字：________，用工企业项目负责人（授权队长）签字：________；填表时间：________			用工企业盖章：

第____页，共____页

表 3-2　公司劳务作业人员（含队长、班组长、农民工）工资表

项目名称（全称）：__________　班组名称：__________　__________年____月

序号	姓名	工种	出勤工日	日工资	工资总额	支出部分					未支付数	领款人签字	备注
						生活费	预支费	罚款	其他	本月实际支付			
申明：此表登记劳务作业人员为我单位本月在该工程全部人数；工资结算、支付、领取情况属实，均系本人签字			班组长签字：__________；用工企业劳动力管理员签字：__________，用工企业项目负责人（授权队长）签字：__________；填表时间：__________								用工企业盖章：		

第____页，共____页

表 3-3　公司劳务作业人员（含队长、班组长、农民工）考勤表

项目名称（全称）：__________　班组名称：__________　__________年____月

编号	姓名	工种	上月															合计														
			6	7	8	9	0	1										0	1	2	3	4	5	6	7	8	9	0	1	2	

申明：此表登记劳务作业人员为我单位本月在该工程全部出勤人数，出勤情况属实；我单位已将此表向全体劳务作业人员公示，均无异议

班组长签字：__________	用工企业劳动力管理员签字：__________	用工企业项目负责人（授权队长）签字：__________	填表时间：__________

第____页，共____页

表 3-4 工程人员变更情况周报表（进场情况）

劳务（专业）分包单位：______ 班组名称：______ 日期：____年____月____日至______年____月____日

本周进场农民工总数：__________ 本周离场农民工总数：__________ 本周现场农民工总数：__________

本周进场农民工情况							
编号	本周进场农民工姓名	身份证号	进场时间	工种	是否在市建委备案	是否签订《劳动合同》	备注
申明：此表登记农民工为我单位在该工程本周全部进场人数，情况属实	班组长签字：__________；用工企业劳动力管理员签字：__________，用工企业项目负责人（授权队长）签字：__________；填表时间：__________						用工企业盖章：

第____页，共____页

表 3-5 工程人员变更情况周报表（离场情况）

劳务（专业）分包单位：______ 班组名称：______ 日期：____年____月____日至____年____月____日

本周离场农民工情况							
编号	本周离场农民工姓名	身份证号	离场时间	在本工程务工时间	工种	工资结算、支付情况	离场承诺书有否
申明：此表登记农民工为我单位在该工程本周全部离场人数，情况属实	班组长签字：__________；用工企业劳动力管理员签字：__________，用工企业项目负责人（授权队长）签字：__________；填表时间：__________						用工企业盖章：

第____页，共____页

表 3-6 项目劳务费结算、支付情况报表

项目名称（全称）：________日期：______年____月____日

序号	分包企业全称	合同价款/万元	项目实际结算、支付情况					
			应结算劳务费金额/万元	已结算劳务费金额/万元	结算率/%	应支付劳务费金额/万元	已支付劳务费金额/万元	支付率/%

填报单位名称（章）： 总包项目经理（签字）： 总包劳动力管理员（签字）： 联系电话：

表 3-7　施工项目劳务及用工管理月度工作例会会议纪要

工程名称			
会议时间		会议地点	
总包单位		项目经理（暨会议主持人）签字	
建设单位		负责人签字	
分包单位、负责人（授权委托人签字）			
会议内容			
决议及方案			
记录人（总包劳动力管理员）签字		记录时间	

三、实名制备案系统

“实名制”是指：对劳务分包企业进场人员要求各种证件及现场管理表册与本人身份证及劳动合同书名称一致，真实有效，涉及本人的各项基础资料不得弄虚作假。建筑业劳务用工实名制管理是近年来建筑业的一项创新管理，也是强化现场合法用工管理和保证农民工工资发放到个人的一项重要措施。在实行实名制计算机备案管理的过程中，应当密切结合企业实际先试点后推广，在实行中应当注意以下几点：

1）企业用工要通过签订劳动合同、持证上岗、造册和网上录入完成企业实名制管理的基础工作。施工现场是实名制管理的重点，工程项目部对进场劳务队伍数量和进场农民工必须做到人数清、情况明，着重做好日常管理工作。

2）实行实名制管理必须做好现场封闭式管理，配齐总承包企业和劳务企业的劳务，配备必要的人员进场识别设备和对人员进行综合统计分析管理的计算机设备。

3）企业要在搞好实名制管理的基础上及时办理人员备案手续。当地建设主管部门应规范程序、提高效率、做好在政府部门的计算机备案服务工作。

4）通过实名制管理系统的使用，要达到 3 个目的：

①准确掌握入场作业人员的基本情况；

②加强农民工工资分配管理，保障按月支付不低于当地最低工资标准的月度工资，保障农民工工资足额发放到本人手中；

③提高建筑企业劳务管理水平，改进企业劳务管理手段，提高劳务管理效率。

四、实名制系统的管理

1. 施工现场封闭管理

项目部按照相关要求，将施工现场分为施工区；进行独立的封闭管理。项目部进出大门 24 小时设立安全保卫人员，负责核实进入人员。凡初次进入施工现场的人员，安全保卫人员要对其进行登记管理，属于务工人员的登记内容包括：本人姓名、身份证号、籍贯、所属单位（队伍），并出示本人身份证明，由其所在分包单位现场负责人签认后，方可进入施工区。无法提供上述登记内容、无身份证明或无所在单位负责人签认的，一律不得进入项目从事施工。安全保卫人员登记后，要将登记人员及时上报项目部安全保卫负责人，通知项目部劳务管理人员核对人员花名册。

2. 进场人员花名册管理

进场人员花名册是实名制管理的基础。项目部劳务管理人员必须要求外施队伍负责人在工人进场前，统一按照主管部门规定的格式制作花名册，报项目部劳务管理人员审验。对于新进场人员项目部劳务管理人员应根据进场人员登记及时与花名册核对，对于同花名册中不符的人员，应要求外施队伍负责人按实际进场人员调整人员花名册，确保进入生活区人员与花名册一致。劳务分包单位同时应配备持有行政主管部门颁发的劳务员岗位证书的专兼职劳务员，以配合总承包单位的劳务管理人员共同做好实名制管理工作。

3. 入场安全教育管理

由项目部安全管理人员对进场人员进行入场安全教育，组织学习有关法律法规、管理规定，进行安全知识答卷，对新进场人员进行考核。安全生产教育必须以答卷形式进行考试，考试合格后方可上岗，否则清退出场。参加安全教育人员签名必须与花名册中人员一致，不得代笔，凡未进行安全教育或考核不合格的人员，必须予以清退。

4. 身份证与暂住证管理

身份证：凡进入现场的人员，必须提供身份证复印件，由项目部安全管理人员及劳务员留存。没有身份证的必须从户口所在地公安部门开具证明，以证明其身份。无身份证或身份证明的一律不得进入施工现场。项目部劳务管理人员应与安全管理人员及时沟通，保证花名册中人员均持有身份证明。

暂住证：在进行人场教育工作的同时，项目部劳务员人员应督促协助外施队伍及时到派出所办理暂住证。

5. 劳动合同签订管理

凡进入施工现场的务工人员，其所在单位必须提供与务工人员签订的劳动合同，劳动合同必须符合行政主管部门提供的最新合同范本样式。项目劳务管理人员必须督促、检查进场的分包企业（用人单位）与每位务工人员签订劳动合同，并留存备案。与务工人员签订的劳动合同必须与花名册相一致，劳动合同签订不得代笔，代笔的视为未签订劳动合同。凡未签订劳动合同的人员，劳务管理人员必须限分包企业（用人单位）在 3 日内，与每位务工人员签订劳动合同，并留存备案。

6. 岗位证书管理

项目部劳务管理人员必须要求施工队伍负责人在人员进场后 3 日内，将务工人员上岗证书进行审验，劳务分包合同签订后 7 日内办理人员注册备案手续。劳务管理人员必须按照现场花名册审核务工人员持证上岗情况，督促无证人员进行相关培训，及时上报人员上岗证书审验手续。对于无证人员劳务管理人员应要求施工队伍负责人相关培训机构办理培训手续，否则按非法用工予以处罚，施工队伍应在取得证书后及时办理证书审验，劳务管理人员须将务工人员岗位证书以复印件形式进行存档。

7. 工作卡、床头卡管理

由项目部行政后勤管理人员负责落实务工人员工作卡、床头卡发放工作。务工人员具备身份证或身份证明、持有岗位证书及签订劳动合同，完成入场安全教育后，行政后管理人员根据进场花名册，为务工人员办理工作卡、床头卡，并与实际进场人员进行核对。每间工人宿舍要按住宿情况，根据“双卡”填写宿舍表。工作卡、床头卡、宿舍表根据人员流动情况随时办理和修改。出现务工人员工作卡、床头 卡丢失情况，施工队伍负责人应在3日内为务工人员重新办理工作卡、床头卡，否则将视为非法用工予以处罚。

务工人员必须佩戴胸卡，由保安人员登记后方可进出项目部大门。如无胸卡人员出项目部大门，必须持有劳务分包单位负责人签认的出门条，并进行登记后方可离开项目部。属于撤场人员，安全保卫人员登记后，要将登记人员及时上报项目部安全保卫负责人，通知项目劳务管理人员核减人员花名册。

8. 施工区人员管理

对于进入生活区的务工人员必须具备身份证或身份证明、持有岗位证书及签订劳动合同，完成人场安全教育、办理“双卡”后，由项目部信息录入人员根据各外施工队伍具备上述条件的务工人员花名册，进行统一编号，并通过身份识别设备进行信息采集。外施队伍现场负责人要根据项目部统一要求，指定专人负责组织本队伍人员完成信息采集工作。完成信息采集的务工人员，方可进入施工区进行上岗作业。

9. 考勤表与工资表管理

分包企业劳务员负责建立每日人员流动台账，掌握务工人员的流动情况，为项目部提供真实的基础资料。项目部劳务员必须要求施工队伍负责人每日上报现场实际人员人数，施工队伍负责人必须对上报人数确认签字，劳务管理人员对比记录人员流动情况。每天要求施工队伍负责人上报施工现场人员考勤，由项目部劳务管理人员与现场花名册进行核对，确定人员增减情况，对于未在花名册中人员，要求施工队伍负责人按规定办理相关手续。

项目部每次结算劳务费时，劳务管理人员必须要求施工队伍负责人提供务工人员资表，并留存备案。工资表中人员必须与考勤相一致，且必须有务工人员本人签字，施工队负责人签字和其所在企业盖章，方可办理劳务费结算。项目部根据施工队伍负责人供的工资表，按时向务工人员的实名制卡内支付工资。

第二节　“平安卡”管理要求

为了认真贯彻落实《中华人民共和国安全生产法》《建设工程安全生产管理条例》《国务院安委会关于进一步加强安全培训工作的决定》（安委〔2012〕10）号文件精神，重庆市出台了《关于在建筑行业推行农民工“平安卡”管理制度的意见》（渝建发〔2008〕53号）要求重庆市建筑业从业人员平安卡管理制度从 2013 年第四季度起全面启动。督促建筑企业落实安全生产培训责任，实现岗前安全培训全覆盖，增强从业人员安全防护意识和自我保护能力，强化企业安全生产基础工作，有效预防和遏制建筑生产安全事故发生，促进建筑施工安全管理水平再上新台阶。

全市所有在建房屋建筑和市政基础设施工程，必须建立从业人员平安卡管理系统，配置相应的专业管理人员和设备，办理从业人员平安卡。建设单位项目管理人员、施工单位项目管理人员（施工单位管理人员及施工项目部项目负责人、项目技术负责人、施工员、质量员、安全员、标准员、机械员、材料员、资料员、造价员等）、监理单位项目管理人员（监理企业管理人员及现场总监理工程师、总监理代表、专业监理工程师、监理员）、一线建筑工人都要办理平安卡。

建筑业从业人员须参加安全生产知识入门培训并经考核合格后方可获得平安卡。已取得国家注册或重庆市城乡建委颁发的执业资格证、专业技术职称证书和 “三类人员”安全生产考核合格证书的人员、取得《建筑施工特种作业操作资格证书》等重庆市建设职业技能岗位证书和专业技术管理人员岗位证书的人员、取得重庆市监理岗位证书的监理人员和取得质量安全培训合格证书的人员可凭证直接办理平安卡。重庆市建筑从业人员平安卡在重庆市行政区划范围内实行“一卡通”。

1. 平安卡申领程序

建筑业从业人员平安卡申办流程按照“申请—培训—考核—发卡”的流程进行，如图 3-1 所示。

（1）申请

建设工程参建单位向工程所在地区县平安卡管理机构提出平安卡办理申请，也可以个人名义向区县平安卡管理机构提出申请。报名采取网络的方式进行网上报名，登录重庆市建筑业从业人员平安卡管理系统进入报名系统提交报名信息。如实、准确无误地填写申报人员个人信息，上传电子照片，系统自动生成《重庆市建筑业从业人员平安卡申办报名表》，申报单位将《重庆市建筑业从业人员平安卡申办报名表》（见表 3-8）及从业人员身份证复印件和《重庆市建筑业从业人员平安卡申办汇总表》（见表 3-9）盖章确认后连同报送区县平安卡管理机构。区县平安卡管理机构 2 个工作日完成参加培训人员报名信息审核，审核后由培训机构 5 个工作日内安排培训。免予培训的人员申办程序同上，申报时将“有关证书”连同有关资料一并报送区县平安卡管理机构审核。

（2）培训

各区县城乡建设主管部门设立或认可 1 个以上建设教育培训机构，负责辖区内在建项目（含市管项目）从业人员培训工作。培训采取现场培训和集中培训两种方式，现场培训采取现场实作的方式，集中培训采取教师面授、播放电视教学片等方式。以安全法律法规、规章制度、安全基本常识、安全意识、职业道德、避险自救、施工安全技术等内容为主。从业人员首次参加培训的时间在 8 学时以上。

（3）考核

1）考核形式。培训完成后，由区县平安卡管理机构组织考核，考核具体工作由区县平安卡管理机构安排培训机构开展，考核形式可根据实际情况选择案例分析、考试、问答、现场实作等方式进行。采取考试方式的，考试试题从题库中随机抽取。

2）考核监督。区县城乡建委、区县平安卡管理机构应加强对培训机构具体考核工作的监督管理，发现弄虚作假的，取消其培训资格。

3）考核结果公布。采取考试方式的，考试成绩达到 60 分及以上为考核合格。采取其他考核方式的，由区县平安卡管理机构管理人员和考核教师根据考生的现场表现，商议后确定是否考核合格。培训机构完善考核合格人员报名表中的培训信息后，将报名表报送区县平安卡管理机构。由区县平安卡管理机构在重庆市建筑业从业人员信息卡管理系统公布考核合格人员名单。未通过考核的人员，重新组织培训和考核。

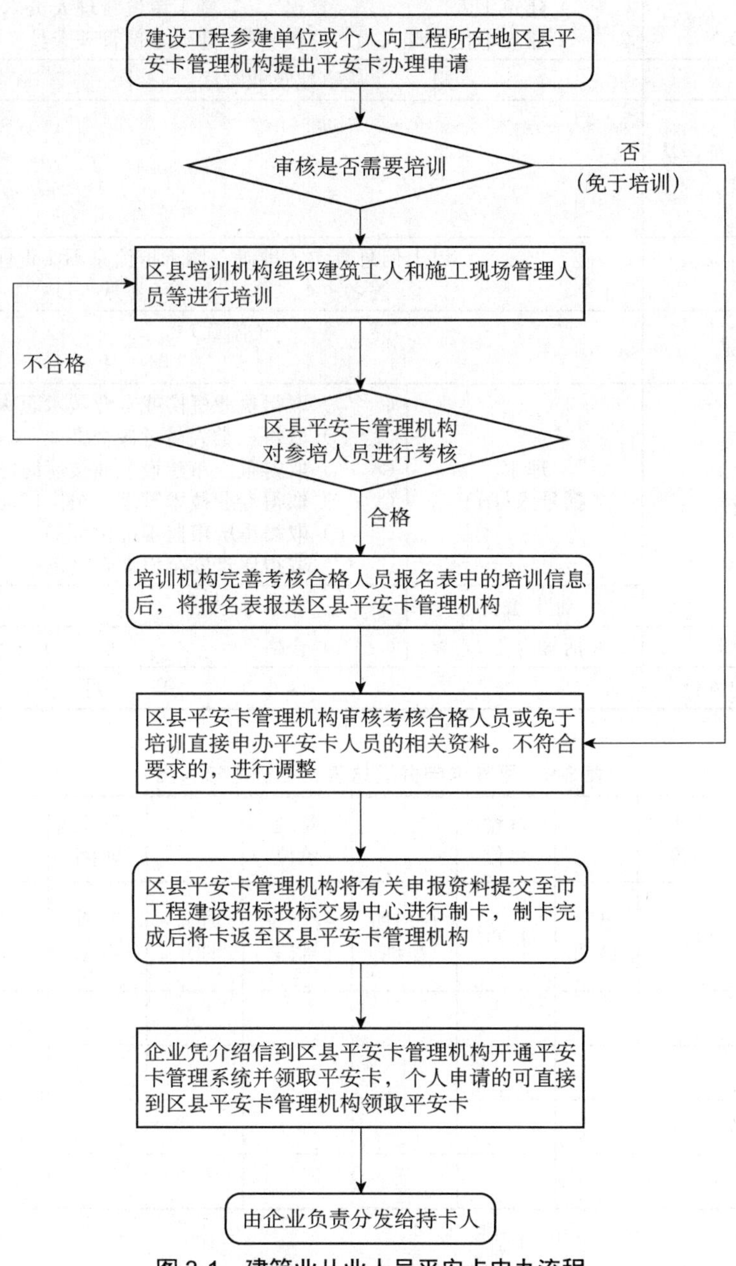

图 3-1　建筑业从业人员平安卡申办流程

表 3-8　平安卡申办报名表

姓名		性别		出生日期	年　月　日	一寸免冠近照
籍贯		户口所在地				
身份证号码						
通信地址				联系电话		
身份类别（括号内打√）	（　）建筑工人　（　）施工单位管理人员 （　）监理单位管理人员　（　）建设单位管理人员					
文化程度		从事建筑业时间				
身体健康状况是否符合从事工种要求						
本人申明	以上信息真实、准确，愿承担信息不实责任 签名　年　月　日					
所在项目意见	（盖章） 年　月　日					
免于培训考核	理由（括号内打√）	（　）取得执业资格或专业技术职称证书 （　）取得三类人员考核合格证 （　）取得重庆市建设职业技能岗位证书 （　）取得专业技术管理人员岗位证书 （　）取得重庆市监理岗位证书 （　）取得质量安全培训合格证书				
	证书编号					
培训考试成绩	（括号内打√）	（　）合格　（　）不合格				
平安卡管理机构意见	年　月　日					

表 3-9　平安卡申办汇总表（培训考核人员）

项目名称		施工单位		建设单位		监理单位		开工时间		竣工时间	
编号	申请人姓名	性别	出生日期	籍贯	户口所在地	身份证号码	通信地址	联系电话	文化程度	从事建筑行业时间	备注
1											
2											
3											
4											

表 3-10　平安卡申办汇总表（免考人员）

项目名称		施工单位		建设单位		监理单位		开工时间		竣工时间		
编号	申请人姓名	性别	出生日期	籍贯	户口所在地	身份证号码	通信地址	联系电话	文化程度	从事建筑行业时间	取得证书情况	
											证书名称	证书编号
1												
2												
3												
4												

（4）发卡

1）信息审核。区县平安卡管理机构审核《重庆市建筑业从业人员平安卡申办报名表》（包括基本信息是否齐全、电子照片是否符合标准等）及相关资料（有关证书等）。

2）平安卡制作。审核申请后符合条件的，项目根据合格名单缴纳平安卡工本费、项目服务费和平安卡刷卡机费后，各区县平安卡管理机构将平安卡申报资料提交至市工程建设招标投标交易中心进行制卡，市工程建设招标投标交易中心 7 个工作日内完成制卡工作，制卡完成后将卡返至区县平安卡管理机构。

平安卡办理进行分类制作，绿卡（建筑工人）、黄卡（施工单位管理人员）、蓝卡（监理单位管理人员）、红卡（建设单位管理人员）。平安卡的内容包含：个人基本信息、培训记录、用工记录、职称信息、技能等级信息、领薪信息、诚信记录信息等内容。

3）平安卡申领。建设工程参建单位凭介绍信到区县平安卡管理机构领取平安卡，并负责分发给持卡人。同时，施工总承包单位申请开通平安卡管理系统。

2. 平安卡使用监督

1）建设单位应将实施平安卡管理系统纳入招标文件和工程合同，并在项目开工前按规定拨付安全生产与文明施工措施费，督促施工单位建立平安卡管理系统。

2）施工单位应积极主动推行平安卡管理制度，指导、督促项目部实施平安卡管理系统，并运用平安卡管理系统加强对施工现场的管理。

3）监理单位应加强对项目部实施平安卡管理系统的监督检查。要将项目部建立平安卡管理系统情况、从业人员办理平安卡情况、执行刷卡进出施工现场制度情况列入监理工作范围，在监理日志作好记录，督促施工单位做好相关工作。

4）建筑工人、施工现场管理人员、监理人员等进入施工现场应随身携带平安卡，接受相关部门的监督检查，未取得平安卡的从业人员不得进入施工现场工作。

5）各级城乡建设主管部门对落实平安卡管理工作不得力的（未按规定建立平安卡管理系统、未按规定办理从业人员平安卡、未按规定执行刷卡进出施工现场的），责令限期整改或停工整改，同时在诚信评价中记录不良行为，并根据诚信体系规则对其现场监管部分扣分，纳入安全生产动态管理。同时，取消企业参评文明工地等评优评先资格。

第四章　流动人口管理

随着社会经济的发展和城市化进程的加快，城市流动人口问题越来越无法回避。它不仅关系到城市管理，更关系到城乡之间、不同地域之间公民的平等权利与和谐社会的构建。改革开放以来流动人口的普遍化。流动人口在全国总人口中所占比例大幅度提高，随着市场化程度的加深，人口要素的流动已越来越常态化、普遍化和理性化，自由迁徙是大势所趋。

人口流动有多方面的积极意义：第一，满足了城市和工业发展对劳动力的需求，促进了流入地的经济持续增长；第二，促进了农村劳动力转移，增加了农民收入；第三，农民工的低工资降低了城市建设和经济发展成本动态平衡，增强了城市竞争力；第四，推动了全面统一的劳动力市场的形成，促使劳动者素质在竞争和交流中快速提高；第五，促进了思想和文化的交流与融合，增强了社会的包容性。但是大量的流动人口也会给社会管理带来一系列的问题。

第一节　流动人口的合法权益

一、流动人口享有的权益

由于流动人口大多数长期在恶劣的条件下劳动，主要分布在建筑、服务等以体力劳动为主的行业，他们不仅缺乏最基本的社会保障，还时常遭受不法侵害，被隔离在社会安全网之外，权益得不到保障。只有真正树立以人为本的科学发展观，走现代民主法治道路，综合运用和不断创新社会治理的制度、机制和手段，确保效率和公平的相对平衡，保障作为弱势群体的劳工尤其是最弱势群体的流动人口劳工的合法权益，才能促进劳资关系的长期和谐稳定，促进社会主义和谐社会建设。为此，很多地区结合当地实际，就进一步加强流动人口服务和管理工作制定了各自的实施意见，实现对流动人口由控制管理型向服务管理型的转变；改革管理办法，实现由单纯的“以证管人”向“以房管人”和运用信息化手段管理的转变；调整工作思路，实现由政府部门管理服务向社会化服务管理的转变；改进治安管理，实现由突击性的清理整治向日常化有序管理的转变；改革管理制度，实现人口流动由不稳定到相对稳定的转变。

为切实做好流动人口服务和管理工作，中共中央办公厅、国务院办公厅转发的《中央社会治安综合治理委员会关于进一步加强流动人口服务和管理工作的意见》(厅字〔2007〕11 号)，《意见》要求各地加快建成与流动人口服务和管理工作相适应的组织网络、制度体系、工作机制和保障机制；全面提升流动人口服务和管理工作的法制化、规范化、信息化、社会化建设水平；不断健全惠及流动人口的城乡公共服务体系和流动人口维权机制，切实保障流动人口的合法权益。

结合中央社会治安综合治理委员会《意见》的精神和各地区实施的相应政策内容来看，流动人口享有的权益主要体现在以下几个方面：

1）享有就业、生活和居住的城镇公共服务的权益。

2）享有在流入地就业的权益。

3）享有子女平等接受义务教育权益。

4）享有改善居住条件的权益。

5）享有医疗保障的权益（包括传染病防治和儿童计划免疫保健服务）。

6）享有计划生育服务的权益。

7）享有就业服务和培训的权益。

8）享有社会保障的权益。

9）享有参与政治活动的权益。

二、流动人口权益的保障

经过多年改革，我国已经初步形成了包括社会救助、社会保险、社会福利、优抚安置以及住房保障等多层次的社会保障体系框架。但现行的社会保障制度基本上是以城镇人口为基础的，流动人口的社会保障仍然处于初步探索阶段。妥善解决流动人口的社会保障问题，是社会和谐的不可或缺的因素。由于流动人口具有较高的流动性，从现实性和可操作性的角度出发，流动人口权益保障体系的构建不可能一步到位，为保证流动人口能享受公平的社会保障，真正解除流动人口在权益保障方面的后顾之忧，出台探索性强的方案是当务之急。为保证流动人口与城市户籍人口一样，享受公平的社会保障待遇，应建立内容多元化的社会保险体系，真正解除流动人口在工伤、医疗、失业、养老以及相关方面的后顾之忧。

（1）工伤保险

为了维护农民工的工伤保险权益，改善农民工的就业环境，根据《工伤保险条例》的规定，从农民工的实际情况出发，劳动社会保障部发布了《关于农民工参加工伤保险有关问题的通知》(劳社部发〔2004〕18 号)。该通知第 2 条规定，农民工参加工伤保险、依法享受工伤保险待遇是《工伤保险条例》赋予包括农民工在内的各类用人单位职工的基本权益，各类用人单位招用的农民工均有享受工伤保险待遇的权利。各地要将农民工参加工伤保险，作为工伤保险扩面的重要工作，明确任务，抓好落实。凡是与用人单位建立劳动关系的农民工，用人单位必须及时为他们办理参加工伤保险的手续。对用人单位为农民工先行办理工伤保险的，各地经办机构应予办理。重点推进建筑、矿山等工伤风险较大、职业危害较重行业的农民工参加工伤保险。这表明，国家已在立法上提出农民工强制工伤保险的要求，即规定用工单位必须以投办保险的方式或兼用投办保险和直接支付的方式承担对工伤职工的全部赔偿责任，并且承担全部保险费的缴纳义务。

用人单位注册地与生产经营地不在同一统筹地区的，原则上在注册地参加工伤保险。未在注册地参加工伤保险的，在生产经营地参加工伤保险。农民工受到事故伤害或患职业病后，在参保地进行工伤认定、劳动能力鉴定，并按参保地的规定依法享受工伤保险待遇。

用人单位在注册地和生产经营地均未参加工伤保险的，农民工受到事故伤害或者患职业病后，在生产经营地进行工伤认定、劳动能力鉴定，并按生产经营地的规定依法由用人单位支付工伤保险待遇。

对跨省流动的农民工，即户籍不在参加工伤保险统筹地区（生产经营地）所在省（自治区、直辖市）的农民工，1～4 级伤残长期待遇的支付，可试行一次性支付和长期支付两种方式，供农民工选择。在农民工选择一次性或长期支付方式时，支付其工伤保险待遇的社会保险经办机构应向其说明情况。一次性享受工伤保险长期待遇的，需由农民工本人提出，与用人单位解除或者终止劳动关系，与统筹地区社会保险经办机构签订协议，终止工伤保险关系。1～4 级伤残农民工一次性享受工伤保险长期待遇的具体办法和标准由省（自治区、直辖市）劳动保障行政部门制定，报省（自治区、直辖市）人民政府批准。

各级劳动保障部门要加大对农民工参加工伤保险的宣传和督促检查力度，积极为农民工提供咨询服务，促进农民工参加工伤保险。同时要认真做好工伤认定、劳动能力鉴定工作，对侵害农民工工伤保险权益的行为要严肃查处，切实保障农民工的合法权益。

（2）医疗保险

由于涉及面广、政策性强，在操作上有一定的难度。但为改变流动人口基本医疗保险严重滞后的局面，各城市应逐步将农民工纳入政府投资公共卫生和基本医疗服务的对象，职业病防治、传染病防治、儿童计划免疫、妇幼保健等方面，农民工与户籍人口应享受同等待遇，并将所有与用工单位签订正式用工合同的农民工纳入基本医疗保险和大额医疗补助金范围，使缴费满一定年限的农民工能够享受与城镇职工同等的医疗保险待遇，从而逐步改变农民工医疗保险滞后的局面。《北京市外地农民工参加工伤保险暂行办法》规定，按本办法缴纳工伤保险费，应以外地农民工上年度月平均工资为缴费工资基数。外地农民工务工时间不足 12 个月的，按实际务工时间计算月平均工资；新招用的外地农民工以本人第一个月工资作为当年缴费工资基数。已参加本市工伤保险的用人单位，其外地农民工在本市工作期间受到事故伤害或者患职业病的，用人单位、外地农民工或者其直系亲属可以作为申请人，到参保地的区县劳动保障行政部门、劳动能力鉴定机构、社会保险经办机构，按照本市工伤保险规定申请工伤认定、劳动能力鉴定、核定工伤保险待遇。用人单位在本市和外地均未给外地农民工缴纳工伤保险费，外地农民工在本市工作期间受到事故伤害或者患职业病的，用人单位、外地农民工或者其直系亲属可以作为申请人，按照《工伤保险条例》的规定申请工伤认定、劳动能力鉴定、核定工伤保险待遇。外地注册的用人单位，应当到本市生产经营地的区县劳动保障行政部门、劳动能力鉴定机构、社会保险经办机构，申请工伤认定、劳动能力鉴定、核定工伤保险待遇。本市注册的用人单位，应当到注册地的区县劳动保障行政部门、劳动能力鉴定机构、社会保险经办机构，申请工伤认定、劳动能力鉴定、核定工伤保险待遇。认定为工伤的外地农民工，其工伤保险待遇、劳动能力鉴定费等按照本市的标准由用人单位支付。

（3）失业保险

为了保障农民工基本的生存需要，稳定社会秩序，流动人口失业保险体系的构建必须充分考虑到农民工所具有的高度流动性。我国 1999 年颁布的《失业保险条例》规定，城镇企业事业单位招用的农民合同制工人应该参加失业保险，用工单位按规定为农民工缴纳社会保险费，农民合同制工人本人不缴纳失业保险费。当前，在按照此条例规定执行的基础上，还应逐步实行城乡统一的失业保险制度，使农民工失业后能同等享受城镇劳动力的失业保险待遇。单位招用的农民合同制工人连续工作满 1 年，本单位已缴纳失业保险费，劳动合同期满未续订或者提前解除劳动合同的，由社会保险经办机构根据其工作时间长短，对其支付一次性生活补助。补助的办法和标准由省、自治区、直辖市人民政府规定。

如《北京市失业保险规定》规定，单位招用的农民合同制工人，劳动合同期满未续订或者提前解除劳动合同的，由社会保险经办机构根据单位为其连续缴费的时间，对其支付一次性生活补助，每满 1 年发给 1 个月生活补助，最长不得超过 12 个月。其标准按本市职工最低工资的 40%计算。失业人员在领取失业保险金期间，患病（不含因打架斗殴或交通事故等行为致伤、致残的）到社会保险经办机构指定的医院就诊的，可以补助本人应领取失业保险金总额 60%～80%的医疗补助金。失业人员在领取失业保险金期间死亡的，参照本市在职职工社会保险有关规定发给丧葬补助金。有供养直系亲属的，发给一次性抚恤金，抚恤金标准按失业人员死亡当月领取失业保险金的数额和供养人数发给。供养一人的，给付 6 个月；供养两人的，给付 9 个月；供养 3 人或 3 人以上的，给付 12 个月。失业人员符合城镇居民最低生活保障条件的，可以按照规定享受本市城镇居民最低生活保障待遇。

（4）养老保险

根据国务院《社会保险费征缴暂行条例》（国务院令第 259 号），以及劳动和社会保障部有关规定精神，国有企业、城镇集体企业、外商及港、澳、台商投资企业、城镇私营企业和其他城镇企业，党政机关、事业单位、社会团体，民办非企业单位，城镇个体工商户（以下统称用人单位）和与之形成劳动关系、具有本地区或外埠农村户口的劳动者（简称农民工），应当依法参加养老保险，缴纳养老保险费。

但是目前农民工参加养老保险缴费较难。农民工工资收入普遍较低，使用农民工集中的企业经济承受能力也普遍较低；而现行城保制度规定缴费标准较高（用人单位缴纳工资总额的 20%，个人缴纳工资的 8%），许多农民工及使用农民工集中的企业感到难以承受，因而导致大量的农民工没有参保。

针对农民工收入普遍偏低的特点，《农民工参加基本养老保险办法》规定：用人单位缴费比例为工资总额的 12%，比目前规定的平均缴费比例低了 8 个百分点；农民工个人缴费比例为 4%～8%，可以根据本人的收入情况合理选择和确定。过去已经参加城保的农民工及用人单位，可以按照本办法的规定调整缴费比例。这样规定，可以大大降低农民工及其用人单位的经济负担，以最大限度地将农民工纳入养老保险制度覆盖范围。

用人单位招用外埠农民工应当经市、区（县）劳动保障行政部门批准，并办理《外来人员就业证》（以下简称《就业证》）；招用本地区农民工应当到劳动力输出地区（县）劳动保障行政部门办理招聘备案手续，并填写《用人单位招用本市农村劳动力花名册》。同时，用人单位应自招用农民工之月起，必须与其签订劳动合同，并为其办理参加养老保险手续。经市、区（县）劳动保障行政部门批准，已经办理了招用农民工手续，而尚未为其办理参加养老保险手续的用人单位，应在一个月内，到为本单位城镇职工缴纳养老保险费的社会保险经办机构，办理农民工参加养老保险的手续，并为农民工缴纳养老保险费。新成立及尚未参加养老保险的用人单位，到企业营业执照注册地或单位所在地的区（县）社会保险经办机构，办理社会保险登记手续，并为城镇职工、农民工申报缴纳养老保险费。

用人单位在为农民工办理参加养老保险时，应向社会保险经办机构提交下列证明和材料：

①用人单位的《社会保险登记证》；

②企业法人营业执照（副本）；

③《个体工商户营业执行情况表》；

④市、区（县）劳动行政部门批准使用农民工的证明；

⑤用人单位使用外埠农民工，要提供《就业证》。

农民工与用人单位终止、解除劳动关系后，在本市行政区域内重新就业的，可以接续养老保险关系，由社会保险经办机构接转其缴费记录。接续时，只接续养老保险关系，不转移养老保险基金；跨统筹区域就业的，可以转移养老保险关系，其个人账户全部随同转移；回农村的，可以保留养老保险关系，将其个人账户封存，作为其接续养老保险关系的依据，待在本市重新就业后，继续缴纳养老保险费，其缴费年限可以累计计算。并凭社会保险经办机构开具的缴纳养老保险费凭证办理转移、接续、清算、终止养老保险关系等手续。农民工必须达到国家规定的养老年龄，方能领取基本养老金。

农民工在与用人单位终止、解除劳动关系后，可以保留养老保险关系，封存个人账户，待重新在本地区就业后，继续缴纳养老保险费。原已参加本地区农村养老保险的，也可将其在用人单位工作期间养老保险个人账户存储额和按规定核算的待遇转移到其农村养老保险个人账户中；没有参加本地区农村养老保险的，可在其户口所在地农村养老保险管理机构参加农村养老保险，新建个人账户，同时将其在用人单位工作期间养老保险个人账户存储额和按规定核算的待遇转移到其新建个人账户中，并按本地区农村养老保险的有关规定享受相应的待遇。

第二节　流动人口的从业管理

随着改革开放的不断深化，市场经济意识、竞争意识和流动意识的加强和一系列体制障碍被打破，为人口流动提供了现实的可能性。随着中国经济社会发展的变化，城镇化进程的加快，国务院要求取消对流动人口务工就业中的不合理限制。

一、流动人口的从业管理

1. 国家高度重视流动人口管理

《就业促进法》《就业服务与就业管理规定》等法律法规对劳动者依法享有平等就业和自主择业的权利的保护和管理。

《中华人民共和国宪法》规定法律面前人人平等。《劳动法》第三条规定，劳动者有平等就业和选择职业的权利。2007 年《中华人民共和国就业促进法》第三条再次强调了，劳动者依法享有平等就业和自主择业的权利。还有大量的法规规章也规定了劳动者平等的就业权，劳动者就业，不因民族、种族、性别、宗教信仰等不同而受歧视。目前，流动人口的平等就业权已经不存在法律上的障碍。

为全面落实就业政策，满足劳动者跨地区享受相关就业扶持政策的需要，从 2011 年 1 月 1 日起，实行全国统一样式的《就业失业登记证》。《就业失业登记证》是记载劳动者就业与失业状况、享受相关就业扶持政策、接受公共就业人才服务等情况的基本载体，是劳动者接受相关就业扶持政策的重要凭证。《就业失业登记证》中的记载信息在全国范围内有效，劳动者可凭《就业失业登记证》跨地区享受国家统一规定的相关就业扶持政策。《就业失业登记证》实行全国统一编号制度。《就业失业登记证》的证书编号实行一人一号，补发或换发证书的，证书编号保持不变。公共就业人才服务机构在发放《就业失业登记证》时，应根据情况向发放对象告知相关就业扶持政策和公共就业人才服务项目的内容和申请程序。登记失业人员凭《就业失业登记证》申请享受登记失业人员相关就业扶持政策；就业援助对象凭《就业失业登记证》及其“就业援助卡”中标注的内容申请享受相关就业援助政策；符合税收优惠政策条件的个体经营人员凭《就业失业登记证》申请享受个体经营税收优惠政策；符合条件的用人单位凭所招用人员的《就业失业登记证》申请享受企业吸纳税收优惠政策。

2. 地方政府部门对流动人口管理的职责

《中央社会治安综合治理委员会关于进一步加强流动人口服务和管理工作的意见》中，加强流动人口管理工作的主要任务是：进一步统一思想认识，各有关地区和部门树立全国一盘棋的观念，加强合作，齐抓共管，采取更加有力的措施，对流动人口问题进行综合治理。在工作中必须紧紧依靠基层组织和人民群众，大力加强对流动人口特别是离开农村常住户口所在地跨地区务工经商人员的户籍管理、治安管理、流动就业管理和计划生育、民政、卫生、兵役等各项管理工作，并把管理与对流动人口的疏导、服务、教育等各有关工作紧密衔接。建立科学有效的工作机制，逐步把这项工作制度化、法律化，纳入依法管理的轨道。特别是人口流出和流入多的地方，要加强对口交流，密切配合，共同解决好工作中的突出问题。要通过加强对流动人口的各项管理工作，切实掌握人口流动情况，控制流动规模，引导有序流动，充分发挥人口流动的积极作用，保护流动人口的合法权益，预防和依法打击其中极少数人的违法犯罪活动，维护社会治安和各种管理秩序，以更好地为改革开放、经济发展和社会稳定服务。各部门在流动人口管理工作中的主要职责：

1）公安机关负责对流动人口的户籍管理和治安管理。

①办理暂住户口登记，签发和查验“暂住证”；

②对流动人口中3年内有犯罪记录的和有违法犯罪嫌疑的人员进行重点控制；

③对出租房屋、施工工地、路边店、集贸市场、文化娱乐场所等流动人口的落脚点动场所进行治安整顿和治安管理；

④依法严厉打击流窜犯罪活动，建立健全社会治安防范网络；

⑤协助民政部门开展收容送工作；

⑥与有关部门一起疏导“民工潮”。

2）劳动部门负责对流动就业人员的劳动管理与就业服务。

①为流动就业人员提供就业信息和职业介绍、就业训练、社会保险等服务；

②对单位招用外地人员、个人流动就业进行调控和管理；

③办理“外出就业登记卡”和“外来人员就业证”；

④对用人单位和职业介绍机构遵守有关法规的情况进行劳动监察，维护劳动力市场秩序；

⑤依法处理用人单位与外来务工经商人员有关的劳动争议。保护双方的合法权益；

⑥负责疏导“民工潮”。

3）工商行政管理部门负责对外来人员从事个体经营活动的管理。

①在核发营业执照时，核查“暂住证”“外来人员就业证”等有关证件；

②对集贸市场中的务工经商人员进行管理，配合有关部门落实流动人口管理的各项措施；

③对外来个体从业人员进行职业道德和遵纪守法等教育。

4）民政部门。

①负责收容遣送工作；

②主管流浪儿童保护教育中心的管理工作；

③管理流动人口婚姻登记。

5）司法行政部门负责对流动人口的法制宣传教育、法律服务和纠纷调解工作。

6）卫生部门负责对流动人口的健康检查、卫生防疫工作。为流动人口提供节育技术服务。

①负责流动人口计划生育证明的发放和查验工作；

②为流动人口提供避孕药具和有关服务；

③开展计划生育宣传教育。

7）建设部门。

①负责对成建制施工队伍和工地的管理以及流动人口聚集地的规划管理，协助有关部门落实流动人口管理的各项措施；

②负责小城镇的开发建设，促进农村剩余劳动力的就地就近转移；

③负责对房屋出租的管理和市容、环境卫生监察。

8）农业部门负责对农村剩余劳动力进行疏导。

9）交通部门与有关部门一起疏导“民工潮”；打击车站、码头、汽车、轮船上的违法犯罪活动。

10）党、团组织负责对流动党、团员的管理。

①原所在党、团组织负责掌握外出党、团员的去向、从业、外出时间等情况，确定联系方式，在集体外出、暂住地点相对集中的党、团员中按规定建立党、团组织；

②暂住所在地党、团组织负责把外来党、团员编入相应的组织，安排参加组织生活，分配做适当工作；

③原所在党、团组织和暂住所在地党、团组织要加强联系，密切配合。

3. 流动人口管理的行政处罚事项

了解《中华人民共和国户口登记条例》《中华人民共和国行政处罚法》《中华人民共和国治安管理处罚条例》、公安部《租赁房屋治安管理规定》《暂住证申领办法》《公安机关办理行政案件程序规定》等相关的处罚规定。

（1）流动人口违反户籍管理规定的行为和处罚依据

依照公安部《暂住证申领办法》第十四条第1项的规定，对不按规定申报暂住户登记、申领暂住证，经公安机关通知拒不改正的，处50元以下罚款或者警告。

依照《中华人民共和国治安管理处罚条例》第二十九条第1项的规定，对不按规定申报户口或者申领居民身份证，经公安机关通知拒不改正的，处50元以下罚款或者警告。

雇用、留宿流动人口的单位及个人违反户籍管理规定的行为和处罚依据。

依照公安部《暂住证申领办法》第十四条第3项的规定，对雇用无暂住证人员的法定代表人或者直接责任人，处以1 000元以下罚款或者警告。

依照《中华人民共和国治安管理处罚条例》第二十九条第5项的规定，对出租房屋或者床铺供人住宿的，不按规定申报登记住宿人户口，处100元以下罚款或者警告。

（2）违反计划生育的行为和处罚依据

依照《流动人口计划生育工作条例规定》第二十一条，流动人口现居住地的乡（镇）人民政府或者街道办事处在流动人口计划生育工作中有下列情形之一的，分别由乡（镇）人民政府的上级人民政府或者设立街道办事处的人民政府责令改正，通报批评；情节严重的，对主要负责人、直接负责的主管人员和其他直接责任人员依法给予处分：

未依照本条例规定向育龄夫妻免费提供国家规定的基本项目的计划生育技术服务，或者未依法落实流动人口计划生育奖励、优待的；未依照本条例规定查验婚育证明的；未依照本条例规定为育龄夫妻办理生育服务登记，或者出具虚假计划生育证明材料，或者出具计划生育证明材料收取费用的；未依照本条例规定向流动人口户籍所在地的乡镇人民政府、街道办事处通报流动人口计划生育信息的。

（3）违反本条例规定的其他情形

根据第二十二条的规定，流动人口现居住地的县级人民政府公安、民政、人力资源社会保障、卫生等部门和县级工商行政管理部门违反本条例第九条规定的，由本级人民政府或者上级人民政府主管部门责令改正，通报批评。

根据第二十三条的规定，流动人口未依照本条例规定办理婚育证明的，现居住地的乡（镇）人民政府或者街道办事处应当通知其在3个月内补办；逾期仍不补办或者拒不提交婚育证明的，由流动人口现居住地的乡（镇）人民政府或者街道办事处予以批评教育。

根据第二十四条的规定，用人单位违反本条例第十五条规定的，由所在地县级人民政府人口和计划生育部门责令改正，通报批评。

房屋租赁中介机构、房屋的出租（借）人和物业服务企业等有关组织或者个人未依照本条例规定如实提供流动人口信息的，由所在地的乡（镇）人民政府或者街道办事处责令改正，予以批评教育。

4. 从事生产经营活动证件的办理

有经营能力的城镇待业人员、农村村民以及国家政策允许的其他人员，可以申请从事个体工商业经营；申请人必须具备与经营项目相应的资金、经营场地、经营能力及业务技术。流动人员还须持有本地区公安部门出具的暂住证，计生部门出具的流动人口计划生育证明（18周岁以上，50周岁以下）。有没有户口没有直接关系的，要暂住证的。

（1）证件办理提交的材料

1）申请人提交书面申请报告。

2）申请人身份证明：

①城镇待业青年和其他无业人员，应持有劳动部门核发的待业证明；

②退、离休人员应持退、离休证，提前退休凭单位退休证明；

③辞退职（包括留职停薪）人员，应持有原单位批准的证明；

④下岗职工，应持有劳动部门的下岗证；

⑤农村村民，应持有当地乡（村）证明。

上述人员登记时须持身份证，外地人员还须持有本市公安部门出具的暂住证，计生部门出具的流动人口计划生育证明（18周岁以上，50周岁以下）。

3）个体工商户开业登记申请表。

4）经营场地证明：

①利用自有私房（非住宅）应递交房产产权证明，产权人把此房作为经营用房的证明；

②利用自用公房应递交房管部门的住改非证明；

③经营场地租用的，应递交房屋租赁协议和房屋产权证明；

④经营场地在路边弄口，应递交交通、市容或城建部门的占用道路许可证或批准件。

5）申请从事国家有关专项规定的行业或品种的生产经营，应提交许可证或有关部门的审批文件。

6）聘用从业人员的，应提交与从业人员签订的劳动合同及从业人员的身份证明。

7）登记机关认为应提交的其他证明文件。

（2）如何办理个体工商营业执照

1）本人身份证及复印件（外来人员另外还需要暂住证及复印件）。

2）经营场所的房屋租赁合同或者房产证及复印件。

3）本人一寸免冠彩色照片2张。

4）如果是国有和集体企业下岗事业人员、特困户，还需要带上失业证、失业人员优惠证、特困证等及复印件，这样可以依照国家有关规定享受减免管理费的政策优惠。

5）从事饮食、化妆品等特殊行业的还要准备健康证件等及复印件（涉及前置审批行业需提供审批意见）。

携带上述文件到当地所属的工商所，向工作人员说明要办理哪一类的营业执照。检验过有关文件后，工作人员会给表格要填写。

二、农村劳动力转移对我国经济发展的影响

我国是一个农业大国，自改革开放以来，城市经济迅速发展，东西部发展的不均衡，导致城乡差距的进一步扩大，在经济发展较为落后的广大农村地区，出现了大量的剩余劳动力。经过十多年的发展，在全球金融危机的影响下，出现了大批农民工的返乡潮，这再次让社会关注到这个特殊的群体。

三、农村剩余劳动力转移现状及特点

1. 农村剩余劳动力转移的特点

中国农村劳动力过剩由来已久。改革开放前，由于农村集体经营制度的生产效率极其低下，掩盖了劳动力过剩的现实，使得劳动力过剩的矛盾未能凸现出来。改革开放后，由于经营体制的转换及劳动生产率的相应提高，人多地少的矛盾逐渐攀升，一大批原来隐藏的剩余劳动力从土地上游离出来。此后，农村剩余劳动力源源不断地向非农产业转移，数量逐年增加。据有关部门统计。早在2008年，全国农村剩余劳动力转移量就已超过1亿。

（1）农村劳动力转移模式

在我国农村富余劳动力转移的实践中，总共出现了两种转移的模式：就地转移和异地转移。就地转移模式是指离土不离乡模式，异地转移模式是指离土离乡进入城市的二三产业。

1）就地转移模式。就地转移模式是指农村劳动力离开农业，在本乡镇就地从事非农生产，是一种离土不离乡、进厂不进城的转移模式。

2）异地转移模式是指农村富余劳动力在地域间进行职业的变换，离开本乡镇，离开农村和农业，进入城市并为那里的二三产业所吸纳。异地转移使得农村富余劳动力较为彻底地脱离了农业生产。

（2）农村剩余劳动力转移特点

1）劳动力转移具有多元化特征。目前我国农村剩余劳动力转移主要有两个途径：一是农村剩余劳动力从农业中转移出来，在农村从事非农产业，即进入乡镇企业或其他农村工业企业务工；二是农村剩余劳动力离开原居住地到城市从事非农产业活动，即进入大中城市务工，成为农民工。改革开放之初以至整个80年代，农村剩余劳动力以在农村内部就地转移为主，转移的主渠道是乡镇企业。随着改革开放的深入进行，后者迅速占据了主要的比重。90年代以来，在乡镇企业继续吸纳农村剩余劳动力的同时，农村剩余劳动力异地转移和跨区流动的范围和规模迅速扩大，出现了农村剩余劳动力大量外出打工的“民工潮”，农村剩余劳动力转

移进入以外出打工的“民工潮”为特征的新阶段。至此，农村劳动力转移途径呈现多元化趋势，转移速度大大加快，农村劳动力的就业空间得到进一步拓宽。

2）劳动力转移具有季节性特点。随着一二产业的发展和农业生产率的提高，大部分农民保留着土地的承包权，在农忙时种地，农闲时外出务工或经商。特别是靠近大中城市，交通比较发达地区的农民外出兼业的较多。一般而言，家庭劳动力较多，从事劳务收入又较高的，在外工作时间就长，反之则短。据调查，有 50%以上的外出劳务人员其责任田转给别人或者留给家里人种，一年仅回家一次。在农闲时外出务工，农忙时留在家耕作的劳动力转移具有典型的农业季节性。

3）主要从农村流向城市，从中西部流向东部。一直以来经济发展不平衡，农业效益较低，常常是增产不增收，甚至出现了负增长，农业对农村劳动力的吸引力非常微弱，反之，城市较高的收入水平和较优越的生活条件吸引着农村剩余劳动力大规模向城市转移。据抽样调查显示，2012 年到地级以上大中城市务工的劳动力占 68%，约 8 620 万人；到县级市务工的劳动力占 17%，约 2 580 万人。东部沿海地区由于经济发展水平高、非公有制经济蓬勃发展，创造了大量的就业机会，吸引了大批农村劳动力，成为农村劳动力的集中输入地。

（3）农村剩余劳动力转移存在的问题

1）农村剩余劳动力转移的难度逐渐增大。随着生产力的进一步发展，农村剩余劳动力基数进一步增大，社会提供的就业岗位已不能完全满足剩余劳动力增长的需要，同时，社会对求职者的综合素质的整体要求提高，降低了未经过专门的职业培训农民工的就业机会，使得大批类似的农民工无法实现有效的劳动力转移。

2）转移方式比较盲目。由于受农民工的整体素质较低，市场信息的不对称等因素的影响，市场需求信息不能为农民工所掌握，整体仍处于“亲帮亲”“友帮友”的自发无序的流动状态，流动性大且不易管理，供求关系不易衔接，盲目性比较大。以至于有时候出现大批农民工涌向相同需求岗位，而大部分农民工不能找到工作。转移方式的盲目性还体现在区域整体流动的盲目性。

3）无法实现彻底转移。首先，农民工就业持续性和稳定性差使长久转移得不到必要的保障。根据调查，绝大多数农民工多聚集在劳动密集型产业，从事一些短期的、城市劳动力不愿进入的行业，填充职业空位。而且通常工作都极不稳定，易出现间断性失业或过度性就业竞争而被替代，就业的持续性和稳定性较差。其次，大部分农民生活水平相对较差，工资普遍偏低，实现彻底转移得不到强有力的支持。农民工相对于城市居民的收入较低，住宿条件也较差，除购买生活必需品以外几乎不进行任何方式的娱乐。许多农民工并未享用到城市的各种文化设施，他们的生活并没有因为身在大城市而变得丰富多彩。最后，农民工与土地的关系以及思想观念的老旧也阻碍着他们与城市的融合。

进城务工的农民在家乡他们都有一份自己的土地，这是他们生活的最后保障。他们进城打工的目的主要是增加现金收入，而且只能是增加现金收入；如果收入不理想，他们可以回乡务农种田，也只能回乡务农种田。这样，在看不到进城希望的情况下，他们一般不做在城市发展的长远打算，也不能做在城市发展的长远打算。由于存在后顾之忧，农民工必然无法割断与土地的关联；在经济上，农民工更不能产生对城市依赖的条件，而只能依赖土地。结果，在心理上普遍不能产生对城市的归属意识。

2. 劳动力转移的影响

（1）积极影响

1）对农业的积极影响。农村剩余劳动力转移促进了对农业的投入及农村经济发展。外出务工的农民，大多数将挣的钱寄回家，购买农资，改善生产条件，提高劳动生产率。同时，一部分有知识懂技术的外出务工者，利用积累的经验、资金、技术回乡创业。在农村地区产生了积极影响，农村产业发展开始步入成长期。2008 年全球金融危机以后，涌现出了大批的携带技术和资金回乡创业的农民工典型，为当地创造了大量的就业岗位，不但解决了自身的就业问题，同时还为他人就业提供了保障，为我国迅速走出金融危机的影响做出了一定的贡献。

2）对农民的积极影响。改变了农民群众的思想观念。以青年农民为代表的劳务大军从学校毕业后，绝大部分投身于经济较发达，思想开放的东南沿海地区务工；虽然务工生活艰苦，但他们步入社会后即感受到现代城市文明，对传统的小农经济生活方式、守旧习俗、价值观念形成了巨大冲击。在长期的务工生活中，他们不仅学到了知识，开阔了眼界，掌握了技能，积累了资金，而且重新定格自己的世界观，人生观，价值观。他们向往高效率、快节奏的都市生活，憧憬自由恋爱，具有青年所独有的特质，有激情，决心闯出一番属于自己的事业，而不再满足于传统的“朝出而作，日落而息”的农耕方式。

促进了农民的脱贫致富。自 20 世纪 80 年代中期开始出现“民工潮”以后，农村剩余劳动力纷纷外出务工，而且形成相当规模。一方面，随着外出务工人员的不断增多，给本地留下了较多的就业岗位；另一方面，部分外出务工人员开始回乡创业，又新增了许多就业岗位，使广大农村剩余劳动力就业不充分的矛盾得到了有效缓解，农民工资性收入大幅增加。

3）对农村发展的积极影响。农村剩余劳动力的转移有利于优化农村产业结构。农业生产力水平的提高要以劳动者素质提高为前提。其中包括劳动者要有开拓进取精神，树立竞争意识、科技意识和法律意识；具有经营现代农业、驾驭市场农业的能力；要有正确的人生观、价值观；具有实施科学种田、科学养殖的能力。农业劳动力在不同地区、不同行业间的流动，可以促进他们更新观念，学到先进技术和管理经验。而打工赚得的钱为增加农业投入提供了资金，这就为优化农村产业结构提供了可能的条件。

4）对社会的积极影响。一方面，农村劳动力的转移为我国的改革开放提供了动力，城市建设、服务业等二三产业中拥有数量庞大的农民工。在我们享受今天干净便捷的城市服务和设施的时候，农民工仍然在为我国城市化进程的发展而努力工作。另一方面，农村劳务经济的发展为制约贫富差距的进一步扩大提供了一定的契机。据统计，农民人均增收每 100 元中有 68 元来自打工收入。安徽省 2006 年劳务输出寄回或带回现金 312 亿元，相当于当年全省则政收入。四川省外出打工的农民超过 1 200 多万人，跨省的有 600 多万人，2006 年汇回的资金高达 536 多亿元，比省则政总和还多 100 多亿元。湖南省浏阳市每年进城打工的农民通过邮局汇回家乡的钱有 2.5 亿多元，估计总收入在 6 亿元以上。除此之外，农村劳动力的转移有效地缓解了人多地少的矛盾，为社会的安定稳定提供了一定的保证。

（2）消极影响

1）对农业的消极影响。随着农村劳动力转移年轻化趋势的加快，大部分的适龄劳动力流转到其他地区实现劳动力的转移，留守在农村的大多数是老人和小孩，加剧了农村人口老龄化，降低了人均最大耕地面积，造成严重的土地撂荒现象，粮食大幅度减产，不利于农业的长久发展。

2）对农民的消极影响。农民工在城市生活中，虽然相对于农村的收入有了很大的提高，但是与城市职工相比整体收入水平较低。平时的娱乐活动较少，而且工作的持续性与稳定性得不到保障，在物质生活得到一定满足的情况下，长期与家人分居，精神生活严重缺乏，对其身心健康造成危害。

3）对农村发展的消极影响。一方面，农村劳动力严重不足，而且降低再生的劳动力的质量。由于缺乏可用劳动力，农忙时间变长，农民工子女大多采取隔代教育的方式，将自己的孩子托付给自己的父母，但是孩子成长过程中所需要的父母的关爱，耐心的说教，他们一般无法给予。孩子从小缺乏良好的教育，学习成绩较差，没有形成良好的思想品质，有些过早辍学，或者加入到新一批的劳动力转移人群中。另一方面，农村人口老龄化速度加快，对农村的稳定也造成一定的威胁。

4）对社会的消极影响。加大了对农业监管的难度。随着非农转移的加速发展，承包地的社会保障功能越来越突出，成为农民在城市工作生活的最后防线。由于 2008 年以前有偿、合理、灵活、有序的土地流转制度流转机制建设没有及时跟上，迫使大量劳务输出人员城乡两栖兼业，无法解决后顾之忧。在农业效益持续低迷时，“抛荒现象”尤其是“常年抛荒”呈逐年加重之势。在一些试行土地流转的地方，村级集体组织过多地考虑集体利益，侵犯了农民利益，有的甚至成为丧失土地的贫民，严重挫伤了农民土地流转的积极性。在顺利实现土地流转制度之后，农民的积极性普遍不高。随着劳动力的转移，有文化和一技之长的青壮年背井离乡，使得农业科技示范与推广在农村减弱，导致劳动力供求结构逆转，少数地区实现收益与预期相背，农村只剩下孤寡老人和小孩的现象较为普遍，在一定程度上导致农业发展后劲不足，农业技术难以进步，加剧了地区间的不平衡。农村劳动力流向主要是东部沿海和一些大中城市，从而进一步扩大了转移地区与发达地区的二元结构经济。

加重了城市人口承载负担。农村劳动力大量流入城市，与城市产业结构调整日益紧张的劳动力矛盾相冲突。如果农村劳动力不受节制地向城市转移，将有可能超过城市工业和服务业对劳动力的接收能力，造成城市劳动力过剩。同时大规模的人口流动，不仅会给交通运输带来巨大压力，给城市的正常秩序制造麻烦，严重的还会发生社会冲突，造成社会动荡。

加速了农村人口的老龄化的程度。按照国际惯例，当一个国家或地区 60 岁以上老人占总人口的 10%或 65 岁以上老人占总人口的 7%时，标志着该地区或国家进入人口老龄化社会。我国 60 岁以上的老人 70%～80%住在农村，保守估计早在 2008 年我国农村 60 岁以上的老人达 2.1 亿左右。农村老年人没有养老金，丧失支撑养老最需要的经济来源，中国传统的养老方式是依靠家庭子女的力量来承担赡养职责，然而近 20 年来计划生育政策导致家庭规模小型化，以及近年来农村青壮年劳动力转移速度与规模越来越大，致使依靠家庭对老人进行精神慰藉和日常照料的传统方式会难以为继，未来农村老人的养老问题将成为严峻的社会问题。

第五章　劳动保护

保护劳动者在生产劳动过程中的安全与健康，是中国共产党和我们国家的一项基本方针，是坚持社会主义制度的本质要求，是发展生产、促进经济建设的一项根本性大事，也是社会主义物质文明和精神文明建设的一项重要内容。“加强劳动保护，改善劳动条件”，是载入中国宪法的神圣规定。

新中国成立以来，中国共产党和人民政府十分重视劳动保护工作。早在1956年国务院发布《工厂安全卫生规程》《建筑安装工程安全技术规程》和《工人职员伤亡事故报告规程》时就指出:“改善劳动条件，保护劳动者在生产劳动中的安全健康，是我们国家的一项重要政策。”在全国人大七届四次会议上通过的国民经济第八个五年计划纲要中，明确规定了要加强劳动保护，认真贯彻“安全第一，预防为主”的方针，强化劳动安全监察，努力改善劳动条件，努力降低企业职工伤亡率和职业病发作率。加强安全技术政策，劳动保护科学的研究和科技成果推广，努力改善检验手段。国家正在不断通过健全劳动保护立法，强化劳动保护监察和安全生产管理，推进安全技术、职业卫生技术与有关工程等措施，来保证宪法所要求的这一基本政策的实现。

既然保护劳动者在生产劳动中的安全健康是中国共产党和我们国家的一项基本政策，当然更是社会主义国家各类企业进行经营管理的基本原则之一。只有加强劳动保护，才能确保安全生产，从而改变长期以来不少企业中工伤事故频繁和职业危害严重的不良局面。不然，势必严重损害千百万职工的切身利益，伤害他们建设社会主义的积极性和主观能动精神，不利于社会安全和现代化建设事业的持续、稳定发展。

第一节　劳动保护内容的相关规定

一、工作时间、休息时间、休假制度的规定

工作时间是指在法律规定的劳动者在一昼夜或一周内从事生产或工作的时间，即劳动者每天应工作的时间或每周应工作的天数。劳动者每天应工作的时数叫工作日，每周应工作的天数叫工作周。工作时间为法律范畴，既包括劳动者实际工作时间，也包括劳动者某些非实

际工作时间。依照法律规定，凡是劳动者在工作时间内的，用人单位必须按规定支付劳动者的劳动报酬。

1. 标准工作日

标准工作日是指由国家法律统一规定的，在一般情况下，劳动者从事工作或劳动的时间。《国务院关于修改〈国务院关于职工工作时间的规定〉的决定》第三条规定："职工每日工作日 8 h，每周工作 40 h。"标准工作日是计算其他工作日种类的依据。

2. 缩短工作日

缩短工作日是指法律规定的少于标准工作日时数的工作日，即劳动者每天工作的时数少于 8 h 或者每周工作的时数少于 40 h。目前我国已实行缩短工作日的劳动者主要有以下几类：

从事矿山、高山、有毒有害、特别繁重体力劳动的劳动者。根据国家有关劳动法规的规定：

①化工行业从事有毒有害作业的工人，根据生产的特点和条件分别实行"三工一休"制、每日工作 6 h 或 7 h 工作制或"定期轮流脱离接触"的工时制度；

②煤矿井下作业实行 4 班 6 h 工作制；

③纺织企业实行四班三运转制度；

④建筑、冶炼、森林采伐等从事繁重体力劳动的行业，根据本行业的特点实行不同程度缩短工作时间制。

从事夜班工作的劳动者。夜班工作的时间是指从本日的 22 时到次日的 6 时从事工作或劳动时间。实行三班制的企业，从事夜班工作的劳动者，其日工作时间比标准工作日缩短 lh。

在哺乳期工作的女职工。根据规定，哺乳期不满1周岁婴儿的女职工，在每个工作日内有两次哺乳时间，每次 30 min。多胞胎生育的，每多哺乳一个婴儿，每次哺乳时间增加 30 min。女职工的哺乳时间和在本单位内往返途中的时间，算作劳动时间。

3. 不定时工作日

（1）不定时工作日的情况

不定时工作日又称为无定时工作日，是指没有固定工作时间限制的工作日。主要适用于一些因工作性质或工作条件不受标准工作时间限制的工作。关于《国务院关于职工工作时间的规定》的实施办法规定：因工作性质或生产特点的限制，不能实行每日工作 8 h、每周工作 40 h 标准工时制度的，可以实行不定时工作制或综合计算工时工作制等其他工作和休息办法，并按照劳动部《关于企业实行不定时工作制和综合计算工时工作制的审批办法》执行。根据劳动部《关于企业实行不定时工作制和综合计算工时工作制的审批办法》规定，企业对符合下列情形的人员可以实行不定时工作制：

①企业中的高级管理人员、外勤人员、推销人员、部分值班人员和其他因工作无法按标准工作时间衡量的职工；

②企业中的长途运输人员、出租汽车司机和铁路、港口、仓库的部分装卸人员以及因工作性质特殊，需机动作业的职工；

③其他因生产特点、工作特殊需要或职责范围的关系，适合实行不定时工作制的职工。

企业实行不定时工作制的，应履行审批手续。根据审批办法的规定，中央直属企业实行不定时工作制和综合计算工时工作制等其他工作和休息办法的，经国务院行业主管部门审核，报国务院劳动行政部门批准。地方企业实行不定时工作制和综合计算工时工作制等其他工作和休息办法的审批办法，由各省、自治区、直辖市人民政府劳动行政部门制定，报国务院劳动行政部门备案。对于实行不定时工作制和综合计算工时工作制等其他工作和休息办法的职工，企业应根据《劳动法》第一章、第四章有关规定，在保障职工身体健康并充分听取职工意见的基础上，采用集中工作、集中休息、轮休调休、弹性工作时间等适当方式，确保职工的休息休假权利和生产、工作任务的完成。

（2）综合计算工作日

综合计算工作日，是指用人单位根据生产和工作的特点，分别采取以周、月、季、年等为周期综合计算劳动者工作时间的一种工时形式。企业实行综合计算工作日后，其平均日工作时间和平均周工作时间应与法定标准工作时间基本相同。

根据审批办法的规定，综合计算工作时间制适用于符合以下条件之一的企业职工：

①交通、铁路、邮电、水运、航空、渔业等行业中因工作性质特殊，需连续作业的职工；

②地质及资源勘探、建筑、制盐、制糖、旅游等受季节和自然条件限制的行业的部分职工；

③其他适合实行综合计算工时工作制的职工。

1）计件工作时间。

计件工作时间是指以劳动者完成一定劳动定额为标准的工作时间。《劳动法》第三十七条规定："对实行计件工作的劳动者，用人单位应当根据本法第三十六条规定的工时制度合理确定其劳动定额和计件报酬标准。"

2）关于延长工作时间的规定。

一般情况下，用人单位由于生产经营的需要，可以延长工作时间。《劳动法》第四十一条规定："用人单位由于生产经营需要，经与工会和劳动者协商后可以延长工作时间，一般每日不得超过 1 h；因特殊原因需要延长工作时间的，在保障劳动者身体健康的条件下延长工作时间每日不得超过 3 h，但是每月不得超过 36 h。"

除一般情况下延长工作时间的规定外，《劳动法》还规定了在特殊情况下，如果出现了危及国家财产、集体财产和人民生命安全的紧急事件时，延长工作时间不受《劳动法》第四十一条的限制。根据《劳动法》第四十二条的规定，有下列情形之一的，延长工作时间不受第四十一条的限制：

①发生自然灾害、事故或者因其他原因，威胁劳动者生命健康和财产安全，需要紧急处理的；

②生产设备、交通运输线路、公共设施发生故障，影响生产和公众利益，必须及时抢修的；

③法律、行政法规规定的其他情形。

《劳动法》规定用人单位安排劳动者延长工作时间的，应当支付高于劳动者正常工作时间的工资报酬。这样规定，一方面能够补偿劳动者额外的劳动和消耗，保护劳动者的身体健康；另一方面能够较为有效地抑制用人单位随意延长工作时间，从而保护劳动者的合法权益。

4. 休息时间、休假的规定

休息休假是指劳动者在国家规定的法定工作时间外自行支配的时间，包括劳动者每天休息的时数、每周休息的天数、节假日、年休假、探亲假等。

（1）工作日内的间歇时间

间隙时间的长短可由各单位根据说具体情况确定，一般不少于半小时。

（2）两个工作日间的休息制度

我国实行8 h工作制，职工从一个工作结束至下一个工作日开始前的休息时间一般为15～16 h。实行轮班制的职工，其班次一般应在休息日后调换，调换班次时，不得让工人连续工作两班。

1）公休假日。《劳动法》规定用人单位应当保证劳动者每周至少休息 1 日。目前我国实行 5 天工作制，劳动者的公休假日为每周 2 天，一般安排周六和周日。

2）法定假日。我国《劳动法》第四十条规定："用人单位在下列节日期间应当依法安排劳动者休假：

①元旦；

②春节；

③国际劳动节；

④国庆节；

⑤法律、法规规定的其他休假节日。"

根据 2007 年 12 月 14 日国务院修订的《全国年节及纪念日放假办法》。目前我国法定节日主要有以下几种：

属于全体公民放假的节日：新年，放假 1 天（1 月 1 日）；

春节，放假 3 天（正月初一、初二、初三）；

清明节，放假 1 天（农历清明当日）；

劳动节，放假1天（5 月 1 日）；

端午节，放假 1 天（农历端午当日）；

中秋节，放假 1 天（农历中秋当日）；

国庆节，放假 3 天（10 月 1 日、2 日、3 日）。

属于部分公民放假的节日即纪念日：妇女节（3 月 8 日），妇女放假半天；青年节（5 月 4 日），14 周岁以上的青年放假半天（15～34 岁的人为青年）；儿童节（6 月 1 日），不满 14 周岁的少年儿童放假 1 天；中国人民解放军建军纪念日（8 月 1 日），现役军人放假半天。

同时，少数民族习惯的节日，由各少数民族聚居地区的地方人民政府，按照各民族习惯，规定放假日期。根据规定，全体公民放假的假日，如果适逢星期六、星期日，应当在工作日补假。部分公民放假的假日，如果适逢星期六、星期日，则不补假。

3）年休假。年休假是指法律规定的职工满一定的工作年限后，每年有的保留工作带薪连续休假。

我国《职工带薪休假条例》规定：机关、团体、企业、事业单位、民办非企业单位、有雇工的个体工商户等单位的职工连续工作1年以上的，享受带薪年休假（以下简称年休假）。单位应当保证职工享受年休假。职工在年休假期间享受与正常工作期间相同的工资收入。职工累计工作已满1年不满10年的，年休假5天；已满10年不满20年的，年休假10天；已满20年的，年休假15天。国家法定休假日、休息日不计入年休假的假期。单位根据生产、工作的具体情况，并考虑职工本人意愿，统筹安排职工年休假。

年休假在1个年度内可以集中安排，也可以分段安排，一般不跨年度安排。单位因生产、工作特点确有必要跨年度安排职工年休假的，可以跨1个年度安排。

单位确因工作需要不能安排职工休年休假的，经职工本人同意，可以不安排职工休年休假。对职工应休未休的年休假天数，单位应当按照该职工日工资收入的300%支付年休假工资报酬。

4）探亲假。探亲假是指与父母或配偶分居两地的职工，每年享受有的与父母或配偶团聚的假期。根据1981年国务院重新修订的《国务院关于职工探亲待遇的规定》，凡在国家机关、人民团体和全民所有制企业，事业单位工作满一年的固定职工，与配偶不住在一起，又不能在公休假日团聚的，可以享受本规定探望配偶的待遇；与父亲、母亲都不住在一起，又不能在公休假日团聚的，可以享受本规定探望父母待遇。但是，职工与父亲或与母亲一方能够在公休假日团聚的，不能享受本规定探望父母的待遇。

职工探亲假期的规定：

①职工探望配偶的，每年给予一方探亲假一次，假期为30天；

②未婚职工探望父母，原则上每年给假一次，假期为20天，如果因为工作需要，本单位当年不能给予假期，或者职工自愿两年探亲一次，可以两年给假一次，假期为45天；

③已婚职工探望父母的，每4年给假一次，假期为20天。探亲假期是指职工与配偶、父、母团聚的时间。另外，根据实际需要给予路程假。上述假期均包括公休假日和法定节日在内。

二、劳动安全制度

1. 劳动安全管理制度

（1）相关规定

劳动安全管理制度，是法律所规定或确认的国家和用人单位为保护劳动过程中的安全而采取的各项管理制度的统称。

安全生产责任制度，指各级企业负责人、职能科室人员、工程技术人员和生产工人在劳动过程中，对各自职务或业务范围内的安全生产负责的制度。它是企业经济责任制的重要组成部分，也是企业劳动保护管理制度的核心。《安全生产法》第四条规定："生产经营单位必须遵守本法和其他有关安全生产的法律、法规，加强安全生产管理，建立、健全安全生产责任制度，完善安全生产条件，确保安全生产。"

1）安全生产审批、验收制度，指负有安全生产监督管理职责的部门对涉及安全生产的事项依照法律、法规和法定劳动安全标准，以批准、许可、注册、认证、颁发证照等方式进行审查或者验收制度。《安全生产法》第五十四条和第五十五条规定了下述要点：

①负有安全生产监督管理职责的部门依照有关法律、法规的规定，对涉及安全生产的事项需要审查批准或验收的，必须严格依照有关法律、法规和国家标准或者行业标准规定的安全生产条件和程序进行审查；不符合有关法律、法规和国家标准或者行业标准规定的安全生产条件的，不得批准或者验收通过；

②对未依法取得批准或者验收合格的单位擅自从事有关活动的，负责审批的部门发现或者接到举报后应当立即予以取缔，并依法予以处理；

③对已经依法取得批准的单位，负责行政审批的部门发现其不再具备安全生产条件的，应当撤销原批准；

④对涉及安全生产的事项进行审查、验收，不得收取费用，不得要求接受审查、验收的单位购买其指定品牌或者指定生产、验收单位的安全设备、器材或其他产品。

2）安全生产检查制度，是指通过对企业遵守有关安全生产的法律、法规和国家标准或者行业标准的情况进行监督检查，总结安全生产经验，揭露和消除事故隐患，并用正反两方面的事例推动劳动保护工作的制度。安全检查必须贯彻领导、专门机构和群众相结合，自查和互查相结合，检查和整改相结合的原则。

安全生产举报、报告制度，是指各种单位或个人对生产经营单位存在的有关安全生产的问题向有关部门举报或报告，以加强安全生产监督管理制度。《安全生产法》第六十三条至第六十五条规定了下述要点：

①负有安全生产监督管理职责的部门应当建立举报制度，公开举报电话。信箱或者电子邮件地址，受理有关安全生产的举报；受理举报事项经调查核实后，应当形成书面材料；需要落实整改措施的，报经有关负责人签字并监督落实；

②任何单位或个人对事故隐患或者安全生产违法行为，均有权向负有安全生产监督管理职责的部门报告或举报；

③居民委员会、村民委员会发现其所在区域内的生产经营单位存在事故隐患或者安全生产违法行为时，应当向当地人民政府或有关部门报告；

④县级以上各级人民政府及其有关部门对报告重大事故隐患或者举报安全生产违法行为的有功人员，给予奖励。具体奖励规定由国务院负责安全生产监督管理的部门会同国务院财政部门制定。

3）生产安全事故应急救援制度，是指发生安全生产事故时，政府、有关部门、有关单位和个人采取应急救援措施的制度。《安全生产法》第六十八条至第七十二条规定了下述要点：

①县级以上地方各级人民政府应当组织有关部门制定本行政区域内特大生产安全事故应急救援预案，建立应急救援体系；

②危险物品的生产、经营、储存单位以及矿山、建筑施工单位应当建立应急救援组织；生产经营规模较小，可以不建立应急救援组织的，应当指定兼职的应急救援人员。危险物品的生产、经营、储存单位以及矿山、建筑施工单位应当配备必要的应急救援器材、设备，并进行经常性维护、保养，保证正常运转；

③生产经营单位发生生产安全事故后，事故现场有关人员应当立即报告本单位负责人。

单位负责人接到事故报告后，应当迅速采取有效措施，组织抢救，防止事故扩大，减少人员伤亡和财产损失，并按照国家有关规定立即如实报告当地负有安全生产监督管理职责的部门，不得隐瞒不报、谎报或者拖延不报，不得故意破坏事故现场、毁灭有关证据；

④负有安全生产监督管理职责的部门接到事故报告后，应当立即按照国家有关规定上报事故情况。负有安全生产监督管理职责的部门和有关地方人民政府对事故情况不得隐瞒不报、谎报或者拖延不报；

⑤有关地方人民政府和负有安全生产监督管理职责的部门的负责人接到重大生产安全事故报告后，应当立即赶到事故现场，组织事故抢救；

⑥任何单位和个人都应当支持、配合事故抢救，并提供一切便利条件。

4）生产安全事故调查处理制度，是指在生产安全事故发生后，有关部门和单位依照法定的权限和程序，调查事故的后果和原因并对责任单位和个人依法进行处理的制度，《安全生产法》第七十三条至第七十六条规定了下列要点：

①事故调查处理应当按照实事求是、尊重科学的原则，及时、准确地查清事故原因，查明事故性质和责任，总结事故教训，提出整改措施，并对事故责任者提出处理意见。事故调查和处理的具体办法由国务院制定；

②生产经营单位发生生产安全事故，经调查确定为责任事故的，除了应当查明事故单位的责任并依法予以追究，还应当查明对安全生产的有关事项负有审查批准和监督职责的行政部门的责任，对有失职、渎职行为的，依照本法的规定追究法律责任；

③任何单位和个人不得阻挠和干涉对事故的依法调查处理；

④县级以上地方各级人民政府负责安全生产监督管理的部门应当定期统计分析本行政区域内发生生产安全事故的情况，并定期向社会公布。此外，国家就生产安全事故的调查处理还制定了专门的法规，如《企业职工伤亡事故报告和处理制度》（1991 年）、《特别重大事故调查程序暂行规定》（1989 年）等。

（2）劳动卫生规程

劳动卫生规程是指国家为了保护职工在生产和工作过程中的健康，防止、消除职业病和各种职业危害而制定的各种法律规范。其主要内容：

1）防止粉尘危害。凡是有粉尘作业的用人单位，要努力实现生产设备的机械化、密闭化和自动化。设置吸尘、滤尘和通风设备，矿山采用湿式凿岩和机械通风等。

2）防止有毒物质危害。凡散发有害健康的蒸汽、气体的设备应加以密闭，必要时应安装通风，净化设备；有毒物质和危险物品应分别储存在专设场所，并严格管理等。

3）防噪声和强光危害。对产生强烈噪声的生产，应尽可能在现有消声设备的工作房中进行，并实行强噪声和低噪声分开工作。在有噪声、强光灯场所操作的工人，应供给护耳器、防护眼镜等。

4）防止电磁辐射危害。凡是存在电磁辐射的工作场所，应当设置电场屏蔽或磁场冰壁体将电磁能量限制在所规定的空间内；实行远距离控制作业和自动化作业。对作业人员采取必要的个人防护措施。

5）防暑降温、防冻取暖和防潮湿。工作场所应当保持一定温度和湿度，不宜过热、过冷、过湿。室内工作地点温度高于32℃的，应当采取降温措施；低于10℃，应当设置取暖设备；对高潮湿场所，应当采取防潮措施。

6）通风和照明。工作场所的光线应该充足，采光部分不要遮蔽。工作地点的局部照明的照度应该符合操作要求，也不要光线刺目。通道应该有足够的照明。生产过程中温度和风速要求不严格的工作场所应保证自然通风，有瓦斯和其他有毒害气体聚集的工作场所，必须采用机械通风。

（3）卫生保健

为增强从事有害健康作业的职工抵抗职业性中毒的能力，应满足特殊营养需要，免费发给保健食品。对高温作业的职工，应免费供给高温饮料，以补充水分和盐分。另外，工厂应该根据需要，设置浴室、厕所、更衣室、休息室、妇女卫生室等生产辅助设施。以上用人单位须经常保持完好和清洁。

2. 职业危害防治措施

根据《中华人民共和国职业病防治法》，为了预防、控制和消除职业危害，防治职业病，保护劳动者健康及其相关权益，促进企业持续、稳定发展，实现公司所确定的职业健康安全目标，公司除对员工加强职业危害常识教育外，特制定本安全预防措施。

公司为有效防止职业病对作业人员造成人身伤害，从管理上明确公司职能科室及施工现场管理人员多级责任制，分清在职业病预防上的岗位职责。同时加强对施工作业人员的职业病危害教育，定期组织培训教育，提高对职业病危害的认识，了解其危害，掌握职业病防治的方法。

从事职业危害作业的职工应按照职业病防治法的规定定期进行身体健康检查，公司将检查结果告之本人，并将体检报告存入档案。

公司所属各项目部从事接触粉尘、电气焊、房屋建筑防水、建筑现场施工、防腐保温、油漆作业等有毒有害作业时均应执行本办法。

（1）防护措施

1）防尘技术措施：

①水泥防尘措施。流动搅拌机除尘。除尘设备必须考虑适合流动的特点。既要达到除尘目的，又做到拆装方便。流动搅拌机上有2个尘源点：一是向料斗上加料时飞起的粉尘；二是料斗向拌筒中倒料时，从进料口、出料口飞起的粉尘。采用通风除尘系统，即在拌筒出料口安装活动胶皮护罩，挡住粉尘外扬；在拌筒上方安装吸尘罩，将拌筒进料口飞起的粉尘吸走；在地面料斗侧向安装吸尘罩，将加料时扬起的粉尘吸走，通过风机将空气粉尘送入旋风滤尘器，再通过器内水浴将粉尘降落，被水冲入蓄水池。

水泥制品厂搅拌站。多用混凝土搅拌机自动化。由计算机控制混凝土搅拌，输送全系统，不仅提高了生产效率，减轻了工人劳动强度，同时在进料仓上方安装水泥，砂料粉尘器，就可使料斗作业点粉尘降为零，从而达到彻底改善职工劳动条件的目的。

高压静电除尘。高压静电除尘是静电分离技术之一，已应用于水泥除尘回收。

②木屑除尘措施可在每台加工机械尘源上方或侧向安装吸尘罩，通过风机作用，将粉尘吸入输送管道，再送到蓄仓内。

施工现场在进行石材切割加工、建筑物拆除等有大量粉尘作业时，应配备有效的降尘设施和设备，对施工地点和施工机械进行降尘。在地下室等封闭的作业场所进行防水作业时，要采取强制性通风措施，配备行之有效的通风设备，进行通风，并派专人进行巡视。

2）防毒技术措施。在职业中毒的预防上，管理和生产部门应采用的措施：

加强管理，要搞好防毒工作；严格执行劳动保护法规和卫生标准；对工程一定要做到主体工程和防毒设施同时设计，施工及投产；依靠科学技术，提高预防中毒的技术水平，其中包括：

①改革工艺；

②禁止使用危害严重的化工产品；

③加强设备的密闭化；

④加强通风。

对生产工人应采取的预防职业中毒的措施：

认真执行操作规程，熟练掌握操作方法，严防错误操作；穿戴好个人防护用品。

3）弧光辐射、红外线、紫外线的防护措施。夏季强烈的太阳光线中，含有红外线和紫外线，生产中的红外线和紫外线主要来源于火焰和加热的物体，气焊和气割等。为了保护眼睛不受电弧的伤害，焊接时必须使用镶有特制防护眼睛片的面罩。可根据焊接电流强度和个人眼睛情况，选择吸水式滤光片还是反射式防护镜片。为防止弧光灼伤皮肤，焊工必须穿好工作服，戴好手套和鞋盖等。

4）防止噪声危害的技术措施。各施工现场应重视噪声的治理，主要应从 3 个方面着手：消除和减弱生产中噪声源；控制噪声的传播；加强个人防护。

①控制和减弱噪声源。以改革工艺为首，以无声的工具替代有声的工具；

②控制噪声的传播。以合理布局，控制噪声为首，消声、吸声、隔声、隔振、阻墙；

③做好个人防护。如及时戴耳塞、耳罩、头盔等防噪声用品；

④定期进行预防性体检。

如因进行强噪声作业导致头晕、耳鸣等症状，应立即停止作业并通知其他人员进行治疗，症状严重者报公司应急救援小组送至医疗机构进行治疗。每半年进行一次体检。

5）防止振动危害的技术措施。隔振就是在振源与需要防振的设备之间，安装具有弹性性能的隔振装置，使得振源产生的大部分振动被隔振设置吸收；改革生产工艺，是防止振动危害的治本措施；手持振动工具的手柄，包扎泡沫塑料隔振垫，工人操作时戴好专用的防振手套，也可减少振动的危害。

6）防暑降温措施。对高温作业工人应进行体格检查，凡有心血管器质性疾病者不宜从事高温作业。炎热季节医务人员要到现场巡回医疗，发现中暑要立即抢救。

（2）安全检查措施

公司施工部除进行经常的检查外，每年还定期组织其他部门进行联合检查，这种检查包括普遍检查、专业检查和季节性检查，这几种检查可以结合进行。开展安全生产检查，必须有明确的目的、要求和具体计划，并且必须建立由项目经理负责、有关人员参加的安全生产检查组织，以加强领导，做好这项工作。

安全生产检查应该始终贯彻领导与群众相结合的原则，依靠群众，边检查，边改进，并且及时地总结和推广先进经验。有些限于物质技术条件当时不能解决的问题，也应该制订出计划，按期解决。

（3）劳动防护用具采购制度

1）生产所用的所有劳动保护用品，一律由公司采购部门集中统一采购。

2）劳动保护用品的采购必须是符合正规的采购渠道，在专门从事劳保用品生产经营的厂家或商家处采购。并办理正规合法的供购手续。

3）所采购的劳动保护用品，在采购前必须确认产品质量是否达到合格的标准，采购人员不得采购品质不合格的劳动保护用品。

4）严禁有采购人员伙同经销商徇私舞弊、以次充好的现象发生，一经查处，从严处罚，导致严重事故后果的，移交司法部门处理。

（4）劳保用品的发放制度

为了加强公司规范化管理，合理发放与使用员工劳保用品，以保护员工的生产安全和身体健康，保证生产经营工作的顺利进行，以安全、适用、节约为原则，结合公司实际工作情况，特制定本管理制度。

1）劳动保护用品的发放原则：

①公司依据员工的工作岗位发放劳保用品；

②凡上岗操作的员工必须按规定穿戴劳动保护用品。

2）劳动保护用品的发放标准和范围。由公司人力资源部门负责制定《劳保用品发放标准》，凡是本公司员工均可依据标准领用劳动保护用品，发放标准依据员工所从事的工作岗位而定。劳保用品发放标准根据岗位定编定员及时调整，以使发放标准符合实际性。对于季节工，在人力资源部门办理录用手续后，需至财务部门交 100 元劳保用品押金，方可办理领用手续，在离开本单位前，经部门负责人确认将劳保用品全部归还后，可退还押金。凡是调离本部门的员工，负责人必须责成其将所使用的劳保用品如数归还，有缺失的应照价赔偿。

3）劳保用品的发放手续和管理办法。对年度发放劳动保护用品，每年 3 月初（月度发放劳动保护用品，每月 3 日前），由部门责任人根据劳动保护用品发放标准并结合实际情况（包括人数、用品使用情况），将需领用的劳动保护用品品名、数量报人力资源部门，由人力资源部门批准后，统一编制《劳动保护用品发放单》。辅料库管理人员根据人力资源部门提供的《劳动保护用品发放单》并结合实际库存，将需采购劳动保护用品的品种、数量报采供部采购。对年度发放劳动保护用品，每年 3 月 15 日（月度发放劳动保护用品，每月 6 日），各部门到辅料库办理签字领用手续，保管员必须严格按发放标准进行发放。发放完毕后，将发放单据交财务部。对年度发放劳动保护用品，须以旧换新。使用期满后，能用的继续使用，不能用的，凭旧的劳保用品一起交仓库员办理领用手续。员工休假（病、产、事、工伤及脱产学习）

超过一个月者，停发月度劳保用品。对生产、技术岗位特殊工种的劳动保保用品可与相关部门协商核定，并报公司人力资源部门批准后，凭人力资源部门开具的领料单至仓库领取。由财务部门会同人力资源部门对各部门劳动保护用品的领用情况进行季度统计结算，结算情况纳入各部门业绩考核内容。公司质保部门对员工劳动保护用品使用与防护措施进行监督和检查。

（5）劳动防护用具使用制度

个人劳动保护用品由使用个人保管。一次性使用的劳动保护用品各施工队和班组集中保管，各施工队和班组对于公用的劳动保护用品要有保管制度和专人保管。公用的劳动保护用品由各施工队和班组集中保管，各施工队和班组对于公用的劳动保护用品要有保管制度和专人保管。进入作业现场，必须按规定穿戴好劳动保护用品，如因未按规定穿戴而造成事故者，后果由个人承担。如故意损坏劳动保护用品者，要按价赔偿或本人自己出钱购买。未经同意，不得使用他人的个人劳动保护用品。

（6）劳动防护用具检查制度

1）劳动防护用具在使用前必须进行检查，看其是否有破损需用影响工作进行，造成没必要的伤害故事。

2）用劳动防护用具的使用人员在使用过程中也要不间断地对其进行检查，以防使用中有任何损坏造成一些伤害事故。

3）各劳动防护用具的使用人员要对其用具的使用安全有所保证，检查后要对该工具所造成一切事故负责。

4）检查人员若发现该防护用具有破坏之处，是自己无法解决的，必须马上通知维修部门进行重检并维修。

5）检查人员在检查各用具过程中，如发现有严重破坏的，经维修部门维修无效的，应及时通报上级报备，并由上级通知采购部门及时重新采购，以防延误工作的进展，而造成没必要的损失。

6）防护用具在使用后，要对其进行全面检查，以防在工作过程中丢失零件等，并及时处理好。

（7）劳动防护用具维修

为规范设备的维修管理，提高设备维修的透明度，严格设备维修审批程序，特制定如下设备维修管理制度。公司应设立专门的维修部门，其工作人员必须持证上岗。维修部门对所修理的防护用具负责任。劳动防护用具的维修必须及时，以防影响度作的进度。维修人员对各防护用具修理后仍无法使用的，应报上级部门申请报废。

（8）劳动防护用具报废制度

公司安全科平时应加强对劳动保护用品使用情况的检查和监督，对超期、失效或不能继续使用的劳保用品，应当予以报废，使用期限见表 5-1。对报废的劳保用品应做报废登记，并应及时检查该品种的库存情况。对库存不足的，应及时报备给相关部门进行采购。

表 5-1　常见安全防护用品安全期限

防护用品名称	使用期限
工作服	半年
安全带	2 年
安全帽	1 年
劳保鞋	1 年
绝缘鞋	1 年
防护眼镜	15 天
劳保手套	7 天
毛巾	30 天
防尘口罩	5 天
防毒面具	2 年

三、女职工、未成年人的劳动保护

1. 女职工、未成年工的劳动保护

（1）女职工的劳动保护

由于女职工特殊的生理条件，《劳动法》对女职工的劳动保护内容具体规定了女职工禁忌劳动的范围、女职工经期、孕期、产期、哺乳期的保护。

（2）合理安排女职工的工种和工作

女生身体结构和生理机能的特点，决定了其并不能完全同男子一样可以胜任任何工作。为了保护女职工的身体健康，《劳动法》第五十九条规定：禁止安排女职工从事矿山井下、国家规定的第四级体力劳动强度的劳动和其他禁忌从事的劳动。1990 年劳动部发布了《女职工禁忌劳动范围的规定》第三条规定：

①矿山井下作业；

②森林业伐木、归楞及流放作业；

③《体力劳动强度分级》标准中第Ⅳ级体力劳动强度的作业；

④建筑业脚手架的组装和拆除作业，以及电力、电信行业的高处架线作业；

⑤连续负重（指每小时负重次数在 6 次以上）每次负重超过 20 kg，间断负重每次负重超过 25 kg 的作业。

（3）对女职工特殊时期实行保护

1）经期保护。《劳动法》第六十条规定：不得安排女职工在经期从事高处、低温、冷水作业和国家规定的第Ⅲ级体力劳动强度的劳动。《女职工禁忌劳动范围的规定》规定，女职工在月经期间禁忌从事的劳动范围：食品冷冻库内及冷水等低温作业；《体力劳动强度分级》标准中第Ⅲ级体力劳动强度的作业；《高处作业分级》标准中第Ⅱ级（含Ⅱ级）以上的作业。

2）孕期保护。《劳动法》第六十一条规定：不得安排女职工在怀孕期间从事国家规定的第

三级体力劳动强度的劳动和孕期禁忌从事的活动。对怀孕 7 个月以上的女职工，不得安排其延长工作时间和夜班劳动。《女职工禁忌劳动范围的规定》中规定：怀孕女职工禁忌从事的劳动范围：

①作业场所空气中铅及其化合物、汞及其化合物、苯、镉、铍、砷、氰化物、氮氧化物、一氧化碳、二硫化碳、氯、己内酰胺、氯丁二烯、氯乙烯、环氧乙烷、苯胺、甲醛等有毒物质浓度超过国家卫生标准的作业；

②制药行业中从事抗癌药物及己烯雌酚生产的作业；

③作业场所放射性物质超过《放射防护规定》中规定剂量的作业；

④人力进行的土方和石方作业；

⑤《体力劳动强度分级》标准中第Ⅲ级体力劳动强度的作业；

⑥伴有全身强烈振动的作业，如风钻、捣固机、锻造等作业，以及拖拉机驾驶等；

⑦工作中需要频繁弯腰、攀高、下蹲的作业，如焊接作业；

⑧《高处作业分级》标准所规定的高处作业。

3）哺乳期保护。是指女职工能够哺乳未满一周岁婴儿期间的特殊保护。不得安排女职工在哺乳未满一周岁的婴儿期间从事国家规定的第三级体力劳动强度的劳动和哺乳期禁忌从事的其他劳动，不得安排其延长工作时间和夜班劳动。《女职工劳动保护规定》规定：有不满一周岁婴儿的女职工，其所在单位应当在每班劳动时间内给予其 2 次哺乳（含人工喂养）时间，每次 30 min。多胞胎生育的，每多哺乳一个婴儿，每次哺乳时间增加 30 min。女职工每班劳动时间内的两次哺乳时间，可以合并使用。哺乳时间和在本单位内哺乳往返途中的时间，算作劳动时间。《女职工禁忌劳动范围的规定》规定：乳母禁忌从事的劳动范围。

①作业场所空气中铅及其化合物、汞及其化合物、苯、镉、铍、砷、氰化物、氮氧化物、一氧化碳、二硫化碳、氯、己内酰胺、氯丁二烯、氯乙烯、环氧乙烷、苯胺、甲醛等有毒物质浓度超过国家卫生标准的作业；

②《体力劳动强度分级》标准中第Ⅲ级体力劳动强度的作业；

③作业场所空气中锰、氟、溴、甲醇、有机磷化合物、有机氯化合物的浓度超过国家卫生标准的作业。

2. 2017 劳动法关于产假的新规定

（1）产假天数

《女职工劳动保护特别规定》第七条：女职工生育享受 98 天产假，其中产前可以休假 15 天；难产的，增加产假 15 天；生育多胞胎的，每多生育 1 个婴儿，增加产假 15 天。女职工怀孕未满 4 个月流产的，享受 15 天产假；怀孕满 4 个月流产的，享受 42 天产假。

第八条：女职工产假期间的生育津贴，对已经参加生育保险的，按照用人单位上年度职工月平均工资的标准由生育保险基金支付；对未参加生育保险的，按照女职工产假前工资的标准由用人单位支付。女职工生育或者流产的医疗费用，按照生育保险规定的项目和标准，对已经参加生育保险的，由生育保险基金支付；对未参加生育保险的，由用人单位支付。

（2）产假待遇

第一，保胎假，工资按照病假待遇发放。

保胎假是由医生开证明，所以按病假待遇发放工资。

第二，产前假，工资按八成发放。

怀孕 7 个月以上，如工作许可，经本人申请，单位批准，可请产前假 2 个半月。部分属于地方法规规定必须给假的情况，单位应批准其休假，工资按照员工以往每月实发工资标准的八成发放。

第三，产假，领生育津贴。

产假包括：98 天+30 天（晚育假时长由各个地区规定）+15 天（难产）+15 天（生育多胞胎的，每多生一个婴儿时），领生育津贴。生育津贴是国家补贴给企业，用来发放产假期间工资的，但它的计算方法与公司在社保处的申报工资基数有关，所以实际中的生育津贴与产假工资并不相等，所以有规定：产假工资和生育津贴，就高领取，简单说来就是：

1）如果员工的产假工资（即员工以往每月的实发工资标准，下同）高于生育津贴，那就按产假工资发放，生育津贴下来，归企业。

2）如果员工的产假工资低于生育津贴，那可以先按产假工资发员工，然后生育津贴下来，将与产假工资的差额补给员工，剩下的还是归企业。

第四，哺乳假，6 个半月按照工资八成发放，再延长期间按七成发放。

女职工生育后，若有困难且工作许可，由本人提出申请，经单位批准，可请哺乳假 6 个半月，工资按员工以往每月实发工资标准的八成发放，再延长期间按七成发放。

（3）孕期安排

《女职工劳动保护规定》第七条规定：“女职工在怀孕期间，所在单位不得安排其从事国家规定的第三级体力劳动强度的劳动和孕期禁忌从事的劳动，不得在正常劳动日以外延长劳动时间；对不能胜任原劳动的，应当根据医务部门的证明，予以减轻劳动量或者安排其他劳动。怀孕 7 个月以上（含 7 个月）的女职工，一般不得安排其从事夜班劳动；在劳动时间内应当安排一定的休息时间。”

（4）产假时间

《女职工劳动保护规定》第八条第一款规定：“女职工产假为 90 天，其中产前休假 15 天。难产的增加产假 15 天。多胞胎生育的，每多生育一个婴儿，增加产假 15 天。”2012 年 4 月 19 日国务院总理温家宝 18 日主持召开国务院常务会议，会议审议并原则通过《女职工劳动保护特别规定（草案）》。草案调整了女职工禁忌从事的劳动范围，将女职工生育享受的产假由 90 天延长至 98 天，并规范了产假待遇。

（5）流产产假

《女职工劳动保护规定》第八条第一款规定：“女职工怀孕流产的，其所在单位应当根据医务部门的证明，给予一定时间的产假。”具体时间可以根据各地各行业的规定或由所在单位酌情考虑。

（6）上班哺乳假

《女职工劳动保护规定》第九条："有不满一周岁婴儿的女职工，其所在单位应当在每班劳动时间内给予其两次哺乳（含人工喂养）时间，每次 30 min。多胞胎生育的，每多哺乳一个婴儿，每次哺乳时间增加 30 min。

女职工每班劳动时间内的两次哺乳时间，可合并使用。哺乳时间和在本单位内哺乳往返途中时间，算作劳动时间。"

（7）丈夫护理假

丈夫护理假按其所属省份的规定执行。大多数省份《人口与计划生育管理条例》中都规定了晚育者丈夫休护理假的时间，一般在 7～10 天，有的地方如河南省可长达一个月。

（8）晚育者产假

《中华人民共和国人口与计划生育法》第二十五条："公民晚婚晚育，可以获得延长婚假、生育假的奖励或者其他福利待遇。"各地规定不一，具体参照所在省份的《人口与计划生育管理条例》。

（9）产前检查

《女职工劳动保护规定》第七条第三款规定："怀孕的女职工，在劳动时间内进行产前检查，应当算作劳动时间。"单位不应当以此为理由扣发工资。

（10）生育保险

确认女职工在怀孕 16 周后，凡享受人流、引产、产检、生育等生育保险各项待遇时，由用人单位到医疗保险管理服务中心进行就医手续确认及申报定点医院。

（11）生育津贴

以生育时当月本单位人平均缴费工资为基数按规定假期记发。

生育津贴＝当月本单位人平均缴费工资 30（天）假期天数

（12）生育医疗费

1）在医保中心确认生育就医身份后就医的医疗费用，由市劳动和社会保障局同医院定额结算（超过 1 万元以上的部分按核定数结算）。

2）怀孕 16 周前的突然流产，非定点医院的急诊、产假期间的产科并发症按核定数报销。

3）异地分娩的医疗费用，低于定额标准的按实际报销；高于定额标准的，按定额标准报销。

（13）一次性分娩营养补助费

A. 正常产、满 7 个月以上流产：上年度市职工月平均工资 25%。

B. 难产、多胞胎：上年度市职工月平均工资 50%。

（14）一次性补贴

在一二级医院分娩的，每人一次性增加 300 元补贴。

3. 《女职工劳动保护特别规定》简述

为了减少和解决女职工在劳动中因生理特点造成的特殊困难，保护女职工健康，制定本规定。中华人民共和国境内的国家机关、企业、事业单位、社会团体、个体经济组织以及其他社会组织等用人单位都应该加强对女职工的保护。第三条规定用人单位应当加强女职工劳动保护，采取措施改善女职工劳动安全卫生条件，对女职工进行劳动安全卫生知识培训。第四条规定：用人单位应当遵守女职工禁忌从事的劳动范围的规定。用人单位应当将本单位属于女职工禁忌从事的劳动范围的岗位书面告知女职工。

女职工禁忌从事的劳动范围由本规定附录列示。国务院安全生产监督管理部门会同国务院人力资源社会保障行政部门、国务院卫生行政部门根据经济社会发展情况，对女职工禁忌从事的劳动范围进行调整。

第五条和第六条规定用人单位不得因女职工怀孕、生育、哺乳降低其工资、予以辞退、与其解除劳动或者聘用合同。女职工在孕期不能适应原劳动的，用人单位应当根据医疗机构的证明，予以减轻劳动量或者安排其他能够适应的劳动。对怀孕 7 个月以上的女职工，用人单位不得延长劳动时间或者安排夜班劳动，并应当在劳动时间内安排一定的休息时间。怀孕女职工在劳动时间内进行产前检查，所需时间计入劳动时间。

第七条明确规定女职工生育享受 98 天产假，其中产前可以休假 15 天；难产的，增加产假 15 天；生育多胞胎的，每多生育 1 个婴儿，增加产假 15 天。

女职工怀孕未满 4 个月流产的，享受 15 天产假；怀孕满 4 个月流产的，享受 42 天产假。

第八条至第十条规定女职工产假期间的生育津贴，对已经参加生育保险的，按照用人单位上年度职工月平均工资的标准由生育保险基金支付；对未参加生育保险的，按照女职工产假前工资的标准由用人单位支付。女职工生育或者流产的医疗费用，按照生育保险规定的项目和标准，对已经参加生育保险的，由生育保险基金支付；对未参加生育保险的，由用人单位支付。

对哺乳未满 1 周岁婴儿的女职工，用人单位不得延长劳动时间或者安排夜班劳动。

用人单位应当在每天的劳动时间内为哺乳期女职工安排 1 小时哺乳时间；女职工生育多胞胎的，每多哺乳 1 个婴儿每天增加 1 小时哺乳时间。

女职工比较多的用人单位应当根据女职工的需要，设立女职工卫生室、孕妇休息室、哺乳室等设施，妥善解决女职工在生理卫生、哺乳方面的困难。

第十一条规定在劳动场所，用人单位应当预防和制止对女职工的性骚扰。

县级以上人民政府人力资源社会保障行政部门、安全生产监督管理部门按照各自职责负责对用人单位遵守本规定的情况进行监督检查。工会、妇女组织依法对用人单位遵守本规定的情况进行监督。用人单位违反本规定第六条第二款、第七条、第九条第一款规定的，由县级以上人民政府人力资源社会保障行政部门责令限期改正，按照受侵害女职工每人 1 000 元以上 5 000 元以下的标准计算，处以罚款。

用人单位违反本规定附录第一条、第二条规定的，由县级以上人民政府安全生产监督管理部门责令限期改正，按照受侵害女职工每人 1 000 元以上 5 000 元以下的标准计算，处以罚款。用人单位违反本规定附录第三条、第四条规定的，由县级以上人民政府安全生产监督管理部门责令限期治理，处 5 万元以上 30 万元以下的罚款；情节严重的，责令停止有关作业，或者提请有关人民政府按照国务院规定的权限责令关闭。

用人单位违反本规定，侵害女职工合法权益的，女职工可以依法投诉、举报、申诉，依法向劳动人事争议调解仲裁机构申请调解仲裁，对仲裁裁决不服的，依法向人民法院提起诉讼。用人单位违反本规定，侵害女职工合法权益，造成女职工损害的，依法给予赔偿；用人单位及其直接负责的主管人员和其他直接责任人员构成犯罪的，依法追究刑事责任。

4. 未成年工的劳动保护

我国劳动法根据未成年工的特殊身体条件，对未成年工规定了特别的保护程序，具体规定了未成年工禁忌劳动的范围以及未成年工健康检查等内容。

根据我国的实际情况和《中华人民共和国义务教育法》的规定，我国将最低就业年龄定为 16 周岁。我国劳动法第十五条规定：禁止用人单位招用未满 16 周岁的未成年人，文艺、体育和特种工艺单位招用未满 16 周岁的未成年人，必须依照国家有关规定，履行审批手续，并保障其接受义务教育的权利。《中华人民共和国未成年人保护法》第三十八条规定："任何组织或者个人不得招用未满 16 周岁的未成年人，国家另有规定的除外。任何组织或者个人按照国家有关规定招用已满 16 周岁未满 18 周岁的未成年人的，应当执行国家在工种、劳动时间、劳动强度和保护措施等方面的规定，不得安排其从事过重、有毒、有害等危害未成年人身心健康的劳动或者危险作业。"

（1）未成年工禁忌从事的劳动

用人单位招收未成年工，应在劳动过程中给予特殊保护，在工种、劳动时间、劳动强度和保护措施等方面严格执行国家有关规定，不得安排其从事过重、有毒、有害的劳动或危险作业。《劳动法》第六十四条规定：不得安排未成年工从事矿山井下、有毒有害、国家规定的第四级体力劳动强度的劳动和其他禁忌从事的劳动。

《未成年工特殊保护规定》对未成年工禁忌从事的劳动范围作了具体规定。依据该规定，用人单位不得安排未成年工从事以下范围的劳动：

①《生产性粉尘作业危害程度分级》国家标准中第一级以上的接尘作业；

②《有毒作业分级》国家标准中第一级以上的有毒作业；

③《高处作业分级》国家标准中第二级以上的高处作业；

④《冷水作业分级》国家标准中第二级以上的冷水作业；

⑤《高温作业分级》国家标准中第三级以上的高温作业；

⑥《低温作业分级》国家标准中第三级以上的低温作业；

⑦《体力劳动强度分级》国家标准中第四级体力劳动强度的作业；

⑧矿山井下及矿山地面采石作业；

⑨森林业中的伐木，流放及守林作业；

⑩工作场所接触放射性物质的作业。

除此之外还包括：易燃易爆、化学性烧伤和热烧伤等危险性大的作业；地质勘探和资源勘探的野外作业；潜水、涵洞、涵道作业和海拔 3 000 m 以上的高原作业（不包括世居高原者）；连续负重每小时在 6 次以上并每次超过 20 kg，间断负重每次超过 25 kg 的作业；使用凿岩机、捣固机、气镐、气铲、铆钉机、电锤的作业；工作中需要长时间保持低头、弯腰、上举、下蹲等强迫体位和动作频率每分钟大于 50 次的流水线作业；锅炉司炉。

（2）对未成年工定期进行健康检查

《劳动法》第六十五条规定："用人单位应当对未成年工定期进行健康检查。"《未成年工特殊保护规定》也对此作了具体规定，用人单位对未成年工实行定期健康检查：安排工作岗位之前；工作满一年；年满 18 周岁，距前一次的体检时间已超过半年。未成年工的健康检查，应按本规定所附《未成年工健康检查表》列出的项目进行。未成年工在规定的健康检查期间，应算作工作时间，不得克扣其工资；用人单位应根据未成年工的健康检查结果安排其从事适合的劳动，对不能胜任原劳动岗位的，应根据医务部门的证明，予以减轻劳动量或安排其他劳动。

（3）对未成年工的使用和特殊保护实行登记制度

①用人单位招收使用未成年工，除符合一般用工要求外，还需向所在地的县级以上劳动行政部门办理登记。劳动行政部门根据《未成年工健康检查表》《未成年工登记表》，核发《未成年工登记证》；

②各级劳动行政部门须按本规定第三条、第四条、第五条、第七条的有关规定，审核体检情况和拟安排的劳动范围；

③未成年工须持《未成年工登记证》上岗；

④《未成年工登记证》由国务院劳动行政部门统一印制。

第二节　劳动保护措施及费用的相关规定

劳动保护是促进国民经济发展的重要条件。劳动保护不仅包含着重要的政治意义，从某种意义上来说，劳动保护又有着深刻的经济意义。在生产过程中，人是最宝贵的，人是生产力诸要素中起决定作用的因素。探索和认识生产中的自然规律，采取有效措施，消除生产中不安全和不卫生因素，可以减少和避免各类事故的发生；创造舒适的劳动环境，可以激发劳动者热情，充分调动和发挥人的积极性，这些都是提高劳动生产率，提高经济效益的基本保证。同时，加强劳动保护工作，还可减少因伤亡事故和职业病所造成的工作日损失和救治伤病人员的各项开支；减少由于设备损坏，财产损失和停产造成的直接或间接经济损失。这些都与提高经济效益密切相关。经济发展的经历表明，搞好劳动保护是发展经济的一条客观规律。特别是在建筑行业，劳动保护措施是非常的重要。

一、不同作业环境下的劳动保护措施

为了更好地保护劳动者的职业健康、人身权利和安全生产，我国《职业病防治法》《安全生产法》以及其他相关法律法规对不同的作业环境下的劳动保护措施作出了一系列规定。

1. 防治职业病环境下的劳动保护措施

根据《职业病防治法》相关条款的规定，企业、事业单位和个体经济组织等用人单位，应

当采取劳动保护措施，防止劳动者因接触粉尘、放射性物质和其他有毒、有害因素而引起疾病，即职业病。

用人单位必须采用有效的职业病防护设施，并为劳动者提供个人使用的职业病防护用品。如果提供的职业病防护用品不符合防治职业病的要求，不得使用。

用人单位应当优先采用有利于防治职业病和保护劳动者健康的新技术、新工艺、新设备、新材料，逐步替代职业病危害严重的技术、工艺、设备、材料。

用人单位如果存在产生职业病的危害源，应当在醒目位置设置公告栏，公布有关职业病防治的规章制度、操作规程、职业病危害事故应急救援措施和工作场所职业病危害因素检测结果。此外，对产生严重职业病危害的作业岗位，应当在其醒目位置，设置警示标识和中文警示说明。警示说明应当载明产生职业病危害的种类、后果、预防以及应急救治措施等内容。对可能发生急性职业损伤的有毒、有害工作场所，用人单位应当设置报警装置，配置现场急救用品、冲洗设备、应急撤离通道和必要的泄险区。对放射工作场所和放射性同位素的运输、贮存，用人单位必须配置防护设备和报警装置，保证接触放射线的工作人员佩戴个人剂量计。对职业病防护设备、应急救援设施和个人使用的职业病防护用品，用人单位应当进行经常性的维护、检修，定期检测其性能和效果，确保其处于正常状态，不得擅自拆除或者停止使用。

用人单位应当实施由专人负责的职业病危害因素日常监测，并确保监测系统处于正常运行状态。定期对工作场所进行职业病危害因素检测、评价，检测、评价结果定期向用人单位所在地安全生产监督管理部门报告并向劳动者公布。一旦发现工作场所职业病危害因素不符合国家职业卫生标准和卫生要求，用人单位应当立即采取相应治理措施，仍然达不到国家职业卫生标准和卫生要求的，必须停止存在职业病危害因素下的作业；职业病危害因素经治理后，符合国家职业卫生标准和卫生要求的，方可重新作业。

2. 安全生产环境下的劳动保护措施

为了预防和减少生产安全事故，保障人民群众生命财产安全，我国《安全生产法》中的相关条款明确规定了生产经营单位的安全生产和劳动保护措施。

生产经营单位应当对从业人员进行安全生产教育和培训，形成教育培训档案，保证从业人员具备必要的安全生产知识，熟悉有关的安全生产规章制度和安全操作规程，掌握本岗位的安全操作技能。未经安全生产教育和培训合格的从业人员，不得上岗作业。

生产经营单位采用新工艺、新技术、新材料或者使用新设备，必须进行可行性技术论证，了解、掌握其安全技术特性，采取有效的安全防护措施，并对从业人员进行专门的安全生产教育和培训。

生产经营单位新建、改建、扩建工程项目（以下统称建设项目）的安全设施，必须与主体工程同时设计、同时施工、同时投入生产和使用。

矿山、冶金、城市轨道交通建设项目和用于生产、储存危险物品的建设项目（以下统称高危建设项目），以及其他国家和省级重点建设项目，应当分别按照国家有关规定进行安全条件论证和安全评价。高危建设项目竣工投入生产或者使用前，必须依照国家有关规定对安全设施进行验收；验收合格后，方可投入生产和使用。验收部门及其验收人员对验收结果负责。

生产经营单位应当在有较大危险因素的生产经营场所和有关设施、设备上，设置明显的安全警示标志和警示说明。

生产经营单位必须对安全设备进行经常性维护、保养，并定期检测，保证正常运转。维护、保养、检测应当作好记录，并由有关人员签字。安全设备的设计、制造、安装、使用、检测、维修、改造和报废，应当符合国家标准或者行业标准。

生产经营单位使用的涉及生命安全、危险性较大的特种设备，以及危险物品的容器、运输工具，必须按照国家有关规定，由专业生产单位生产，并经取得专业资质的检测、检验机构检测、检验合格，取得安全使用证或者安全标志，方可投入使用。

生产经营单位生产、经营、运输、储存、使用危险物品或者处置废弃危险物品，必须执行有关法律、法规和国家标准或者行业标准，建立专门的安全管理制度，采取可靠的安全防护措施。

生产经营单位对重大危险源应当登记建档，进行定期检测、评估、监控，并制定应急预案，告知从业人员和相关人员在紧急情况下应当采取的应急措施。生产经营单位应当按照国家有关规定将本单位重大危险源及有关安全措施、应急措施报有关地方人民政府安全生产监督管理部门、有关部门和应急救援机构备案。

生产、经营、储存、使用危险物品的车间、商店、仓库不得与员工宿舍在同一座建筑物内，并应当与员工宿舍、居民住宅保持安全距离。生产经营场所和员工宿舍应当设有符合紧急疏散要求、标志明显、保持畅通的出口。禁止封闭、堵塞生产经营场所或者员工宿舍的出口。

生产经营单位进行爆破、吊装、悬吊、挖掘、建筑物和构筑物拆除、船舶修造等危险作业，临近高压输电线路作业，以及在有限空间内作业，应当执行有关危险作业管理制度，安排专门人员负责现场安全管理，确保操作规程的遵守和安全措施的落实。

生产经营单位必须建立劳动防护用品管理制度，为从业人员提供符合国家标准或者行业标准的劳动防护用品，并监督、教育从业人员按照使用规则佩戴、使用。从业人员在作业过程中应当严格遵守本单位的安全生产规章制度和操作规程，服从管理，正确佩戴和使用劳动防护用品。

生产经营单位的从业人员有权了解其作业场所和工作岗位存在的危险因素、防范措施及事故应急措施，有权对本单位的安全生产工作提出建议。从业人员有权对本单位安全生产工作中存在的问题提出批评、检举、控告；有权拒绝违章指挥和强令冒险作业。从业人员发现直接危及人身安全的紧急情况时，有权停止作业或者在采取可能的应急措施后撤离作业场所，并及时报告生产经营单位负责人。

3. 工程施工环境下的劳动保护措施

根据国务院颁布的《建设工程安全生产管理条例》的要求，在土木工程、建筑工程、线路管道和设备安装工程及装修工程的施工过程中，施工单位必须要强化劳动保护措施。

施工单位在施工组织设计中编制安全技术措施和施工现场临时用电方案，应当对达到一定规模的危险性较大的基坑支护与降水工程、土方开挖工程、模板工程、起重吊装工程、脚手架工程、拆除、爆破工程等分部分项工程编制专项施工方案。

建设工程施工前，施工单位负责项目管理的技术人员应当对有关安全施工的技术要求向施工作业班组、作业人员做出详细说明，在施工现场入口处、施工起重机械、临时用电设施、脚手架，出入通道口、楼梯口、电梯井口、孔洞口、桥梁口、隧道口、基坑边沿、爆破物及有害危险气体和液体存放处等危险部位，设置明显的安全警示标志。

施工单位应当根据不同施工阶段和周围环境及季节、气候的变化，在施工现场采取相应的安全施工措施。

施工单位应当将施工现场的办公、生活区与作业区分开设置，并保持安全距离；办公、生活区的选址应当符合安全性要求。职工的膳食、饮水、休息场所等应当符合卫生标准。施工单位不得在尚未竣工的建筑物内设置员工集体宿舍。

施工单位应当遵守有关环境保护法律、法规的规定，在施工现场采取措施，防止或者减少粉尘、废气、废水、固体废物、噪声、振动和施工照明对人和环境的危害和污染。应制定用火、用电、使用易燃易爆材料等各项消防安全管理制度和操作规程，设置消防通道、消防水源，配备消防设施和灭火器材，并在施工现场入口处设置明显标志。

施工单位应当向作业人员提供安全防护用具和安全防护服装，并书面告知危险岗位的操作规程和违章操作的危害。作业人员应当遵守安全施工的强制性标准、规章制度和操作规程，正确使用安全防护用具、机械设备等。在施工中发生危及人身安全的紧急情况时，作业人员有权立即停止作业或者在采取必要的应急措施后撤离危险区域。

二、劳动保护费用的规定

劳动保护费用是指确因工作需要为生产作业人员配备或提供工作服、手套、安全保护用品等所发生支出。

1. 劳动保护费用的基本规定

劳动保护费支出系指确因工作需要在规定范围和标准内的劳动保护用品、安全防护用品支出，清凉饮料、解毒剂等防暑降温用品及应由劳动保护费开支的保健食品、特殊工种保健津贴待遇等费用，职业病预防检查费等。广义的劳动保护费支出还包括劳动保护宣传费用，购置不构成固定资产的安全装置、卫生设备、通风设备等，但增加固定资产的劳动保护措施费不包括在内。

根据国家有关规定，生产经营单位按照保障安全生产要求，用于隐患排查治理，配备劳动防护用品进行安全生产教育培训和应急演练等费用，在生产成本中据实列支。

2. 劳动保护费用的其他规定

根据《国家税务总局关于印发〈企业所得税税前扣除办法〉的通知》（国税发〔2000〕084号）第十五条和第五十四条有关规定：纳税人实际发生的合理的劳动保护支出，可以扣除。税法没有规定具体的列支标准，只要是企业发生的合理性的劳保支出可据实列支。判断劳动保护费是否能够税前扣除的关键是：①劳动保护费是物品而不是现金；②劳动保护用品是因工作需要而配备的，而不是生活用品；③从数量上看，能满足工作需要即可，超过工作需要的量而发放的具有劳动保护性质的用品就是福利用品了，应在应付福利费中开支。

第三节　劳动争议

劳动争议，是指劳动关系的当事人之间因执行劳动法律、法规和履行劳动合同而发生的纠纷，即劳动者与所在单位之间因劳动关系中的权利义务而发生的纠纷。

一、劳动争议的类型

按照劳动争议当事人人数多少的不同，可分为个人劳动争议和集体劳动争议。个人劳动争议是劳动者个人与用人单位发生的劳动争议；集体劳动争议是指劳动者一方当事人有 3 人以上，有共同理由的劳动争议。发生劳动争议的劳动者一方在 10 人以上，并有共同请求的，可以推举代表参加调解、仲裁或者诉讼活动。

按照劳动争议的内容，可分为因确认劳动关系发生的争议；因订立、履行、变更、解除和终止劳动合同发生的争议；因除名、辞退和辞职、离职发生的争议；因工作时间、休息休假、社会保险、福利、培训以及劳动保护发生的争议；因劳动报酬、工伤医疗费、经济补偿或者赔偿金等发生的争议；法律、法规规定的其他劳动争议。上述劳动争议属于《中华人民共和国劳动争议调解仲裁法》的适用范围。

按照当事人国籍的不同，可分为国内劳动争议与涉外劳动争议。国内劳动争议是指我国的用人单位与具有我国国际的劳动者之间发生的劳动争议；涉外劳动争议是指具有涉外因素的劳动争议，包括我国在国（境）外设立的机构与我国派往该机构工作的人员之间发生的劳动争议，外商投资企业的用人单位与劳动者之间发生的劳动争议。

二、劳动争议的解决方式

我国劳动法规定：用人单位与劳动者发生劳动争议，当事人可以依法申请调解、仲裁、提起诉讼，也可以协商解决。

1. 协商

发生劳动争议，劳动者可以与用人单位协商，也可以请工会或者第三方共同与用人单位协商，达成和解协议。和解协议无必须履行的法律效力，协商不是处理劳动争议的必经程序，当事人不愿协商或协商不成，可以向本单位劳动争议调解委员会申请调解或向劳动争议仲裁委员会申请仲裁。

2. 调解

发生劳动争议，当事人不愿协商、协商不成或者达成和解协议后不履行的，可以向调解组织申请调解。当事人双方愿意调解的，可以书面或口头形式向调解委员会申请调解。调解委员会调解劳动争议，应当自当事人申请调解之日起 15 日内结束；到期未结束的，视为调解不成，当事人可以向当地劳动争议仲裁委员会申请仲裁，经调解达成协议的，制作调解协议书。调解协议书由双方当事人签名或者盖章，经调解员签名并加盖调解组织印章后生效，对双方当事人具有约束力，当事人自觉履行。达成调解协议后，一方当事人在协议约定期限内不履行调解协议的，另一方当事人可以依法申请仲裁。

劳动者可以申请支付令：因支付拖欠劳动报酬、工伤医疗费、经济补偿或者赔偿金事项达成调解协议，用人单位在协议约定期限内不履行的，劳动者可以持调解协议书依法向人民法院申请支付令。人民法院应当依法发出支付令。

调解不是劳动争议解决的必经程序，不愿调解、调解不成或者达成调解协议后不履行的，可以向劳动争议仲裁委员会申请仲裁。

3. 仲裁

仲裁是劳动争议案件处理必经的法律程序：发生劳动争议，当事人不愿调解、调解不成或者达成调解协议后不履行的，可以向劳动争议仲裁委员会申请仲裁。劳动争议发生后，当事人任何一方都可直接向劳动争议仲裁委员会申请仲裁。

劳动争议申请仲裁的时效期间为 1 年。仲裁时效期间从当事人知道或者应当知道其权利被侵害之日起计算。仲裁时效的中断，因当事人一方向对方当事人主张权利，或者向有关部门请求权利救济，或者对方当事人同意履行义务而中断。从中断时起，仲裁时效期间重新计算，仲裁时效的中止，因不可抗力或者有其他正当理由，当事人不能在法律规定的仲裁时效期间申请仲裁的，仲裁时效中止。从中止时效的原因消除之日起，仲裁时效期间继续计算。劳动关系存续期间因拖欠劳动报酬发生争议的，劳动者申请仲裁不受 1 年仲裁时效期间的限制；但是，劳动关系终止的，应当自劳动关系终止之日起 1 年内提出。

提出仲裁要求的一方应当自劳动争议发生之日起 1 年内向劳动争议仲裁委员会提出书面申请。劳动争议仲裁委员会接到仲裁申请后，应当在 5 日内做出是否受理的决定。受理后，应当在受到仲裁申请的 45 日内做出仲裁裁决。案情复杂需要延期的，经劳动争议仲裁委员会主任批准，可以延期并书面通知当事人。逾期未做出仲裁裁决的，当事人可以该劳动争议事项向人民法院提起诉讼。

仲裁委员会主持调解的效力：仲裁委员会可依法进行调解，经调解达成协议的，制作仲裁调解书。仲裁调解书具有法律效力，自送达之日起具有法律约束力，当事人须自觉履行，一方当事人不履行的，另一方当事人可向人民法院申请强制执行。

除一裁终局的仲裁以外的其他劳动争议案件的仲裁裁决，当事人不服的，可以自收到仲裁裁决书之日起 15 日内向人民法院提起诉讼；期满不起诉的，裁决书发生法律效力，一方当事人逾期不履行的，另一方当事人可以向人民法院申请强制执行。受理申请的人民法院应当依法执行。

4. 诉讼

当事人对可诉的仲裁裁决不服的，可自收到仲裁裁决书之日起 15 日内向人民法院提起诉讼。对经过仲裁裁决，当事人向法院起诉的劳动争议案件，人民法院应当受理。劳动争议案件由用人单位所在地或者劳动合同履行地的基层人民法院管辖。劳动合同履行地不明确的，由用人单位所在地的基层人民法院管辖。

5. 劳动争议典型案例

【案例 1】

刘某是某软件公司的软件开发工程师，与公司签订了期限为 2 年的劳动合同。由于刘某的出色表现，软件公司便出资 6 万元送刘某到国外进行为期 6 个月的专业技术培训，并与刘某签订了 3 年的服务期协议，即培训结束后刘某应再为公司服务 3 年，否则应承担违约责任。培训结束回国后的第一年刘某就要求提高职位和薪水与公司协商无果后遂向公司提出解除劳动合同的要求。公司明确表示不同意其提前解约。刘某便不辞而别跳槽到了一家动漫设计公司并与该公司签订了劳动合同。软件公司发现后遂向劳动争议仲裁委员会提起仲裁申请，要求刘某和动漫设计公司对软件公司的损失承担连带赔偿责任。

（1）本案件适用相关法律条款

《劳动法》第九十九条规定用人单位招用尚未解除劳动合同的劳动者对原用人单位造成经济损失的，该用人单位应当依法承担连带赔偿责任。原劳动部发布的《违反〈劳动法〉有关劳动合同规定的赔偿办法》第六条规定“用人单位招用尚未解除劳动合同的劳动者对原用人单位造成经济损失的，除该劳动者承担直接赔偿责任外，该用人单位应当承担连带赔偿责任。其连带赔偿的份额应不低于对原用人单位造成经济损失总额的 70%，向原用单位赔偿下列损失：

1）对生产、经营和工作造成的直接经济损失。

2）因获取商业秘密给原用人单位造成的经济损失。《最高人民法院关于审理劳动争议案件适用法律若干问题的解释》第十一条第 3 款规定“原用人单位以新的用人单位和劳动者共同侵权为由向人民法院起诉的，新的用人单位和劳动者列为共同被告。”

《劳动法》第二十九条的规定劳动者患病或者负伤在规定的医疗期限内的用人单位不得解除劳动合同。即便医疗期届满用人单位也不能轻松解除。《劳动法》第二十六条规定劳动者患病或者非因工负伤医疗期满后不能从事原工作也不能从事由用人单位另行安排的工作。

原劳动部在 1996 年就出台了一个《关于实行劳动合同制度若干问题的通知》（劳部发〔1996〕354 号）通知规定“用人单位招用职工时应查验终止、解除劳动合同证明，以及其他能证明该职工与任何用人单位不存在劳动关系的凭证，方可与其签订劳动合同”。

（2）案例分析

本案是一起典型的案例，动漫设计公司在招聘刘某时没有对刘某是否与原单位解除劳动合同关系做初步审查，就招用尚未解除劳动合同的刘某，结果导致自己负连带赔偿责任。这个案例再次提醒，在招聘人员时应验明拟聘用的人员与其他企业是否存在劳动关系，拟聘用的人员没有与原单位解除劳动合同的，不应与其签订劳动合同。

（3）案例启示

企业招聘员工是需要成本的，招聘成本除包括招聘广告或人才市场摊位费、招聘人员工资、误餐、交通费等。除直接费用外，还包括失败成本，如招入人员不合格的试用工资、重新招人的各项费用等。因此，做好招聘工作，提高招聘成功率，可直接大幅度减少人力资源管理成本并减少各种法律风险。做好招聘工作审查环节十分重要。

1）身份、学历、资格、工作经历等信息是否真实。

《劳动法》、《劳动合同法草案》等法律都规定，用人单位在与劳动者签订劳动合同时，有权了解劳动者与订立和履行劳动合同直接相关的年龄、身体状况、工作经历、知识技能以及就业现状等情况。如果在招聘时，对应聘人员的身份、学历、资格、工作经历等审查不严格，而应聘人员的这些信息有弄虚作假的情形的，会导致其无法胜任公司的工作，那公司只有提前与其解除劳动合同，这就会增加招聘失败的成本。

2）身体是否健康。

《劳动法》第二十九条规定，劳动者患病或者负伤在规定的医疗期限内的用人单位不得解除劳动合同。即便医疗期届满用人单位也不能轻松解除，《劳动法》第二十六条规定劳动者患病或者非因工负伤医疗期满后不能从事原工作，也不能从事由用人单位另行安排的工作的。由此可见医疗期届满解除劳动合同的条件有两个，一是劳动者不能从事原来的工作；二是用人单位需要另行为该员工安排工作，如果另行安排的工作还不能胜任的，用人单位才可以解除劳动合同。因此如果在招聘时不严格审查应聘者的健康状况，而导致体格不健康的员工进入公司，那么用人单位事后将要付出很大的成本。

3）年龄是否达到16周岁。

禁止使用童工是国际社会的普遍做法，我国也明确规定禁止使用童工。童工是指未满16周岁的劳动者。《劳动法》第九十四条和《禁止使用童工规定》的有关规定，单位擅自使用童工属于违法行为，需要承担如下法律责任：用人单位使用童工的，由劳动保障行政部门按照每使用一名童工每月以5 000元的标准给予处罚；在使用有毒物品的作业场所使用童工的，按照国务院制定的《使用有毒物品作业场所劳动保护条例》规定的罚款幅度或者按照每使用一名童工，每月处5 000元罚款的标准从重处罚。劳动保障行政部门并应当责令用人单位限期将童工送回原居住地，交其父母或者其他监护人所需交通和食宿费用全部由用人单位承担。童工患病或者受伤的用人单位应当负责送到医疗机构治疗，并负担治疗期间的全部医疗和生活费用。童工伤残或者死亡的，用人单位由工商行政管理部门吊销营业执照或者由民政部门撤销民办非企业单位登记，用人单位还应当一次性地对伤残的童工、死亡童工的直系亲属给予赔偿赔偿金额按照国家工伤保险的有关规定计算。

4）是否与其他企业签订有未到期劳动合同。

我国《劳动法》第九十九条规定，用人单位招用尚未解除劳动合同的劳动者，对原用人单位造成经济损失的该用人单位应当依法承担连带赔偿责任。原劳动部发布的《违反〈劳动法〉有关劳动合同规定的赔偿办法》第六条规定，用人单位招用尚未解除劳动合同的劳动者对原用人单位造成经济损失的，除该劳动者承担直接赔偿责任外，该用人单位应当承担连带赔偿责任。其连带赔偿的份额应不低于对原用人单位造成经济损失总额的70%向原用单位赔偿下列损失。①对生产、经济和工作造成的直接经济损失。②因获取商业秘密给原用人单位造成的经济损失。《最高人民法院关于审理劳动争议案件适用法律若干问题的解释》第十一条第3款规定，“原用人单位以新的用人单位和劳动者共同侵权为由向人民法院起诉的，新的用人单位和劳动者列为共同被告。”其实，为规范企业的招聘行为，原劳动部在1996年就出台了一个《关于实行劳动合同制度若干问题的通知》（劳部发〔1996〕354号），其中规定：用人单位招用职工时应查验终止、解除劳动合同证明，以及其他能证明该职工与任何用人单位不存在劳动关系的凭证，方可与其签订劳动合同。用人单位只有严格按照这一规定，才能有效地避免招用未解除劳动关系的劳动者和因此而承担连带责任的情况。

【案例2】

在企业招聘实务中很多企业尤其是跨国公司在经过面试进行层层筛选之后，会向决定录用的候选人发出一份录用通知。发出录用通知往往是用人单位与新聘员工签订劳动合同的一个前置阶段，甚至成为一些企业招聘过程中的一个必经程序。然而在实务操作中亦有一些企业对于录用通知的性质认识不清，误以为只要没有签订劳动合同便不受法律的束缚。一些企业在发出录用通知后反悔，殊不知此中蕴藏着巨大的法律风险，在该类案件中企业的败诉率居高不下。

（1）案件主要事实

2004年11月，马来西亚航空公司（以下简称马航）委托北京外航服务公司（以下简称外航服务公司），在外航服务公司发布了马航在中国招聘中国籍空乘的招聘广告。8位女性于2004年12月至2005年2月，参加并通过了初试、复试和体检并被确认录用。2005年2月至6月间，这8位女性应马航和外航服务公司的要求办理了相关政审手续，并将政审材料和办理马来西亚工作准入证所需的材料寄给了外航服务公司。后8位准空姐多次询问马航和外航服务公司，两公司均称正在办理手续，要求8位准空姐在家耐心等待。直到2006年9月8日，在北京建国饭店，马航和外航服务公司告知这8位准空姐，马来西亚航空公司放弃对其的聘用，同时要求她们在其拟好的内容为“我自愿放弃马航的聘用自愿放弃向马航索赔的权利”的中英文“放弃书”上签字，而且声称如果原告签署了“放弃书”便可拿到11 000元人民币的“礼物”，否则便无法获得该“礼物”。因“放弃书”显失公平，8名准空姐毅然拒绝签署。

2007年9月，8名准空姐将马来西亚航空公司和北京外航服务公司告上法庭，要求二被告继续聘用并连带赔偿经济损失42 900～93 200元不等。

庭审中，被告马航认为，该公司与8名准空姐之间尚未形成合同关系，因此，该公司对8名准空姐也不承担任何合同义务。同时马航表示作为马来西亚注册企业，其在华办事处不能自行招聘中国员工，而只能接受中国特许的外事服务机构派遣的劳务人员。中国雇员与外事服务单位之间存在劳动合同关系，外事服务单位则与外企在华代表机构之间存在合同关系。因此，在这种情况下，即使8名原告已经由外事服务单位派遣到该公司工作，马航与8名原告之间仍然不存在任何合同关系。外航服务公司则表示公司作为有相关资质的劳务派遣机构，于2004年9月与马航建立了劳务派遣合作关系。基于此应马航的要求该公司在网站上发布了此次招聘广告，并组织人员到马航安排的场所应聘。在招聘过程中，该公司未向马航和应聘者收取任何费用，全面履行了与马航之间的合作协议和委托的相关义务，并为应聘者提供了准确的招聘信息和应聘服务，因此该公司不应承担赔偿责任。

（2）法院判决

2008 年 6 月下旬法院判决法院经审理认为，招聘者与应聘者在合同的订立过程之中均享有订约自由。但是，磋商过程中双方应遵从诚实信用原则。如果在订约过程中招聘单位因其行为导致应聘者对其形成合理信赖，应聘者依据该合理信赖从事相应行为导致损失的，应聘单位应对该损失承担损害赔偿责任。外航公司受马航要求为其招聘空乘人员与马航之间系劳务派遣关系。因此，马航对外航公司在按其要求进行招聘活动中对应聘者应承担的民事责任应承担连带责任。鉴于除法定情形外，不应强制招聘单位与应聘者建立劳动关系，因此原告要求二被告继续聘用的请求未获支持。

（3）本案件适用相关法律条款

1）《劳动合同法》相关条款。《中华人民共和国劳动合同法》第七条规定：用人单位自用工之日起即与劳动者建立劳动关系，用人单位应当建立职工名册备查。

2）《合同法》。

（4）案例分析

本案的关键在于企业的反悔，在法律的定性上是解除一个民事合同还是一段劳动关系。

如果解除的是一个民事合同则适用《合同法》及相关规定，而如果解除的是一段劳动关系则适用的是《劳动合同法》及相关规定。此外，如果解除的是一个民事合同则不可强制双方履行，如果解除的是一段劳动关系，则候选人可以要求继续履行，即可以强制执行。

1）录用通知的性质界定。录用通知在实务中也有企业称之为聘用通知“聘用意向书”“录取通知”“聘用要约”等。录用通知书实际上用人单位向决定录用的员工单方发出的愿意与其建立劳动关系的一种意思表示。从合同法的基本原理考察，录用通知就属于要约，是用人单位向应聘人员发出的关于建立劳动关系的一种要约。

根据合同法的一般原理：一份合同的成立要经过要约和承诺两个程序。所谓要约，是指希望和他人订立合同的意思表示。所谓承诺，是指受要约人同意接受要约的全部条件以缔结合同的意思表示，它应当由受要约人以通知的方式向要约人做出。承诺通知到达要约人时生效合同成立，对双方均产生约束力。按照这样的一般原理，当企业向决定录用的候选人发出录用通知即要约。而候选人表示接受该录用通知即承诺后，则在企业与该员工之间存在着一种合同关系，这种合同关系的具体内容通过录用通知来体现。换言之，录用通知从一个企业单方发出的要约变成了企业和候选人双方达成合意的一纸合同。《中华人民共和国劳动合同法》第七条规定：用人单位自用工之日起即与劳动者建立劳动关系。用人单位应当建立职工名册备查。也就是说《劳动合同法》从实际用工之日起开始对劳资双方进行调整而候选人表示接受录用，但实际用工之前，双方之间并非《劳动合同法》的调整，而是受《合同法》的规范。因此，此合同在法律上应当界定为普通的民事合同并非劳动合同。

2）企业撤销录用通知的法律风险。录用通知是否对企业具有约束力，关键在于是否被候选人接受。如果候选人接受则对企业产生约束力，否则如果候选人不接受或者虽然接受但是对录用通知上的条件作出了实质性变更的话，则本录用通知对企业不具约束力。候选者接受录用通知而企业撤销，则企业的这一行为，法律上应当界定为预期违约（违约行为发生于合同履行期之前）。尽管企业违约，但是追究企业的违约责任不能通过强制企业和候选人履行的方式，因为民事合同具有不可强制性而只能追究财产上的损失。由于候选人已经对企业形成了一种合理信赖，那么如果候选人能够证明其因为企业的违约行为遭受损失则企业应该对该等损失承担赔偿责任。

具体在本案中，不能强制马航、外航服务公司和8位准空姐三方主体之间建立派遣关系，但8名准空姐对于外航公司将与其订立劳动合同并派遣至马航已形成合理信赖，且8位准空姐证明了其遭受的损失，因此，8名准空姐因基于合理信赖而与原单位解除合同导致的损失招聘单位应当适当予以赔偿。

（5）案例启示

录用通知可以吸引人才，但是稍有不慎，它也可以困住企业的脚，从现代企业人力资源管理理念的角度出发，招聘实务中关于录用通知的使用，应当追求法律的严谨，更大程度地减小对企业的风险。

1）发出录用通知与候选人体检的顺序安排。关于发出录用通知与候选人体检的顺序安排，在实务中一般有两种操作模式：第一种模式是先让候选人进行体检，候选人体检合格后再发出录用通知，第二种模式是先发出录用通知后再让候选人体检。如果企业的招工条件允许的话，建议在操作中采取第一种模式。第二种模式主要存在以下两个方面的法律风险：

①在拒绝理由上不易选定。如果在先发出录用通知后体检，而在体检中发现候选人有某种疾病的话，则企业不易找出拒绝理由，否则非常容易被视为就业歧视。特别是在2008年1月1日《就业促进法》实施以后企业实施就业歧视的，候选人可以向法院提起诉讼，企业成为被提起就业歧视诉讼的概率加大。

②加大解雇成本。如果在先发出录用通知后体检，而在体检中发现候选人有某种疾病仍让其顺利入职的话，则可能会在用工期间产生病假、医疗期等一系列后续问题，同时丧失了巨大的招聘的机会成本而且加大了企业的解雇成本。

2）录用通知书的失效。在实务中会出现这样的情形，企业向候选人发出录用通知后，数月后候选人才回复公司表示接受，则此时公司已经找到了其他候选人，并且该候选人已经入职工作月余。为了规避此种情形带来的法律风险，建议在录用通知上设立一个回复期限，如果在期限内不回复，则录用通知自动失效。

另外，在实务中也会出现另外一种情形，候选人答复接受并且承诺在具体的时间入职报到，但是报到时间已到而该候选人则杳无音讯。可能该候选人已经另栖它枝而再无踪迹，也可能过了一段时间又重新出现来公司报到，那么在这种情况下企业是否还要受录用通知的约束？如何规避这种情况的法律风险？对此，可以在录用通知上设定如果候选人不能在承诺的时间入职报到时间，则需事先得到企业的同意才能后延，而且后延时间不能超过企业设定的期限，否则录用通知自动失效。

3）录用通知书与劳动合同之间关系的处理。关于录用通知书与劳动合同之间关系的处理，在实务中一般有以下 3 种操作模式：

第一种模式是明确劳动合同签订后，录用通知自动失效；

第二种模式是明确劳动合同签订后，某些合同的某些内容特别是劳动报酬内容条款按照录用通知上的相关条款执行；

第三种模式是对录用通知与劳动合同之间的关系的处理未作任何设定。

建议采取第一种模式，这样可以最大程度地减少后患。

第三种模式是我们应该坚决摒弃的，它对二者之间的关系未作任何设定，而录用通知和劳动合同上往往会出现一些条款相互矛盾甚至是待遇条款一高一低的情况。与此伴随的则是内在的法律风险。实践中企业因此而败诉的案例也时常见。第二种模式虽然明确了劳动报酬按照录用通知上的执行，但是在其他方面的内容上仍然不能彻底摆脱第三种模式类似的风险。如果采用这种模式至少应当明确当二者内容不一致时以双方劳动合同为准。

以上是用人单位在入职环节中容易出现的问题及应对方法。招聘从业人员在日常工作中对入职环节给予足够的重视，就可以避免工作失误和劳动争议的发生，为用人单位的平稳运营提供保障。

【案例 3】

（1）基本事件

韩某在北京某公司工程部当水暖工，劳动合同期限为 2007 年 4 月 3 日至 2008 年 4 月 2 日。劳动合同到期后，韩某仍在该公司工作，双方未办理劳动合同续签手续。2008 年 12 月 22 日，韩某提出辞职，双方的劳动关系解除。此后，韩某向北京市东城区劳动争议仲裁委员会申请仲裁，要求该公司向其支付解除劳动合同经济补偿金 2 300 元，未签书面劳动合同的 2 倍工资差额及 2008 年 9 月的工资。

2009 年 6 月 8 日，北京市东城区劳动争议仲裁委员会做出裁决，该公司向韩某支付 2008 年 9 月的工资 1 104.51 元，以及 2008 年 5 月 3 日至 12 月 22 日未签订书面劳动合同的 2 倍工资差额 9 067.43 元。

该公司不服，认为双方没有办理劳动合同续签手续的主要原因是韩某拒绝签订，故不同意支付未签订劳动合同的两倍工资差额 9 067.43 元，但同意支付 2008 年 9 月的工资 1 104.51 元。于是该公司向东城区人民法院提起了诉讼。

在案件审理过程中，该公司申请证人刘某、宋某出庭作证。刘某、宋某证明在 2008 年 6—7 月间曾经接到过公司人事部的电话，通知韩某去签合同，宋某将此通知转达给了韩某。但对于韩某不与公司续签的情况，该公司缺乏证据说明，法院认为该公司仍应负有提示韩某续签的义务，且直至韩某提出辞职时公司也未采取任何措施履行此义务。所以，北京市东城区人民法院一审判决该公司向劳动者韩某支付 10 171.94 元。

（2）本案件适用相关法律条款

《劳动合同法》第三条规定，订立劳动合同，应当遵循合法、公平、平等自愿、协商一致、诚实信用的原则。《劳动合同法实施条例》第六条规定，用人单位自用工之日起超过一个月不满一年未与劳动者订立书面劳动合同的，应当依照劳动合同法第八十二条的规定向劳动者每月支付 2 倍的工资并与劳动者补订书面劳动合同。劳动者不与用人单位订立书面劳动合同的，用人单位应当书面通知劳动者终止劳动关系，并依照劳动合同法第四十七条的规定支付经济补偿。

（3）案例分析

根据《劳动合同法》第三条规定：订立劳动合同，应当遵循合法、公平、平等自愿、协商一致、诚实信用的原则。实践中，在用人单位与劳动者续订劳动合同时，也应当充分体现双方协商的过程，续签劳动合同应当是用人单位与劳动者双方的责任，未签订劳动合同应当由形成未签订事实的过错一方来承担不利后果。根据《劳动合同法实施条例》第六条规定，用人单位自用工之日起超过一个月不满一年未与劳动者订立书面劳动合同的，应当依照劳动合同法第八十二条的规定向劳动者每月支付 2 倍的工资并与劳动者补订书面劳动合同。劳动者不与用人单位订立书面劳动合同的，用人单位应当书面通知劳动者终止劳动关系。并依照劳动合同法第四十七条的规定支付经济补偿，前款规定的用人单位向劳动者每月支付 2 倍工资的起算时间为用工之日起满一个月的次日，截止时间为补订书面劳动合同的前一日。

上述法律规定分别对未依法签订劳动合同的两种情形做出了具体的约束和规范，为用人单位提供了处理依据和办法。对于用人单位过错，自用工之日起超过一个月不满一年未与劳动者订立书面劳动合同的，应当依法向劳动者支付双倍工资并与劳动者补订书面劳动合同。

对于劳动者过错，在用人单位通知其签订书面劳动合同的情况下，拒绝与用人单位办理签订手续的，用人单位应当书面通知劳动者终止劳动关系并依法支付经济补偿。

本案中，公司在电话通知韩某办理劳动合同续签手续未果的情形下，应当立即书面通知韩某终止劳动关系，不应再继续使用韩某，使事实劳动关系存续。但该公司未能提供充分证据证明公司主动通知韩某办理劳动合同续签手续，无法举证韩某不与公司续订的情况。所以应当承担用人单位未与劳动者订立书面劳动合同的法律责任。依法支付 2008 年 5 月 3 日至 12 月 22 日未签订书面劳动合同的 2 倍工资差额。

通过前面的分析，提醒各用人单位，若存在未与劳动者在用工之日起一个月内签订书面劳动合同的行为，还可能导致用人单位追着劳动者签订，而劳动者却不与用人单位签订的情形，这就破坏了用人单位和劳动者在签订劳动合同环节上的平等关系。实践中，一些用人单位疏于管理，未在法定时间，办理劳动合同签订或续订手续。当用人单位发现并采取补签措施时，确有个别劳动者为了索要双倍工资以出差、工作忙、生病为名故意拖延时间，拒绝办理签订或续订手续，双方拖得时间越长，用人单位为此付出的违法成本就越高，最终用人单位也只得走向被动。所以，用人单位要加强员工劳动合同管理，从根本上杜绝事实劳动关系的形成。对于劳动者不予签订书面劳动合同的，用人单位更要依法及时做出处理规避争议风险。

另外，用人单位依法处理劳动者不予签订劳动合同的情形，向劳动者发出的通知也是容易引发争议的关键。有些用人单位经常把“终止”和“解除”两个法律概念相混淆在出具的各种通知中随意使用，常常导致用人单位本来合法的行为因为用错了词而变成违法行为的情况发生。本案中，劳动者拒绝用人单位签订劳动合同，用人单位应当向劳动者发出“终止”劳动关系的通知，如果错发为“解除”劳动关系的通知，就会被定为用人单位违法解除，用人单位还要为此支付高额的违法成本。

（4）案例启示

对于用人单位如何规避未签劳动合同的争议风险，专家根据多年的实践经验，提醒用人单位特别注意依法处理好以下两个问题。

第一，严格按照法定时间，控制签订劳动合同的周期。初次签订书面劳动合同的时间，一定要控制在用工之日起30日内，续签劳动合同，也不能超过原劳动合同届满的次日起30日。

用人单位人力资源部通过对劳动合同的管理，控制签订劳动合同的周期，在劳动合同到期届满前30日，向劳动者征求续签意向或发出终止劳动合同的通知，做到提早准备，避免形成事实劳动关系。如果用人单位未提前30日通知劳动者劳动合同到期终止，用人单位应当按照《劳动合同法》第四十七条规定，每延迟一日支付一日工资的赔偿金。

第二，准确判定关系，避免合同延迟签订。用人单位要提高人力资源管理工作者的专业知识水平做到准确判定用人单位与劳动者之间的法律关系、劳动关系、劳务关系，依法签订相应的劳动合同或劳务协议，避免因关系判定不清而延误签订劳动合同的时间。

【案例4】

（1）基本事件

北京崇文区某家具制造公司有员工数十人，一直未签订劳动合同。2008年后由于《劳动合同法》宣传的不断深入，公司逐渐认识到签订劳动合同的重要性，于是要求员工与公司签订书面的劳动合同。但洪某拒绝签订劳动合同。他认为劳动合同是对自己的束缚，因此不愿意签。公司方面无奈，让洪某写了一个声明，声明上写道：“本人不愿意签订劳动合同，特此声明”后面是洪某的亲笔签名。于是公司方面也就未再要求洪某签订劳动合同。

一年后，洪某因为加班费的问题，向北京崇文区劳动争议仲裁委员会提出了仲裁请求，要求公司支付加班费2万余元，同时要求支付未签订劳动合同的双倍工资3万余元。就未签订劳动合同的问题，公司方拿出了洪某签名的声明，认为未签订劳动合同完全是由于洪某的原因，公司不应该再对其支付赔偿。洪某承认声明的真实性，但认为不签订劳动合同的原因是由于公司拿出的劳动合同条款不公平。因此未签订劳动合同的实质原因还在于公司这一边。

（2）仲裁结果

仲裁委经审理后作出了裁决，就双倍工资问题，认定公司属于违法未签订劳动合同，应依法向洪某支付双倍工资近3万元。后公司向法院提出起诉，法院仍然维持了该项裁决。

（3）案例分析

《劳动合同法实施条例》第六条规定，用人单位自用工之日起超过一个月不满一年未与劳动者订立书面劳动合同的，应当依照劳动合同法第八十二条的规定向劳动者每月支付2倍的工资，并与劳动者补订书面劳动合同。《劳动合同法实施条例》第五条、第六条规定，员工如果拒绝签订劳动合同，用人单位“应当”书面通知劳动者终止劳动关系。

这个裁决恐怕会让很多人感觉意外。然而其法律依据却是充分的。如果说《劳动合同法》还没有对员工拒签劳动合同的处理作出规定的话，《劳动合同法实施条例》第五条、第六条规定，员工如果拒绝签订劳动合同，用人单位“应当”书面通知劳动者终止劳动关系。也就是说如果员工拒签劳动合同，用人单位只能终止劳动关系，而不能继续留用该员工，否则就要支付双倍工资。法律在这里没有考虑员工拒绝签订劳动合同的动机，而直接规定用人单位不得留用不签订劳动合同的员工。所以，本案中，不论洪某说的“公司拿出的劳动合同条款不公平”的说法是否属实，都不会影响本案的判决。

所以，员工如果拒绝签订劳动合同，用人单位“应当”书面通知劳动者终止劳动关系。也就是说如果员工拒签劳动合同，用人单位只能终止劳动关系，而不能继续留用该员工，否则就要支付双倍工资。

【案例 5】

（1）基本事件

黄某在湖北武汉某商贸公司工作了一年后离职。离职一个月后向武汉某区劳动争议仲裁委员会提起仲裁，要求公司支付未签订劳动合同的双倍工资共计 4 万余元。

开庭时，公司拿出一份协议，该协议写在一张 A5 大小的纸上。协议内容是“名称、岗位协议、甲方某商贸公司；乙方、黄某。正文：1. 黄某担任业务员。2. 月工资 2 500 元加提成。3. 本协议自双方签订后生效。”协议下方有黄某的签名、公司的盖章和签订日期。签订日期是在黄某入职后几天。

黄某看到这份协议非常生气，声称自己根本没有签过这样的协议。但他承认上面的签名是真的，但那是从自己留在公司的一个笔记本上撕下来的，自己当时在上面签名只是表明所有权，根本就不是签署什么协议。协议的内容是后来公司自己加上去的。

公司则声称该协议是双方协商签订的。协议的内容虽然公司一方的人写的，但是双方协商好的，因此黄某才会在协议下面签字。协议虽然比较简单，但从协议的内容来看，仍然是一份劳动合同。

（2）仲裁结果

武汉某区劳动争议仲裁委员会最后作出裁决，认为该协议是关于双方劳动关系的约定，虽然缺乏必备条款，但仍然是一份劳动合同。黄某主张这份协议是公司自己伪造的，但没有提供相应证据，又认可其签字的真实性，故其主张不予采信。既然双方已经签订劳动合同，那么公司无须支付未签订劳动合同的双倍工资。

黄某不服裁决，又向法院提起诉讼，法院一审、二审均维持了该裁决。

（3）案例分析

通过这个案子，让我们了解一些劳动合同签约的知识。

1）打官司打的是证据。证据未必完全符合客观事实。例如，在本案中，不排除用人单位提交的劳动合同确有伪造之可能，但由于黄某无法证明这一点，仲裁委只能认定合同真实。

2）是否是劳动合同。是由合同协议的内容以及双方关系的实质来决定的，而不取决于协议的名称。

如果双方是劳动关系，协议的内容是双方关于劳动关系履行中的权利义务的约定，如工资、工作内容等，那么这就是一份劳动合同。即使协议的名称叫“劳务协议”“聘用协议”“雇佣协议”“岗位协议”或者其他名称。反过来讲，如果双方不是劳动关系，例如，已达退休年龄的员工与用人单位签订一份正式的劳动合同，双方的关系仍然只能是雇佣关系而非劳动关系。

3）不完全具备《劳动合同法》第十七条规定的劳动合同必备条款，并不必然导致劳动合同无效。

《劳动合同法》第十七条明确规定劳动合同应当具备九项条款，但如果合同中不具备全部九项内容，合同并非就因此无效。所缺乏的内容，双方可以根据法律法规的规定履行或填补。例如工作时间和休息休假，国家有相应的法规规定。

4）能够确定合同双方身份、工作岗位和工资的合同就可以算是一份有效的劳动合同。目前实务中要求还是比较宽松的。实务中司法人员的态度是：签订劳动合同虽然是《劳动合同法》的强制要求，但未签订劳动合同本身对劳动者的权益并没有实质的损害。因此，如果因为劳动合同条款有缺陷就判定为未签订劳动合同应支付双倍工资，对企业太过苛刻。如在本案中，岗位与工资是劳动关系中最重要的内容，对这两项有约定，即认定为签订了劳动合同。但如果这两项关系内容都没有，如应届毕业生找工作签订的三方协议，仅仅表明同意接收，则很难被当作劳动合同。另外，合同双方的信息要达到能够确认当事人的程度。

5）未在合同正文条款后签字的劳动合同无效。根据通常人们的签约习惯合同都是条款在前，最后签字和书写日期，最后的签字代表当事人愿意接受以上条款约束。曾经有一个案例，劳动者在合同第一页前面的乙方信息处亲笔填写了自己的姓名、住址等信息，但合同最后却没有签名。后来打起官司，法院判决为未签订劳动合同。合同前面填写信息，顶多只能说明劳动者看过这个合同，但绝不能代表劳动者已签字同意按该劳动合同履行义务。另外一个类似的案例是，用人单位拿出一份合同，劳动者在合同尾部有签字，但在签字之后又增加了一些用人单位一方人员手写的关于工资的几个条款。同样地，在劳动者签字之后的条款，如果劳动者不予认可，应该不发生法律效力。这些签约规则不仅适用于劳动合同，也适用于其他普通民事合同。如果没有这些签约规则，我们将毫无交易安全可言。

6）录用通知书不是劳动合同。录用通知书，即所谓的是用人单位一方单方面发出的通知并非双方认可的合同。即使劳动者有签收，那也只能代表劳动者已经知道了通知的内容，而不代表劳动者同意受通知书上的条款约束。这就好像劳动者接到了单位解除劳动合同的通知，不代表劳动者就同意解除劳动关系一样。

（4）案例启示

未签订劳动合同的双倍工资，用人单位会怎么抗辩。所谓仲裁与诉讼，通常是按照所谓“等腰三角形”的格局进行即原被告，仲裁阶段是申请人与被申请人双方各自主张，仲裁员或法官兼听各方意见居中裁判。那么，对于未签劳动合同的双倍工资，用人单位可以提出什么样的抗辩理由呢？而针对用人单位的抗辩，劳动者又该如何应对？

用人单位策略一：否认劳动关系。既然双方不存在劳动关系，自然也就不存在应当签订劳动合同的问题。这其中又有下面 3 种情况：

1）完全否认劳动者一方提供劳动。

2）承认提供劳动或劳务，但否认双方是劳动关系。

3）承认劳动关系，但认为双方属于非全日制用工。

劳动者对策：搜集能够证明存在劳动关系的一切证据。

用人单位策略二：主张双方已签订劳动合同。

这其中又可能有几种情况：

1）用人单位拿出劳动合同。包括极简单的劳动合同，如前面所引的案例——只有三句话的协议也叫劳动合同吗？一般只要约定了岗位与工资的协议就会被当作劳动合同。

2）签订了劳动合同，但只有一份，或者没有给劳动者一份，都算是签订了劳动合同。

3）如果用人单位拿出了劳动合同，但劳动者发现劳动合同上的签名是伪造的，那么劳动者可以申请鉴定。如果劳动者只是声称签名系伪造，但不申请鉴定，则仲裁或法院会认定签名真实，从而认定已经签订了劳动合同。

4）用人单位拿出劳动者的其他声明，或者签收的文件说明双方已经签订了劳动合同。如果该证明有劳动者认可或签字，而且其内容表明双方确实签订了劳动合同，则用人单位主张双方已经签订了劳动合同是能够得到支持的，即使仲裁及诉讼时用人单位确实拿不出劳动合同。

用人单位策略三：缩短用工时间。

双倍工资计算的最常见的期间，是从入职后到签订劳动合同之前。如果将入职时间尽量往后推，则双倍工资的计算期间就可缩短直至于无。所以用人单位会尽量将入职时间往后推迟。入职时间是要由用人单位举证的。如果用人单位主张劳动者的入职时间比劳动者一方所主张的更靠后，那么用人单位应该拿出证据来，否则就应该按照劳动者所主张的时间来认定。

用人单位策略四：降低双倍工资的计算基数。

这里涉及几个小问题，双倍工资计算期间内的加班费是否要计入双倍工资之内？《劳动合同法》条文是说“应当向劳动者每月支付 2 倍的工资”，但所谓“工资”，按理说是包括加班工资的。但目前的做法是，如果加班费已经发放，计算 2 倍工资时也不再剔除。如果加班工资有拖欠未发放，也不会支持劳动者主张将拖欠的加班费再计算 2 倍。这无疑显得有些矛盾，但实务中就是如此。

不管怎样，加班费是否计入 2 倍工资还是有争议的。从用人单位的角度，可以主张将原来发的工资里面所包含的加班费剔除。而从劳动者一方的角度，则可不同意这种做法，如果有拖欠加班费，还可以主张加班费也属于工资，也应该 2 倍计算。两方面的主张都有一定道理。

用人单位策略五：时效抗辩。

时效是指权利得到法律救济的期限。《劳动争议调解仲裁法》规定时效自知道或应当知道其权利被侵害之日起计算。因而用人单位以仲裁时效期间已过为由抗辩，在某些城区是可能得到支持的。此时，劳动者应尽量找出时效期间中止、中断的证据以抗辩。

第四节　社会保险基本知识

一、社会保险的特点

1. 社会保险制度

（1）社会保险制度的作用

公民在年老、疾病或者丧失劳动能力的情况下，有从国家和社会获得物质帮助的权利；国家建立健全同经济发展水平相适应的社会保障制度。社会保障体系包括社会保险、社会福利、社会救济、社会优抚和社会救助等。而社会保险是社会保障体系的重要组成部分，在整个社会保障体系中居于核心地位。本法对于规范社会保险关系，促进社会保险事业的发展，保障公民共享发展成果，维护社会和谐稳定，具有举足轻重的作用。

1）社会共济。社会保险在全社会范围内统一筹集资金，建立保险基金，实行互助共济，集合多数人的力量来均衡分担少数人遭遇的社会风险。

2）责任分担。社会风险应由全体社会成员共同承担，个人、用人单位、国家都应承担社会保险责任。

3）国家干预和主导。社会保险具有强制性，通过立法强制单位和个人参加，政府参与组织社会保险的组织和运作。

（2）社会保险的功能

1）防范风险，包括人身风险与工作风险。人身风险又包括年老、疾病、工伤、生育风险，工作风险包括失业风险。社会保险将个人风险转化为社会风险，让社会为个人风险买单，避免个人遭遇风险时因独木难支而陷于困境甚至绝境，保障其生存尊严。

2）维稳功能。社会保险是社会稳定的“调节器”，不仅可以使社会成员产生安全感，还能缓解社会矛盾。

3）利于实现社会公平。社会保险可以通过强制征收保险费，设立保险基金，对收入较低或失去收入来源的社会成员给予物质帮助，在一定程度上实现社会的公平分配。

4）利于劳动力的再生产。对于那些暂时退出劳动岗位的社会成员，社会保险可以确保其基本的生活需要，使劳动力的供给和再生产成为可能。

基本养老保险制度，是指缴费达到法定期限且个人达到法定退休年龄后，国家和社会提供物质帮助以保证年老者稳定、可靠的生活来源的社会保险制度，其目标是实现“老有所养”。基本养老保险制度由职工基本养老保险制度、新型农村社会养老保险制度、城镇居民社会养老保险制度 3 部分组成。

基本医疗保险制度，是指按照国家规定缴纳一定比例的医疗保险费，在参保人因患病和意外伤害而发生医疗费用后，由医疗保险基金支付其医疗保险待遇的社会保险制度，其目标是实现“病有所医”。基本医疗保险制度由职工基本医疗保险制度、新型农村合作医疗制度和城镇居民基本医疗保险制度3部分组成。

工伤保险制度，是指由用人单位缴纳工伤保险费，对劳动者因工作原因遭受意外伤害或者职业病，从而造成死亡、暂时或者永久丧失劳动能力时，给予职工及其相关人员工伤保险待遇的一项社会保险制度。

失业保险制度，是指国家为失业而暂时失去工资收入的社会成员提供物质帮助，以保障失业人员的基本生活，维持劳动力的再生产，为失业人员重新就业创造条件的一项社会保险制度。

生育保险制度，是指由用人单位缴纳保险费，其职工或者职工未就业配偶按照国家规定享受生育保险待遇的一项社会保险制度。

2. 社保制度的方针

（1）广覆盖，即扩大社保的覆盖面，使尽可能多的社会成员纳入到社保制度中来。

（2）保基本，即社保以保障公民基本生活和需要为主，这是由我国经济发展水平相对落后所决定的，社会保险待遇应与经济发展水平保持“水涨船高”的正相关关系。

（3）多层次，即除基本养老保险、基本医疗保险外，还有补充养老保险、补充医疗保险以及补充性的商业保险。

（4）可持续，主要是社保基金收支能够平衡，自身能够良性运作，在人口老龄化来临时基本养老保险制度能够持续，不给财政造成过大的压力，不给企业和个人造成太大的缴费压力。

社会保险事业的发展和经济社会发展之间是相互依存、相互协调、相互补充、相互促进的关系。

3. 社保中用人单位与劳动者的权利义务

（1）单位的权利义务

1）权利：免费向社保经办机构查询、核对其缴费记录，要求社保经办机构提供社保咨询等相关服务。

2）义务：一是缴费义务，职工基本养老保险、职工基本医疗保险、失业保险的缴费义务由用人单位与职工共同承担，工伤保险、生育保险的缴费义务全部由用人单位承担；二是登记义务；三是申报和代扣代缴义务，用人单位应当自行申报、按时足额缴纳社会保险费，非因不可抗力等法定事由不得缓缴、减免，职工应缴纳的社会保险费由用人单位代扣代缴，用人单位应当按月将缴纳社会保险费的明细情况告知劳动者本人。

（2）个人的权利义务

1）权利：一是依法享受社会保险待遇；二是监督本单位为其缴费情况；三是免费向社保经办机构查询、核对其缴费和享受社会保险待遇记录，要求社保经办机构提供社保咨询等相关服务。

2）义务：一是缴费义务；二是登记义务，自愿参加社会保险的无雇工的个体工商户、未在用人单位参加社会保险的非全日制从业人员以及其他灵活就业人员，应当向社保经办机构申办社会保险登记，失业人员应当持本单位为其出具的终止或解除劳动关系证明，及时到指定的公共就业服务机构办理失业登记。

（3）用人单位和个人的救济权利

1）用人单位和个人有权对违反社会保险法律、法规的行为进行举报、投诉。

2）用人单位或者个人认为社会保险费征收机构的行为侵害自己合法权益的，可以依法申请行政复议或者提起行政诉讼；对社会保险经办机构不依法办理社会保险登记、核定社会保险费、支付社会保险待遇、办理社会保险转移接续手续或者侵害其他社会保险权益的行为，可以依法申请行政复议或者提起行政诉讼。

3）个人与所在用人单位发生社会保险争议的，可以依法申请调解、仲裁、提起诉讼；用人单位侵害个人社会保险权益的，个人也可以要求社会保险行政部门或者社会保险费征收机构依法处理。

二、基本养老保险

1. 制度模式

（1）养老保险基本模式

1）现收现付制，即基本养老保险费由雇主和雇员共同承担，保险费收入全部用于当期养老金的支付，以支定收，实现现收现付。

2）积累制，即建立完全积累的个人账户，个人缴纳的养老保险费全部进入个人账户，资金用于投资取得收益，个人退休后养老金的多少取决于其个人账户的积累额。

3）部分积累制，即现收现付制度和部分积累相结合，在现收现付基础上，建立个人账户，实行部分积累，我国目前采取该模式。

（2）我国基本养老保险的模式

我国实行社会统筹和个人账户相结合的模式。基本养老保险基金和待遇分为两部分，一部分是用人单位缴纳的基本养老保险费进入基本养老统筹基金，用于支付职工退休时社会统筹部分养老金，统筹基金用于均衡用人单位的负担，实行现收现付，体现社会互助共济。另一部分是个人缴纳的基本养老保险费进入个人账户，用于负担退休后个人账户养老金的支付，体现个人责任。

（3）筹资方式

我国基本养老保险基金主要由用人单位和个人缴费组成，此外国家和统筹地区政府也给予一定的补贴。

2. 缴费基数和缴费比例

（1）企业职工缴费比例

关于缴费基数，有的地方以企业工资总额为缴费基数，如辽宁、吉林、河南、浙江等多数省、市；有的地方以全部职工缴费工资之和为基数，如北京、天津、深圳等部分省、市。用人单位缴纳基本养老保险费的比例，一般不超过企业工资总额的20%，具体比例由省、自治区、直辖市人民政府确定。目前，辽宁省用人单位的缴费比例为21%。用人单位缴纳的社会保险费计入基本养老保险统筹基金，用于当期的基本养老保险待遇支付，实行现收现付。

职工个人按照本人缴费工资的8%缴费，计入个人账户，缴费工资为本人上一年度月平均工资。月平均工资超过当地职工平均工资300%以上的部分，不计入个人缴费工资基数；低于当地职工平均工资60%的，按60%计算缴费工资基数。职工个人缴纳的养老保险费全部计入个人账户，形成个人账户基金，用于退休后个人账户养老金的发放。目前，个人账户实际上是“空账”运行，每年按照一年期存款利率计算收益，辽宁自2001年开始试点做实个人账户。

灵活就业人员参加基本养老保险的缴费基数为当地上年度职工月平均工资，缴费比例为20%，其中8%计入个人账户。

（2）事业单位职工缴费

1）视同缴费期间。视同缴费期间是指实行个人缴费制度前，职工在国有企业、事业单位工作的工龄。

2）视同缴费年限期间基本养老保险费的负担。实行个人缴费制度前，职工的连续工龄可视同缴费。但由于视同缴费期间，作为用人单位的国有企业和事业单位并没有为职工缴纳社会保险费，职工个人也没有缴费，但职工退休时养老保险基金要支付统筹养老金、个人账户养老金，这部分费用属于转制成本应由政府承担。

3）事业单位社会保险转制成本的负担。目前，事业单位养老保险制度正在改革，按照企业职工养老保险的制度模式建立事业单位养老保险制度，实行社会统筹和个人账户相结合，筹资方式为单位和个人缴费，基本养老金由基础养老金与个人账户养老金组成。原来由财政或者事业单位直接负担的退休职工退休金，变由基本养老保险基金支付，事业单位按照职工工资总额缴费，不足部分由财政兜底。如果做实个人账户，职工视同缴费期间个人账户的资金由财政补贴。

4）基本养老保险基金出现支付不足时的政府责任。基本养老保险基金主要由用人单位和个人缴费形成，但在基金出现支付不足时，政府要承担兜底责任。

3. 基本养老保险的组成

基本养老金由统筹养老金和个人账户养老金组成。基本养老金根据个人累计缴费年限、缴费工资、当地职工平均工资、个人账户金额、城镇人口平均预期寿命等因素确定。

（1）社会统筹养老金

社会统筹养老金来自于由用人单位缴费和财政补贴等构成的社会统筹基金，根据个人缴费年限、缴费工资、当地职工平均工资等因素确定。社会统筹养老金 =（参保人员退休时当地上年度月平均工资+本人指数化月平均缴费工资）÷2×缴费年限×1%。

（2）个人账户养老金

个人账户养老金月标准为个人账户储存额除以计发月数，计发月数根据职工退休时个人账户金额、城镇人口平均预期寿命和本人退休年龄等因素确定。

（3）个人账户养老金不得提前支取

个人账户养老金是个人工作期间为退休后养老积蓄的资金，是基本养老保险待遇的重要组成部分，是国家强制提取的，退休前，个人不得提前支取。

（4）个人账户记账利率

个人账户养老金从缴费到退休后支取长达数十年，通货膨胀的风险无法避免。若个人账户养老金不能实现保值增值，通货膨胀会降低其购买力，造成个人账户资金的贬值。目前个人账户资金按照同期银行定期存款利率计息，但仍低于通货膨胀率，不能实现保值增值。

（5）个人账户养老金余额可以继承

个人账户养老金具有强制储蓄性质，属于个人所有，个人死亡的（包括退休前和退休后），个人账户养老金余额可以继承。

4. 养老金领取

参加基本养老保险的个人，达到法定退休年龄时累计缴费满 15 年的，按月领取基本养老金。参加基本养老保险的个人，达到法定退休年龄时累计缴费不足 15 年的，可以缴费至满 15 年，按月领取基本养老金；也可以转入新型农村社会养老保险或者城镇居民社会养老保险，按照国务院规定享受相应的养老保险待遇。

（1）享受养老保险待遇的条件

1）必须达到法定退休年龄。

2）累计最低缴费满 15 年。

（2）法定退休年龄

1）男职工退休年龄为年满 60 周岁，女干部为 55 周岁，女工人为 50 岁。

2）从事井下、高空、高温、特别繁重体力劳动或者其他有害身体健康的工作，男年满 55 周岁、女年满 45 周岁，连续工龄满 10 年的。

3）男年满 50 周岁，女年满 45 周岁，连续工龄满 10 年，经医院证明，并经劳动鉴定委员会确认，完全丧失劳动能力的；

4）因工致残，经医疗证明，并经劳动鉴定委员会确认，完全丧失劳动能力的。

（3）最低缴费年限

缴费满 15 年是享受基本医疗保险待遇的“门槛”，但并不代表缴满 15 年就可以不缴费，只要职工与用人单位建立劳动关系，就应按规定缴费。职工达到法定退休年龄但缴费不足 15 年的，可以在缴费至满 15 年（一次性补缴或者继续缴费均可）后享受基本养老保险待遇；也可以采取转入新型农村社会养老保险或者城镇居民社会养老保险的办法，解决其养老保障问题。

虽然延迟退休一直在热议，但暂时没有修改退休年龄的具体政策。

（4）养老金的调整

国家建立基本养老金正常调整机制。根据职工平均工资增长、物价上涨情况，适时提高基本养老保险待遇水平。

1）基本养老保险待遇不仅取决于参保人员的缴费基数和缴费年限，还取决于退休养老期间国家的经济发展水平。基本养老金标准应当随着经济发展逐步提高，让退休人员也能享受经济发展成果。

2）基本养老金调整参考的因素：

①职工平均工资增长情况。基本养老保险是养老责任的代际转移，建立基本养老保险的目的，就是让退休人员与在职职工一样参与社会财富的分配，分享经济发展成果，因此，职工平均工资增长情况是调整基本养老金标准的重要指标。

②物价上涨情况。物价上涨尤其是居民生活消费品的价格上涨直接影响养老金的购买力，进而影响退休人员的生活水平，因此，应根据物价上涨情况及时调整基本养老金的标准。

三、基本医疗保险

1. 基本制度

（1）一般企业职工

职工应当参加职工基本医疗保险，由用人单位和职工按照国家规定共同缴纳基本医疗保险费。无雇工的个体工商户、未在用人单位参加职工基本医疗保险的非全日制从业人员以及其他灵活就业人员可以参加职工基本医疗保险，由个人按照国家规定缴纳基本医疗保险费。

城镇所有用人单位及其职工都要参加基本医疗保险，包括企业、机关、事业单位、社会团体、民办非企业单位及其职工。

基本医疗保险费由用人单位和职工双方共同负担，用人单位缴费比例控制在职工工资总额的6%左右，职工缴费比例一般为本人工资收入的2%。

职工个人缴纳的基本医疗保险费，全部计入个人账户；用人单位缴纳的基本医疗保险费分为两部分，一部分用于建立统筹基金；一部分划入个人账户。

无雇工的个体工商户、未在用人单位参加职工基本医疗保险的非全日制从业人员以及其他灵活就业人员根据自愿原则，可以参加职工基本医疗保险的，由其个人缴纳基本医疗保险费。

（2）新农合

新型农村合作医疗制度。新型农村合作医疗制度是由政府组织、引导、支持，农民自愿参加，个人、集体和政府多方筹资，以大病统筹为主的农民医疗互助共济制度。农民以家庭为单位自愿参加新型农村合作医疗，按时足额缴纳合作医疗经费。

（3）政府补贴群体

享受最低生活保障的人、丧失劳动能力的残疾人、低收入家庭60周岁以上的老年人和未成年人等所需个人缴费部分，由政府给予补贴。

城镇中不属于城镇职工基本医疗保险制度覆盖范围的中小学阶段的学生（包括职业高中、中专、技校学生）、少年儿童和其他非从业城镇居民都可自愿参加城镇居民基本医疗保险。

城镇居民基本医疗保险实行个人缴费和政府补贴相结合的筹资方式，以个人缴费为主，政府给予适当补贴。对于享受最低生活保障或重度残疾的未成年人参保所需的个人缴费部分，由政府给予补贴。

2. 本条系关于医疗保险待遇的规定

（1）职工基本医疗保险的待遇标准

职工基本医疗保险的统筹基金和个人账户按照各自的支付范围，分别核算，不得互相挤占。

1）个人账户，用于支付门诊费用、住院费用中个人自付部分以及在定点药店购物费用。

2）统筹基金，用于支付住院医疗和部分门诊大病费用。统筹基金支付有起付标准和最高支付限额，起付标准原则上控制在当地职工年平均工资的10%左右，最高支付限额原则上控制在当地职工年平均工资的4倍左右。起付标准以下的医疗费用，从个人账户中支付或由个人自付。起付标准以上、最高支付限额以下的医疗费用，主要从统筹基金中支付。

（2）新型农村合作医疗待遇标准

新型农村合作医疗主要补助参合农民的大额医疗费用或者住院医疗费用。各县（市）根据筹资总额，结合当地实际，科学合理地确定农村合作医疗基金的支付范围、支付标准和额度。

（3）城镇居民基本医疗保险待遇标准

城镇居民基本医疗保险只建立统筹基金，不建立个人账户，基金主要用于住院医疗和部分门诊大病费用。基金支付比例原则上低于职工基本医疗保险，但高于新型农村合作医疗，一般可以达到 50%～60%。

3. 参保职工退休后享受基本医疗保险待遇条件的规定

（1）缴费年限

参保职工达到退休年龄时累计缴费达到国家规定年限的，退休后仍可享受基本医疗保险待遇，但无须再继续缴纳基本医疗保险费。目前，国家对最低缴费年限尚无统一规定，由各统筹地区根据本地情况自行确定，一般为男职工 30 年，女职工 25 年。经济较发达统筹地区规定的缴费年限比较短，如北京，男职工为 25 年，女职工为 20 年。

（2）参保职工退休时未达到国家规定的缴费年限的，可以缴费至国家规定的年限，补缴费用包括其实际缴费年限与国家规定的最低缴费年限相差的期间内，应当由用人单位和个人缴纳的全部医疗保险费用。

4. 基本医疗保险基金支付制度

（1）基本医疗保险药品目录

基本医疗保险用药范围通过制定《基本医疗保险药品目录》（以下简称药品目录）进行管理。纳入该目录的药品，应是临床必需、安全有效、价格合理、使用方便、市场能够保证的药品，并具备下列条件之一：

1）《中华人民共和国药典》（现行版）收载的药品。

2）符合国家药品监督管理部门颁发标准的药品。

3）国家药品监督管理部门批准正式进口的药品。

以下药品不能纳入基本医疗保险用药范围：

1）主要起营养滋补作用的药品。

2）部分可以入药的动物及动物脏器，干（水）果类。

3）用中药材和中药饮片炮制的各类酒制剂。

4）各类药品中的果味制剂、口服泡腾剂。

5）血液制品、蛋白类制品（特殊适应症与急救、抢救除外）。

6）社会保险行政部门规定基本医疗保险基金不予支付的其他药品。

药品目录分“甲类目录”和“乙类目录”。“甲类目录”的药品是临床治疗必需的，使用广泛，疗效好，同类药品中价格低的药品，“甲类目录”由国家统一制定，各地不得调整。“乙类目录”的药品是可供临床治疗选择使用，疗效好，同类药品中比“甲类目录”药品价格略高的药品，“乙类目录”由国家制定，各统筹地区可适当进行调整，增加和减少的品种数之和不得超过国家规定的“乙类目录”药品总数的15%。

药品目录原则上每两年调整一次，各省、自治区、直辖市的药品目录也进行相应调整。

（2）基本医疗保险诊疗项目

基本医疗保险诊疗项目应符合以下条件：

1）临床诊疗必须、安全有效、费用适宜。

2）由物价部门制定了收费标准。

3）由定点医疗机构为参保人员提供的定点医疗服务范围内。

基本医疗保险支付部分费用的诊疗项目范围按照国家规定的《基本医疗保险诊疗项目范围》确定。属于基本医疗保险支付部分费用诊疗项目目录以内的，先由参保人员按规定比例自付后，再按基本医疗保险的规定支付。

（3）基本医疗服务设施标准

基本医疗保险医疗服务设施是指由定点医疗机构提供的，参保人员在接受诊断、治疗和护理过程中所必需的生活服务设施，主要包括住院床位费或门（急）诊留观床位费。基本医疗保险基金不予支付的生活服务项目和服务设施费用，主要包括：

1）就（转）诊交通费、急救车费。

2）空调费、电视费、电话费、婴儿保温箱费、食品保温箱费。

3）陪护费、护工费、洗理费、门诊煎药费。

4）膳食费。

5）文娱活动费以及其他特需生活服务费用。

5. 基本医疗保险费用结算制度

（1）直接结算制度

参保人员医疗费用中应当由基本医疗保险基金支付的部分，由社保经办机构与医疗机构、药品经营单位直接结算，此谓“直接结算”。该制度的确立，改变了过去先由参保人支付全部医疗费用，然后再就其中应由医疗保险基金支付的部分，到社保经办机构报销的做法，极大地方便了参保人员。

（2）异地就医

异地就业，是指参加基本医疗保险的人员在自己所在的统筹地区发生意外的、中国境内地区就医的情况。异地就医以职工退休后到异地居住的情况为主。目前，异地就医报销医疗费难是亟待解决的一个主要问题。本条明确要求社会保险行政部门和卫生行政部门应当建立异地就医医疗费用结算制度，方便参保人员享受基本医疗保险待遇，现在有的部分省市已经可以实现异地医疗直接报销。

第六章　信访制度

信访是来信来访的简称，我国《国务院信访条例》第二条规定，“信访是指公民、法人或者其他组织采用书信、电子邮件、传真、电话、走访等形式，向各级人民政府、县级以上人民政府工作部门反映情况，提出建议、意见或者投诉请求，依法由有关行政机关处理的活动”。

第一节　信访工作机构、职责、机制

一、我国公民的基本权利

1. 公民的概念

公民，通常是指具有一国国籍，并根据该国宪法和法律规定享有权利并承担义务的自然人。

2. 公民的基本权利

公民依照宪法规定享有的人身、政治、经济、文化等方面的基本权益。根据我国宪法的规定，我国公民享有以下基本权利和自由包括：平等权，人身自由，政治权利和自由，宗教信仰自由，监督权和取得赔偿权，社会经济权利，教育、科学、文化权利和自由，妇女、婚姻、家庭、母亲、儿童和老人受国家保护。

（1）平等权

我国宪法规定：“中华人民共和国公民在法律面前一律平等”，这是我国公民的一项基本权利，也是社会主义法制的一个基本原则。其基本精神是：凡我国公民都平等地享有宪法和法律规定的各项权利，也都平等地履行宪法和法律规定的各项义务；任何公民的合法行为，都平等地受到法律保护，违法犯罪行为也都平等地受到法律的制裁；任何公民都不得有超越宪法和法律的特权。

（2）人身自由权

1）公民人身自由的含义：公民的人身自由是公民参加各种社会活动和享有其他权利的先决条件，它包括生存权和自由权。

2）公民人身自由的主要内容：人格尊严；住宅不受侵犯；通信自由和通信秘密。

①人身自由权：即公民的人身自由不受侵犯，非经人民检察院批准或者决定或者人民法院决定，并由公安机关执行，不受逮捕；禁止非法拘禁和以其他方法非法剥夺或者限制公民的人身自由，禁止非法搜查公民的身体。

②人格尊严：即公民的人格尊严不受侵犯，禁止用任何方法对公民进行侮辱、诽谤和诬告陷害。

③住宅不受侵犯：禁止非法搜查或者非法侵入公民住宅。

④通信自由和通信秘密：即公民的通信自由和通信秘密受法律保护。除因国家安全或追查刑事犯罪的需要，由国家安全部门、公安机关或者检察机关依照法律规定的程序对通信进行检查外，任何组织和个人不得以任何理由侵犯公民的通信自由和通信秘密。侵犯公民的上述人身自由权利构成犯罪的，应当受到刑事制裁。

下面我们分析一个案例，看看在这个案例中女大学生杨某及其父亲的哪项宪法权利受到了侵害。

女大学生杨某因和父亲拒乘一辆满员中巴车，自己被打一耳光，父亲被打得头破血流，额部缝了 5 针。据证人说，他当时看到 3 名男子将杨某打倒在地，并在其头上连踹十几脚后离开。然后打人者中年纪较大者又返回，在杨某头上狠踢几下。旁边的年轻女孩上前拦阻，也遭此人毒打。打人者随后跳上中巴车离去。

从案例中可以看出，杨某与其父的人身权受到严重伤害，应将加害人绳之以法。

（3）政治权利和自由

政治自由和权利包括两部分内容：一是政治权利，含选举权和被选举权；二是政治自由，含言论出版自由、集会结社自由和游行示威自由。

1）选举权和被选举权：这是公民参加管理国家事务的一项最基本的政治权利，体现了我国人民当家作主，管理国家事务的主人翁地位。我国法律规定，凡年满 18 周岁的公民，不分民族、种族、性别、职业、家庭出身、宗教信仰、教育程度、财产状况、居住期限，都有选举权和被选举权。但依法被剥夺政治权利的人除外。

2）政治自由：这是公民表达个人见解和意愿，进行正常社会活动，参加国家管理的一项基本权利。但公民的这些政治权利和自由必须依法行使，不得损害国家的、社会的、集体的利益和其他公民的合法权利和自由，否则不仅得不到法律的保护，反而要受到法律的制裁。

（4）宗教信仰自由

（5）监督权和取得赔偿权

1）监督权：公民对国家机关及其工作人员进行批评、建议、申诉、控告或者检举的权利。

2）取得赔偿权：由于国家机关及其工作人员侵犯公民权利而受到损失的人，有依法取得赔偿的权利。

（6）社会经济权利

社会经济权利的内容包括以下方面：

1）劳动权：即有劳动能力的公民有获得工作并取得相应报酬的权利。劳动是一切有劳动能力的公民的权利和义务。国家采取各种措施和途径，创造劳动就业的条件，加强劳动保护，改善劳动条件，提高劳动报酬和福利待遇，保障劳动权利的实现。

2）休息权：即劳动者为保护身体健康和提高劳动效率而休养生息的权利。国家发展劳动者休息和休养设施，规定职工的工作时间和休假制度，保障劳动者休息权利的实现。

3）退休人员的生活保障权：国家依照法律规定实行企业事业组织的职工和国家机关工作人员的退休制度，并保障退休人员的生活水平不降低。

4）物质帮助权：即公民在年老、疾病或者丧失劳动能力的情况下，有从国家和社会获得物质帮助的权利。国家建立失业保险、养老保险、社会救济、医疗卫生等社会保障制度，以保障公民享有和行使这一权利。

（7）教育、科学、文化权利和自由

我国宪法规定，公民有受教育的权利和义务，国家培养青少年和儿童在品德、智力、体质等方面全面发展；公民有进行科学研究、文学艺术创作和其他文化活动的自由，国家对于从事教育、科学、技术、文化、艺术和其他文化事业的公民的有益于人民的创造性工作，给以鼓励和帮助，并保障公民享有和行使这些权利和自由。

（8）妇女、婚姻、家庭、母亲、儿童和老人受国家保护

我国宪法规定，妇女在政治、经济、文化、社会和家庭生活各方面享有同男子平等的权利。国家依法保护妇女的合法权益，实行男女同工同酬，培养和选拔妇女干部的政策。同时宪法还规定，婚姻、家庭、母亲、儿童和老人受国家保护；实行计划生育是男女双方的义务；父母有抚养教育未成年子女的义务；成年子女有赡养扶助父母的义务；禁止破坏婚姻自由，禁止虐待儿童和老人；对虐待儿童和老人，以及拐卖妇女和儿童的犯罪，依法严厉惩处。

3. 我国《刑法》在保护公民人身权利方面的规定

公民的人身权利是公民最基本的权利，它包括的内容比较广泛。但主要是指人的生命、健康、人格、名誉和人身自由等权利，以及与人身直接有关的权利。例如，公民住宅不受侵犯的权利等。

我国《刑法》为了切实保障公民的人身权利、民主权利和其他权利不受侵犯，专章规定了“侵犯公民人身自由权利，民主权利”。《刑法》第一百三十一条明确规定：“保护公民的人身权利、民主权利和其他权利，不受任何人，任何机关非法侵犯。违法侵犯情节严重的，对直接责任人员予以刑事处分。”根据这一原则性的规定，我国《刑法》在保护公民人身权利方面，具体规定了以下几种犯罪：

1）侵犯他人生命的犯罪，包括：故意杀人罪和过失杀人罪。

2）侵犯他人身体健康的犯罪，包括：故意伤害罪和过失致人重伤罪。

3）侵犯妇女身心健康的犯罪，包括：强奸罪，奸淫幼女罪，强迫妇女卖淫罪。

4）侵犯他人人身自由的犯罪，包括：非法拘禁罪，非法管制罪，拐卖人口罪。

5）侵犯他人人格名誉的犯罪，包括：诬告陷害罪，侮辱罪，诽谤罪，伪证罪，隐匿罪证罪。

6）侵犯涉及有关人身权利的犯罪，包括：刑讯逼供罪，非法搜查罪，非法侵入他人住宅罪，聚众“打砸抢”罪，因刑讯逼供，聚众“打砸抢”致人重伤、死亡的，以伤害、杀人罪（包括过失）论处，法律是神圣的，不管是什么人，如果不惜“以身试法”，肆意践踏公民的人身

权利，触犯刑律，那么，他就必须受到法律的制裁。

二、我国公民的基本义务

1. 维护国家统一和全国各民族团结

这是我国公民必须履行的基本义务之一。国家的统一和全国各民族的团结，是建设有中国特色社会主义事业取得胜利的基本保证，也是实现公民基本权利的保证。全体公民必须自觉履行这一义务，坚决反对任何分裂国家和破坏民族团结的行为。

2. 遵守宪法和法律，尊重社会公德

我国宪法和法律是工人阶级领导的广大人民群众共同意志和利益的集中体现和反映，遵守宪法和法律就是尊重人民的意志，维护人民的利益；尊重社会公德，是社会主义精神文明的重要内容，是维护社会安定团结的需要。所以，每个公民都应自觉遵守宪法、法律和社会公德，与一切违反宪法和法律、破坏社会公德的行为作斗争。

3. 维护祖国安全、荣誉和利益

这是保障社会主义现代化建设和改革开放顺利进行的需要，任何公民不得为一己私利或小集团的利益而有损国家的安全、荣誉和利益。如果危害国家安全，给国家利益造成损害，要依法追究其刑事责任。

4. 保卫祖国，抵抗侵略，依法服兵役和参加民兵组织

保卫祖国，抵抗侵略是每一个公民应尽的职责，也是维护国家独立和安全的需要，是保卫社会主义现代化建设、保卫人民的幸福生活的需要。所以，每一个公民都必须自觉地依法履行这一光荣义务和神圣职责。

5. 依法纳税

税收是国家财政收入的重要来源之一。它“取之于民，用之于民”。公民依法纳税，对于增加国家财政收入，保证国家经济建设资金的需要，改善和提高人民生活都具有重要意义。每个公民应自觉遵守和执行国家税收法规和政策，与偷税、漏税、抗税的违法行为作斗争，以维护国家的利益。

三、信访渠道与信访人的法律责任

1. 信访工作机构、职责、机制

信访，是指公民、法人或者其他组织采用书信、电子邮件、传真、电话、走访等形式，向各级人民政府、县级以上人民政府工作部门反映情况，提出建议、意见或者投诉请求，依法由有关行政机关处理的活动。

（1）信访工作机构

县级以上人民政府应当设立信访工作机构。县级以上人民政府工作部门及乡、镇人民政府当按照有利工作、方便信访人的原则，确定负责信访工作的机构或者人员，具体负责信访工作。

（2）信访工作机构的职责

县级以上人民政府信访工作机构是本级人民政府负责信访工作的行政机构，履行以下职责：受理、交办、转送信访人提出的信访事项；承办上级和本级人民政府交由处理的信访事项；协调处理重要信访事项；督促检查信访事项的处理；研究、分析信访情况，开展调查研究，及时向本级人民政府提出完善政策和改进工作的建议；对本级人民政府其他工作部门和下级人民政府信访工作机构的信访工作进行指导。

（3）信访工作机制

信访工作机制主要包括信访接待受理、信访处理回复及信访工作回访等过程。

2. 信访工作人员的法律责任

（1）信访事项的萌发责任及其构成要件

信访事项的引发责任是指特定行政工作人员因某些违法行为严重侵害相对人或信访人的合法权益，且未能通过行政复议、行政诉讼、行政赔偿等常规救济渠道予以纠正，导致信访事项发生，或者拒不执行支持信访请求的行政意见，导致信访事项再次发生而应承担的法律责任。其构成要件是：存在特定违法情形；导致信访事项发生并造成严重后果；可能构成信访事项引发责任的事项：

1）超越或者滥用职权，侵害信访人合法权益的。

2）行政机关应当作为而不作为，侵害信访人合法权益的。

3）适用法律、法规错误或者违反法定程序，侵害信访人合法权益的。

4）拒不执行有权处理的行政机关作出的支持信访请求意见的。

（2）信访事项的受理责任

信访事项的受理责任是指在信访事项受理过程中，县级以上各级人民政府信访工作机构和受理信访事项的行政机关违反《中华人民共和国信访条例》（以下简称《信访条例》）规定，不履行或者不适当履行职责而应当承担的行政责任。

对于信访工作机构和有关行政机关的受理责任，由其各自的上级行政机关予以追究，其责任形式主要是责令改正不当的行政行为。在行政组织承担行政责任之后，再对直接负责的主管人员和其他直接责任人员给予相应的行政处分，责任形式有警告、记过、记大过、降级、撤职、开除六种以及内部通报批评。

（3）信访事项的办理责任

信访事项的办理责任主要是针对有权处理信访事项的行政机关及其相关工作人员在办理信访事项过程中，推诿、敷衍、拖延信访事项办理或者未在法定期限内办结信访事项的；对事实清楚，符合法律规定的投诉请求未予支持的。

对于信访事项的受理责任，由其上级行政机关责令改正；造成严重后果的，对直接负责的主管人员和其他直接责任人员依法给予行政处分或通报批评。

（4）行政机关工作人员的相关法律责任

行政机关工作人员将信访人的检举、揭发材料或者有关情况透露、转给被检举、揭发的人员或者单位的，依法给予行政处分。

行政机关及其工作人员违反《信访条例》规定，对可能造成社会影响的重大、紧急信访事项和信访信息，隐瞒、谎报、缓报，或者授意他人隐瞒、谎报、缓报，造成严重后果的，对直接负责的主管人员和其他直接责任人员依法给予行政处分；构成犯罪的，依法追究刑事责任。

行政机关工作人员打击报复信访人，构成犯罪的，依法追究刑事责任；尚不构成犯罪的，依法给予行政处分或者纪律处分。

3. 信访渠道与信访人的法律责任

（1）信访渠道

信访渠道，是指便利公民、法人或者其他组织反映情况，提出意见、建议或者投诉请求的信访救济途径。

1）信访渠道的相关制度保障：

根据《信访条例》规定，各级人民政府、县级以上人民政府工作部门应当向社会公布信访工作机构的通信地址、电子信箱、投诉电话、信访接待的时间和地点、查询信访事项处理进展及结果的方式等相关事项。

各级人民政府、县级以上人民政府工作部门应当在其信访接待场所或者网站公布与信访工作有关的法律、法规、规章，信访事项的处理程序，以及其他为信访人提供便利的相关事项。

设区的市级、县级人民政府及其工作部门，乡、镇人民政府应当建立行政机关负责人信访接待日制度，由行政机关负责人协调处理信访事项。

2）信访接待日制度和下访制度：

信访接待日制度即领导接待日制度，是指信访人可以在公布的接待日和接待地点向有关行政机关负责人当面反映信访事项。

下访制度是指县级以上人民政府及其工作部门负责人或者其指定的人员，就信访人反映突出的问题到信访人居住地与信访人面谈。

3）信访人如何查询投诉请求的办理情况：

信访人可以持行政机关出具的投诉请求受理凭证到当地人民政府的信访工作机构或者有关工作部门的接待场所查询其所提出的投诉请求的办理情况。

（2）信访人的法律责任

信访人的法律责任是指信访人违反我国《信访条例》规定，扰乱信访工作秩序，诬告陷害他人而应负的法律责任。具体来说，对于信访人的违法责任，即违反《信访条例》中相关规定的，有关国家机关工作人员应当对信访人进行劝阻、批评或者教育。经劝阻、批评和教育无效的，由公安机关予以警告、训诫或者制止；违反集会游行示威的法律、行政法规，或者构成违反治安管理行为的，由公安机关依法采取必要的现场处置措施、给予治安管理处罚；构成犯罪的，依法追究刑事责任。

对于诬告陷害责任，即信访人捏造歪曲事实、诬告陷害他人的，但是不足以使司法机关介入的，公安机关应当按照治安管理处罚条例中的相关规定，对违法信访人给予行政处罚。

如果信访人意图引起司法机关刑事追究，情节严重的，则构成诬告陷害罪。根据我国《刑法》规定，犯诬告陷害罪的，处以三年以下有期徒刑、拘役或者管制；造成严重后果的，处3年以上10年以下有期徒刑；国家机关工作人员犯本罪的，从重处罚。

第二节　信访渠道与事项的提出与受理

一、信访事项提出的类型与形式

1. 信访事项提出的类型

一般信访人可以提出信访事项的情形：信访人对下列组织、人员的职务行为反映情况，提出建议、意见，或者不服下列组织、人员的职务行为，可以向有关行政机关提出信访事项：

1）行政机关及其工作人员。

2）法律、法规授权的具有管理公共事务职能的组织及其工作人员。

3）提供公共服务的企业、事业单位及其工作人员。

4）社会团体或者其他企业、事业单位中由国家行政机关任命、派出的人员。

5）村民委员会、居民委员会及其成员。

对依法应当通过诉讼、仲裁、行政复议等法定途径解决的投诉请求，信访人应当依照有关法律、行政法规规定的程序向有关机关提出。信访人对各级人民代表大会以及县级以上各级人民代表大会常务委员会、人民法院、人民检察院职权范围内的信访事项，应当分别向有关的人民代表大会及其常务委员会、人民法院、人民检察院提出，并遵守《信访条例》的相关规定。

2. 信访事项提出的形式

一般规定信访人提出信访事项，应当采用书信、电子邮件、传真等书面形式；信访人提出投诉请求的，还应当载明信访人的姓名（名称）、住址和请求、事实、理由。对于采用口头形式提出的投诉请求，有关机关应当记录信访人的姓名（名称）、住址和请求、事实、理由。

1）属于各级人民代表大会以及县级以上各级人民代表大会常务委员会职权范围内的信访事项：

①人民代表大会及其常务委员会颁布的法律法规，通过的决议、决定的意见和建议；

②对人民法院、人民检察院违法失职行为的申诉、控告或者检举；

③对人民代表大会代表、人民代表大会常务委员会组成人员以及人民代表大会常务委员会工作人员的建议、批评、意见和违法失职行为的申诉、控告或者检举；

④对人民法院、人民检察院的生效判决、裁定、调解和决定不服的申诉；

⑤对人民政府及其工作部门制定的规范性文件的意见和建议；

⑥对本级人民代表大会及其常务委员会选举、决定任命、批准任命的国家机关工作人员违法失职行为的申诉、控告或者检举；

⑦属于全国人民大会及其常务委员会职权范围内的其他事项。

其中，第⑤、⑥项也在行政机关职权范围内。

2）属于各级人民法院职权范围内的信访事项：

①对人民法院工作的建议、批评和意见；

②对人民法院工作人员的违法失职行为的报案、申诉、控告或者检举；

③对人民法院生效判决、裁定、调解和决定不服的申诉；

④依法应当由人民法院处理的其他事项。

3）属于各级人民检察院范围内的信访事项：

①对人民检察院工作的建议、批评和意见；

②对人民检察院工作人员的违法失职行为的申诉、控告或者检举；

③对人民检察院生效决定不服的申诉；

④对人民法院审判活动中的违法行为的控告或者检举；

⑤对公安机关不予立案决定不服的申诉；

⑥对公安机关在侦查活动中的违法行为的控告或者检举；

⑦对国家机关工作人员职务犯罪行为的控告或者检举；

⑧依法应当由人民检察院处理的其他事项。

其中，上述第⑤、⑦两项，行政机关有义务行使内部监督权，对涉及的行政机关及其工作人员进行责任追究。

4）各级人民政府信访工作机构有权受理以下信访事项：

①对本级、下级人民政府及其工作部门职权范围内的工作提出的建设性建议；

②信访事项的处理需要本级人民政府协调的；

③要求改变或者撤销本级人民政府所属工作部门不适当的措施、指示和下级人民政府不适当的措施、决定；

④对本级对下级信访工作机构工作人员履行职务的行为不满的；

⑤其他需要由本级人民政府信访工作机构受理的事项。

信访人向各级人民政府信访工作机构以外的行政机关提出的信访事项受理。信访人按照《信访条例》规定直接向各级人民政府信访工作机构以外的行政机关提出的信访事项，有关行政机关应当予以登记；对符合本条例第十四条第一款规定并属于本机关法定职权范围的信访事项，应当受理，不得推诿、敷衍、拖延；对不属于本机关职权范围的信访事项，应当告知信访人向有权的机关提出。

有关行政机关收到信访事项后，能够当场答复是否受理的，应当场书面答复；不能当场答复的，应当自收到信访事项之日起 15 日内书面告知信访人。但是，信访人的姓名（名称）、住址不清的除外。

（1）信访人采用走访形式提出信访事项应当注意的问题

根据《信访条例》第十六条、第十八条规定，信访人采用走访形式提出信访事项，应当向依法有权处理的本级或者上一级机关提出，并且应当到有关机关设立或者指定的接待场所提出；多人采用走访形式提出共同信访事项的，应当推选代表，人数不超过 5 人；信访人应当逐级提出信访事项，即应当向依法有权处理的本级或上一级机关提出。在法定受理期限内避免信访事项重复提出。

（2）信访人在信访过程中被禁止的行为

信访人提出信访事项，应当客观真实，对其所提供材料内容的真实性负责，不得捏造、歪曲事实，不得诬告、陷害他人。

信访人在信访过程中应当遵守法律、法规，不得损害国家、社会、集体的利益和其他公民的合法权利，自觉维护社会公共秩序和信访秩序，不得有下列行为：

①在国家机关办公场所周围、公共场所非法聚集，围堵、冲击国家机关，拦截公务车辆，或者堵塞、阻断交通的；

②携带危险物品、管制器具的；

③侮辱、殴打、威胁国家机关工作人员，或者非法限制他人人身自由的；

④在信访接待场所滞留、滋事，或者将生活不能自理的人弃留在信访接待场所的；

⑤煽动、串联、胁迫、以财物诱使、幕后操纵他人信访或者以信访为名借机敛财的；

⑥扰乱公共秩序、妨害国家和公共安全的其他行为。

二、信访事项受理方式及相关规定

1. 信访事项的受理方式

信访人向各级人民政府信访工作机构提起的信访事项受理。县级以上人民政府信访工作机构收到信访事项，应当予以登记，并区分情况，在15日内分别按下列方式处理：

1）信访人对各级人民代表大会以及县级以上各级人民代表大会常务委员会、人民法院、人民检察院职权范围内的信访事项，应当告知信访人分别向有关的人民代表大会及其常务委员会、人民法院、人民检察院提出。对已经或者依法应当通过诉讼、仲裁、行政复议等法定途径解决的，不予受理，但应当告知信访人依照有关法律、行政法规规定程序向有关机关提出。

2）对依照法定职责属于本级人民政府或者其工作部门处理决定的信访事项，应当转送有权处理的行政机关；情况重大、紧急的，应当及时提出建议，报请本级人民政府决定。

3）信访事项涉及下级行政机关或者其工作人员的，按照“属地管理、分级负责，谁主管、谁负责”的原则，直接转送有权处理的行政机关，并抄送下一级人民政府信访工作机构。

县级以上人民政府信访工作机构要定期向下一级人民政府信访工作机构通报转送情况，下级人民政府信访工作机构要定期向上一级人民政府信访工作机构报告转送信访事项的办理情况。

4）对转送信访事项中的重要情况需要反馈办理结果的，可以直接交由有权处理的行政机关办理，要求其在指定办理期限内反馈结果，提交办结报告。按照前款第①项至第④项的规定，有关行政机关应当自收到转送、交办的信访事项之日起15日内决定是否受理并书面告知信访人，并按要求通报信访工作机构。

2. 信访事项的受理程序

信访事项的受理程序一般分为登记、初步审查、作出决定、受理4个步骤。

1）登记。即行政机关在收到信访事项后，不论其来源，也不论是否属于其受理范围，一律要求予以登记，信访事项登记表见表6-1、信访管理台账见表6-2。

表 6-1　信访事项登记表

<table>
<tr><td>编号</td><td></td><td>信访人姓名</td><td></td><td>信访形式</td><td></td></tr>
<tr><td>来信人地址</td><td colspan="5"></td></tr>
<tr><td>转来单位名称</td><td colspan="2"></td><td>转来字号</td><td colspan="2"></td></tr>
<tr><td>信访反映内容</td><td colspan="5"></td></tr>
<tr><td>受理人意见</td><td colspan="5">受理（请　　　　在　　月　　日前阅复，并将处理结果及原件材料反馈给信访办）；
转送；　　转交；　　存档（重复来信，姓名地址不清，无实质内容）；
不予受理（监察投诉，争议仲裁，诉讼，行政复议，正在处理事项，人大、人民法院、人民检察院职权范围内的信访事项）；
不再受理（对复核意见不服，仍以同一事实和理由提出投诉请求的）。
签名　　　　　年　月　日</td></tr>
<tr><td>分管领导意见</td><td colspan="5">
签名　　　　　年　月　日</td></tr>
<tr><td>处理部门回复意见</td><td colspan="5">
签名　　　　　年　月　日</td></tr>
<tr><td>局领导意见</td><td colspan="5">
签名　　　　　年　月　日</td></tr>
</table>

表 6-2　信访管理台账

编号	收信年月	转来单位	转来字号	来信人姓名	来信人住址	来信内容	受理人意见	领导批示	处理结果	办完日期

2）初步审查。对该信访事项的管辖权及是否重复受理等情况进行审查。

3）作出决定。即对符合信访事项提出条件，且属于其法定职权范围的信访事项，决定予以受理：对不符合信访事项提出条件，或不属于其法定职权范围的信访事项，决定不予受理。

4）受理。信访机构或政府工作部门在决定对信访事项予以受理后，就进入受理程序。

3. 信访事项受理的相关规定

涉及两个或者两个以上行政机关的信访事项，由所涉及的行政机关协商处理，受理有争议的，由其共同的上一级行政机关决定受理机关。

受理信访事项的行政机关分立、合并、撤销等情形的信访事项的由继续行使其职权的行政机关受理；职责不清的，由本级人民政府或者其指定的机关受理。

第三节　信访事项的办理

一、信访事项的办理方式

1. 信访事项的办理方式

1）对信访人反映的情况，提出的建议、意见类信访事项的办理：该类信访事项的办理一般不适用强制性程序，不一定启动信访调查等，主要是由相关行政机关在本机关自由裁量权范围内予以办理。

2）对投诉请求类信访事项的办理：我国《信访条例》对投诉请求类信访事项的办理有着严格的程序和责任规定，要求必须经过信访调查、提出办理意见、书面答复信访人等步骤，同时，信访人对办理意见不服的，还可以寻求复查、复核等申请救济。

如果是重大的信访事项，信访办工作人员要填写重大信访信息报送表，见表6-3，及时报告有关领导。

表6-3　重大信访信息报送表

填报单位：　　　　　　　　　　　　　　　　　　　　填报日期：　年　月　日

信访人姓名		信访人数		事发地点	
事发时间			信访问题涉及的地区、部门		
反映的主要问题及事发原因					
目前动向					
处理化解情况					

说明：1. 一批（次）上访填写一张表格。

2. 此表填好后传真至××市信访局。

×劳社信〔　　〕　号

2. 信访调查

1）信访调查的概念。所谓的信访调查是指信访事项的办理机关在依法受理信访事项后，办理决定作出之前，为了查明信访事项所涉及的基本事实，依据职权所进行的材料收集、证据调取的活动。

信访调查一方面使信访事项的办理成为一个开放的系统和公开、透明的过程，有利于督促信访办理机关负责任地查清事实，维护信访人的合法权益；另一方面因为明确了对与信访事项相关的第三人的调查权及听证等调查方式，强化了办理信访事项的手段，增强了通过信访工作解决矛盾纠纷的有效性。

2）信访调查的步骤。事前通知。就是在信访调查前，相关机关和人员需要以适当的形式通知当事人，以便其能做好信访调查的准备工作。

表明身份。相关工作人员在进行信访调查时，应当表明自己的身份，并且对于一般的信访调查，信访调查人员不得少于 2 人。

说明理由。信访调查人员应当向调查对象说明进行该项信访调查的理由、依据，同时告知对方在信访调查过程中所享有的权利和需要履行的义务。

实施调查。即调查的过程。

制作笔录。调查人员应当对信访调查的全程做相应的笔录并由调查对象核对后签字确认。

3. 信访事项的办理

对信访事项有权处理的行政机关办理信访事项，应当听取信访人陈述事实和理由；必要时可以要求信访人、有关组织和人员说明情况；需要进一步核实有关情况的，可以向其他组织和人员调查。

对重大、复杂、疑难的信访事项，可以举行听证。听证应当公开举行，通过质询、辩论、评议、合议等方式，查明事实，分清责任。听证范围、主持人、参加人、程序等由省、自治区、直辖市人民政府规定。

信访事项应当自受理之日起 60 日内办结；情况复杂的，申请表格式见表 6-4。经本行政机关负责人批准，可以适当延长办理期限，但延长期限不得超过 30 日，并告知信访人延期理由。法律、行政法规另有规定的，从其规定。

表 6-4　信访事项延期办理申请书

信访人		信访编号	
信访事由			
延期时间/d			
延期理由	办理人签字： 年　月　日		
部门负责人意见			
局领导意见			

二、信访事项办理的答复

（1）信访事项的办结

对信访事项有权处理的行政机关经调查核实，应当依照有关法律、法规、规章及其他有关规定，分别作出以下处理，并书面答复信访人：

请求事实清楚，符合法律、法规、规章或者其他有关规定的，予以支持；请求事由合理但缺乏法律依据的，应当对信访人做好解释工作；请求缺乏事实根据或者不符合法律、法规、规章或者其他有关规定的，不予支持。

（2）信访程序的终结

如果做出处理意见的行政机关是国务院，则该决定为终局裁决，依照法律规定，不但信访程序终结，而且也不能被提起行政诉讼或者行政复议。

如果办理（复查）意见是应当被申请复议或诉讼的，那么信访人就不能申请信访复查（复核），该意见就是信访终结意见，无论信访人是否申请了复议或诉讼，信访程序均告终结。

如果办理（复查）意见是不能被申请复议或诉讼的，而信访人在收到办理（复查）意见，并被告知相应救济途径之日起 30 日内未向相关机关的上一级行政机关申请复查或者复核的，那么办理复查意见为信访终结意见，信访程序终结。

复核意见是当然的信访终结意见，无论信访人是否应当或已经申请复议或诉讼，信访程序均告终结。信访事件的处理过程信访办要做详细的台账，见表 6-2。

（3）信访人对信访事项处理意见不服的情形

信访人对行政机关作出的信访事项处理意见不服的，可以自收到书面答复之日起 30 日内请求原办理行政机关的上一级行政机关复查。收到复查请求的行政机关应当自收到复查请求之日起 30 日内提出复查意见，并予以书面答复。

（4）复查的程序

复查的程序分为申请、审查和做出复查意见三步。

1）申请。提出复查申请必须满足以下几个条件：

①必须由不服办理意见的信访人提出；

②有具体的复查请求和事实依据；

③属于信访复查的范围；

④属于该接受申请机关的职权范围；

⑤该复查请求必须自收到办理机关的书面答复之日起 30 日内提出。

2）审查。分为形式审查和实质审查两个方面。形式审查主要是对复查条件和法定申请期限进行审查，如果不符合则不予审查；实质审查主要是审查关于信访事项的事实认定是否准确，办理意见是否合法与适当。

3）做出复查意见。办理意见事实清楚、依据充分、处理恰当的，维护原处理意见；办理意见事实不清楚、证据不充分或者处理意见不当的，依照职权直接变更原办理意见或者责令办理机关重新办理。复查意见应当自收到复查申请之日起 30 日内作出，并向信访人作出复查的书面答复。

（5）信访人对复查、复核意见不服的情形

信访人对复查意见不服的，可以自收到书面答复之日起 30 日内向复查机关的上一级行政机关请求复核。收到复核请求的行政机关应当自收到复核请求之日起 30 日内提出复核意见。

复核机关可以按照《信访条例》第三十一条第二款的规定举行听证，经过听证的复核意见可以依法向社会公示。听证所需时间不计算在前款规定的期限内。信访人对复核意见不服，仍然以同一事实和理由提出投诉请求的，各级人民政府信访工作机构和其他行政机关不再受理。

第七章　人力资源管理

人力资源管理，是指运用现代化的科学方法，对与一定物力相结合的人力进行合理的培训、组织和调配，使人力、物力经常保持最佳比例，同时对人的思想、心理和行为进行恰当地诱导、控制和协调，充分发挥人的主观能动性，使人尽其才，事得其人，人事相宜，以实现组织目标。根据定义，我们可以从两个方面来理解人力资源管理：

第一，对人力资源外在要素量的管理。对人力资源进行量的管理，就是根据人力和物力及其变化，对人力进行恰当地培训、组织和协调，使二者经常保持最佳比例和有机的结合，使人和物都充分发挥出最佳效应。

第二，对人力资源内在素质的管理。主要是指采取现代化的科学方法，对人的思想、心理和行为进行有效的管理（包含对个体和群体的思想、心理和行为的协调、控制和管理），充分发挥人的主观能动性，以达到组织目标。

第一节　人员招聘与动态管理

一、人员招聘的基本知识

1. 关于企业人力资源管理基本知识

（1）人力资源管理的概念

人力资源管理是指将人力与物力科学地结合在一起，并根据需要对其进行培训、组织和调配，同时对思想和行为进行恰当地引导，而形成一个强有力的组织，使每个人的才能得到充分的发挥。人力资源管理具有系统性、整合性、价值性等特征，其中“以人为本”是人力资源管理的核心所在。在管理学领域，关于人力资源管理的经典理论很多，这里，仅简要介绍 X 理论、Y 理论和 Z 理论。在近现代人力资源管理论中，道格拉斯·麦格雷戈把对人的基本假设做了区分，即 X 理论和 Y 理论。

X 理论认为，人们总是尽可能地逃避工作，不愿意承担责任，因此要想有效地进行管理，实现组织的目标，就必须实行强制手段，进行严格的领导和控制。

Y 理论则是建立在个人和组织的目标能够达成一致的基础之上。Y 理论认为，工作是人的本能，人们会对承诺的目标做出积极反应，并且能够从工作中获得情感上的满足；员工在恰当的工作条件下愿意承担责任。

不同的理论假设对于人力资源管理实践具有不同的含义：X 理论要求为了实现有效的管理，实现企业的目标，应当采取严格的人力资源管理措施，进行严格的监督和控制。Y 理论则要求管理实践要满足人们的成就感、自尊感和自我实现感等需求。

在 20 世纪 80 年代具有重大影响的《Z 理论》的作者威廉•大内，通过大量的企业调研，在其著作中提出了“Z 型组织”的理论。他认为：“提高生产率的关键因素是员工在企业中的归属感和认同感”，因此，企业应实行民主管理，即职工参与管理。他的理论是在行为科学的 X 理论、Y 理论之后，对人的行为从个体上升到群体和组织的高度进行研究，认为人的行为不仅是个体行为，还是整体行为。

Z 理论的要点是：长期的雇佣；相互信任的人际关系，员工相互平等；人性化的工作条件和环境，消除单调的工作，实行多专多能；注重对人的潜能细致而积极地开发和利用；树立整体观念，独立工作，自我管理。Z 理论为以人为本的思想提供了具体的管理模式，以人为本的员工管理模式的关键在于员工的参与。

就人力资源本身来说，人力资源管理具有以下几种特性：

①时效性：其开发和利用受时间限制；

②能动性：不仅为被开发和被利用的对象，且具有自我开发的能力；

③两重性：是生产者也是消费者；

④智力性：智力具有继承性，能得到积累、延续和增强；

⑤再生性：基于人口的再生产和社会再生产过程；

⑥连续性：使用后还能继续开发；

⑦时代性：经济发展水平不同的人力资源的质量也会不同；

⑧社会性：文化特征是通过“人”这个载体表现出来的；

⑨消耗性：人力资源在使用过程中的磨损性。

（2）人力资源管理在企业中的重要性

以企业为中心的组织层面的人力资源管理主要包括人力资源的匹配、人力资源的效益、人力资源的弹性等方面，它主要保证着企业的健康稳定发展。由于经济环境的不断变化，企业的运营模式也要随之做出适宜的调整。在所有决定企业结构框架形成的因素中人力资源是至关重要的环节。其中，怎样合理配置人力资源是解决人力资源问题时首要考虑的因素。由此可见，人力资源对企业的发展前景所起的作用至关重要。这就要求企业紧紧围绕人力资源管理这一中心思想，综合内外部因素，建立具有战略性的发展框架，以合理的人力资源匹配保障整个框架的每个环节都能高效地运行。

企业效益的好坏是由人力资源直接决定的。所以人力资源管理对提高企业效益有着最直接的帮助。充实的人力资源储备、合理的人事配备、完善的管理制度是任何企业增加效益，提高核心竞争力都必备的条件。所以要想在愈加激烈的市场竞争和消费者愈加冷静的环境下提高业绩，企业就必须清醒地认识到自身的优势和不足，不断地充实自身的人力资源储备、合理地安排人事、完善自己的管理制度。每个企业都一样，创新是企业发展的强大动力，每一个战略目标的制定都是人在根据市场调研的基础上对未来市场准确把握的结果，每个战略的成功实施都是人力资源部门根据现阶段的情况对人力资源供给的平衡和合理调度的结果。可见，“弹性”管理也是人力资源管理环节中提高资源利用率的有效环节。上述的每个过程都不同程度地呈现了人力资源管理对于企业的价值和重要性。

1）从效益上看人力资源管理在企业中的重要性。企业的发展离不开有效的经营管理，高效的人力资源管理不仅可以加强企业的经济运转，还可以有效提高企业的市场竞争力，从而扩大市场占有率，促进企业的可持续发展。企业在人力资源管理中实行有效的招聘和培训机制、激励机制和经营绩效管理体系，可以为员工提供明确的工作目标，以激励其努力工作，这样就可以在很大程度上减少企业运行中的生产运作矛盾，促进企业经营运作的顺利进行，从而有效地加强企业的经营管理，以更好地提升其自身的市场竞争力，促进自身的可持续发展。

2）从智能上看人力资源管理在企业中的重要性。人力资源规划，人力资源开发，工资与绩效考核的管理是人力资源管理的主要职能。它对人力资源的整合、人力资源的系统化、长期目标的实现、凸显人力资源的价值等方面有着重要的意义。丰厚的薪酬有利于激励、吸引员工，合理的绩效考核制度有利于发掘有才能的员工。将工资和绩效考核挂钩无论对员工积极性的提高还是对企业财力资源的合理利用都是一个可行的办法。如何以业绩为参照物将有限的财力资源用处最大化是人力资源管理工作中的一项重要任务。做好这项工作就必须要求人力资源管理部门不断审视员工的行为是否跟企业的总体规划相一致，个人的业绩是否与岗位的价值要求相匹配，同时也要求人力资源管理部门制定出合理的评价流程以避免责任和收入不对等的情况发生。合理的人力资源规划是将有限的人力资源发挥出无限能量的法宝。有效的人力资源规划是将企业的战略目标和实际行动连接起来的桥梁。

一般来讲，人力资源规划主要包括：根据环境合理配置现有的人力资源；根据发展计划预测人力资源的需求；针对预期的不足和过剩制定出可行的方案；将人力资源发展的目标和企业整体的发展目标保持一致。能在适当的时间使用适当的人，将适当的位置给予适当的人，让相应的人发挥相应的作用就是人力资源规划的成功。

（3）人力资源管理中常见的问题

对当前企业人力资源管理中所存在的问题进行剖析，有助于我们有针对性地制定改善企业人力资源管理的措施，从而不断提高企业人力资源的管理水平。

1）缺乏对人力资源管理的正确认识。许多企业在择人用人时，只看重学历，忽视了实际能力和综合素质。致使工作经验丰富、业务能力强的员工，由于没有达到企业要求的学历，而得不到重用和提拔。也有企业在选拔人才时主要以学历为基本条件，学历必须是硕士，甚至博士，结果硕士、博士招了不少，但实际工作效果并不好，出现了专业不是不对口就是大材小用的现象，不仅造成了人才的浪费也增加了企业人力成本，甚至还有一些企业只重视员工的业务能力、技术水平，而忽视了他们的道德修养，导致一些道德修养低的“人才”走上了领导岗位，造成了企业的经营管理混乱，给企业带来经济上的巨大隐形损失。

2）缺乏先进的人力资源管理理念。一方面，受计划经济的影响，企业只重视企业内部的资金、技术或物质的管理问题，忽视了企业的人力资源管理，把人力仅仅当作是固有劳动力，需要时才考虑发挥他们的作用。另一方面，只重视使用和拥有，不重视开发和管理，使得真正人才进不来也出不去，人才浪费、闲置及压制的现象比较严重。中国特殊的社会背景造就了领导和企业员工之间不平等的社会地位，在工作中形成了支配与被支配领导方式。同时，上智下愚的传统观念也在影响管理者的思维和决策，成为人力资源管理工作中的难点。在实际工作中形成高度集权的管理方式，不重视员工的需要和心理需求；在收入分配上实行“一刀切”的粗放型管理方式，不注重薪酬体系对员工的激励作用，这在很大程度上制约着企业的高效发展。

3）缺乏科学的绩效管理考核机制。企业经营管理和绩效考核之间脱节是企业人力资源管理存在的一个主要问题。一般情况下，绩效考核主要包括管理与开发等方面的基本内容。但是，从我国目前的实际情形来看，企业经营管理和绩效考核之间出现脱节，没有相互结合，这种现象在不少企业中都存在。究其原因，主要是因为企业没有把生产计划、经营管理以及发展目标等真正地与绩效考核结合起来，没有具体落实到部门与员工，缺乏综合性地确定绩效考核指标，这也是企业经营管理目标无法完全实现的重要原因。

4）缺乏先进的人才引进机制。企业在引进和使用人才方面存在的问题主要的表现在：

①企业人才引进的渠道十分的狭窄，而且人才引进的随意性比较大，并没有做到人才引进的针对性。在人才招聘方面缺乏统一的、规范的流程和甄选测评体系，人员的选聘十分的草率，导致企业人才引进的效果不好。

②企业对人才的使用上也存在着不尽合理的问题，一方面表现在企业缺乏完整的人力资源培训计划，不能很好地提升员工的技能，让他们看到企业发展目标与自身发展目标的统一。另一方面表现在岗位的设置与人员的设置不尽合理，没有把合适的人才放在合适的岗位上，造成了员工与职位的不匹配，影响了员工能力的发挥和理想的实现。受这两个方面的影响，企业出现了大量的人才流失现象，并且流失的人才多是企业的关键性人才，知识型、技术型和年轻型员工成为流失的主体。人才的流失对企业的打击将是致命的，它会削弱企业的凝聚力，降低员工对企业的忠诚度和认同感，还会降低现有员工的工作积极性。

5）缺乏企业文化的建设。企业文化是一个企业的精神，一个企业的风格，它对员工的行为和思想能产生重大的影响。但是这些企业正是缺乏企业文化，他们未能充分地认识到企业文化的重要性，从而导致大多数员工抱着打工的心态，不能发挥出他们的潜能和积极性，无法形成强大的凝聚力，限制了企业进一步的发展。

6）缺乏企业员工对管理的参与度。员工普遍对自己在企业的定位就是打工者，即使是管理高层，也有很多人有这种想法。员工的觉悟程度较低，除了本身的工作什么都不关心，不在意自己在企业中的作用和地位，也不关注企业的兴衰和自己前途的关系。这也与企业文化建设较弱有一定关系，导致员工没有共同价值观念。还有企业员工对企业的管理很少参与，人人都本着“事不关己高高挂起”的心态，缺乏责任感，以致没有积极性，没有员工的积极参与，企业很难发展壮大，因为人力资源才是企业的最重要资源。

（4）提升企业人力资源管理

通过我们对当前企业人力资源管理的切实要求以及所存在的问题进行的分析和论述，我们可以针对性地制定一些加强性的措施来进行管理方式上的创新。主要的内容有以下几个方面：

1）提高对员工的重视度。企业管理的重点是人，所以要培养员工的主人翁意识，这样员工就会有高度的参与意识和自觉性，对工作也是发自内心的热忱。在管理中一定要让每个员工都能受到重视，员工受到尊重就会有种荣誉感和责任感，才会增强自我意识，从而拥有持久的向心力，因为每个人都渴望得到尊重。企业要树立尊重人的管理理念，这样才能吸引和留住人才。企业不仅要会用人，更要会育人。在对员工进行业务培训时，也要加强对员工思想的培训，提高员工的整体素质，树立企业与人的意识，还能产生更加持久激励的作用。员工的个人素质提升了，就会有更高的追求，希望得到更大的发展空间，不断地激励员工在企业更好的发展，从而促进企业的发展。再者，员工在企业得到自身价值的实现，就会对企业产生感情，从而进一步增强员工的责任感、积极性和主动性。坚持以人为本，善于用人、育人，企业就会有所发展，就能吸收更多人才，留住更多人才，逐渐形成良性循环。

2）建立以人为本的企业核心管理理念。“人本理念”主要指的是注重人才在企业生产中的决定性作用，围绕着人的物质需求以及精神需求来开展人性化、科学化的管理，注重人在社会中的公平地位以及人格、人性的高尚存在。建立以“人本理念”为核心的人力资源管理理念，对于缓解企业领导阶层和员工之间的矛盾、增强员工的归属感和向心力有着重要的作用。从另一方面来讲，这对于提高员工的忠实程度以及工作的积极性也有着不小的帮助，这也能为企业长久稳定发展提供强有力的人力资源保障。

3）构建科学的绩效管理考核机制。建立科学的激励机制要从对员工进行物质上的激励和精神上的激励两大方面入手，不仅要让员工得到物质上的满足，也应该满足其精神上的需求，让他们体会到企业的关心和照顾以提高他们的归属感。具体的做法可以采取，提高工资、提升职务、扩大福利和补贴等物质奖励形式，在精神激励上可以采取设立内部荣誉职称的方式来激励员工。科学的绩效分配制度是一项涉及范围比较广，牵涉部门也比较多的系统性工程。具体的做法需要根据不同的职能部门进行细分，总而言之，科学的绩效分配应该充分考虑员工的实际付出以及分配的公平、合理性。

4）完善人才引进使用机制。针对企业在人才引进和使用方面存在的问题，我们应该高度重视人才引进工作，要建立一套科学的人才选拔机制，逐步实现公开招聘、竞争上岗、合同管理，从而实现对人才的科学引进。同时还要建立科学、合理、公正、公平、择优的员工岗位竞争机制，以实现对人才的合理使用，确保人尽其才，每一个员工都可以有一个良好的发展前景，企业也可以留住人才。

5）加强企业文化建设。企业文化建设能够为企业全体员工提供一个共同认定的价值观这对于提高企业的凝聚力有着重要的作用。企业文化建设是企业现代化管理体制中不可或缺的重要组成部分，是一种超越了企业经济利益价值以及个人利益价值的思想观念。

加强企业文化建设主要有以下 3 个步骤：

首先，树立一个符合社会利益、企业利益以及全体员工利益的中心价值观，比如说发展高精尖技术、生产完美质量产品以及创造世界第一品牌、打造超一流的服务等。

其次，企业的领导者要认真实施和贯彻企业文化，作为全体员工的榜样。

最后，让企业文化始终树立在每一位员工的心中，杜绝流于形式或者是“雷声大、雨点小”的现象出现。企业文化要与时俱进，企业的文化建设很重要，企业自身的文化建设能够使企业的整体素质和工作环境得到改善，在企业内部形成一种积极向上的文化氛围，从而激发员工工作的兴趣，文化的创新不仅是社会的进步，同样也是企业精神文明建设的进步。

6）提高员工对企业管理的参与度。要提高员工的觉悟，使他们除了本身的工作，对企业的管理和未来也要关注，要关注自己在企业中的作用和地位，关注企业的兴衰和自己的前途。企业员工增强责任感，对企业的管理积极地参与，工作积极、主动，员工自我意识提升，企业才能实现健康、稳定发展。

人才作为企业的第一生产要素，随着知识经济的不断发展，其在企业经营管理中的地位也不断上升，毕竟人才是知识的重要载体。人力资源管理在企业中的重要性不可忽视，如图7-1所示，一般企业员工可以分为5种，真正的人才对企业的发展对于社会市场经济的发展有着不可小觑的作用，企业与企业之间在人力资源管理的模式方面还存在很大差距，现在企业的人力资源管理中存在很多问题。因此，企业想要在目前经济形势如此复杂的市场经济中取得领先的优势，优秀的人才是最有力的保障。企业想要拥有优秀的人才团队，就需要高水平的人力资源管理。

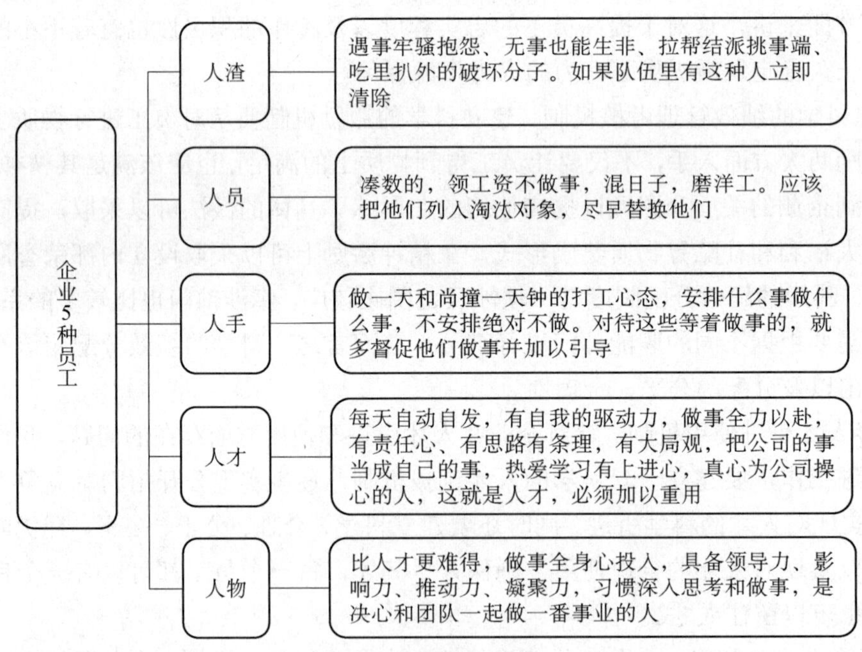

图7-1　企业的5种员工

2. 人力资源规划

（1）人力资源规划的定义

人力资源规划，是指一个组织科学地预测、分析组织在内外环境变化中的人力资源需求与供给状况，制定必要的政策和措施，以确保组织在需要的时候和需要的岗位上得到各种所需要的人力资源的过程。

（2）人力资源规划的原则

人力资源规划的原则一般有如下几点：

1）充分考虑内部、外部环境的变化。人力资源计划只有充分地考虑了内、外环境的变化，才能适应需要，真正地做到为企业发展目标服务。内部变化主要指销售的变化、开发的变化、或者说企业发展战略的变化，还有公司员工的流动变化等；外部变化指社会消费市场的变化、政府有关人力资源政策的变化、人才市场的变化等。为了更好地适应这些变化，在人力资源计划中应该对可能出现的情况做出预测和风险变化，最好能有面对风险的应对策略。

2）提供企业的人力资源保障。企业的人力资源保障问题是人力资源计划中应解决的核心问题。它包括人员的流入预测、流出预测、人员的内部流动预测、社会人力资源供给状况分析、人员流动的损益分析等。只有有效地保证了对企业的人力资源供给，才可能去进行更深层次的人力资源管理与开发。

3）使企业和员工都得到长期的利益。人力资源计划不仅是面向企业的计划，也是面向员工的计划。企业的发展和员工的发展是互相依托、互相促进的关系。如果只考虑企业的发展需要，而忽视了员工的发展，则会有损企业发展目标的达成。优秀的人力资源计划，既能够使企业和员工达到长期利益的计划，也能够使企业和员工共同发展的计划。

（3）人力资源规划的内容

一般而言，人力资源规划包括 5 个方面的内容：

1）战略规划：是根据企业总体发展战略的目标，对企业人力资源开发和利用的方针，政策和策略的规定，是各种人力资源具体计划的核心，是事关全局的关键性计划。

2）组织规划：组织规划是对企业整体框架的设计，主要包括组织信息的采集，处理和应用，组织结构图的绘制，组织调查，诊断和评价，组织设计与调整，以及组织机构的设置等。

3）制度规划：制度规划是人力资源总规划目标实现的重要保证，包括人力资源管理制度体系建设的程序，制度化管理等内容。

4）人员规划：人员规划是对企业人员总量、构成、流动的整体规划，包括人力资源现状分析、企业定员、人员需求和供给预测和人员供需平衡等。

5）费用规划：费用规划是对企业人工成本，人力资源管理费用的整体规划，包括人力资源费用的预算、核算、结算以及人力资源费用控制。

人力资源规划又可分为战略性的长期规划、策略性的中期规划和具体作业性的短期计划，这些规划与组织的其他规划相互协调联系，既受制于其他规划，又为其他规划服务。

人力资源规划是预测未来的组织任务和环境对组织的要求，以及为了完成这些任务和满足这些要求而设计的提供人力资源的过程。通过收集和利用现有的信息对人力资源管理中的资源使用情况进行评估预测。对于现在来说，人力资源规划的实质是根据公司经营方针，通过确定未来公司人力资源管理目标来实现公司的既定目标。

3. 重视知识型员工的招聘

（1）知识型员工的定义

知识型员工是美国学者彼得德鲁克提出的，它指在一定时期内，主动运用其掌握的知识，获取知识增值的员工。尽管他们在组织中的数量比例较小，但却能为组织创造更大的价值。

知识型员工因其自身的特点，其招聘工作具有一定的特殊性。我们在分析知识型员工特征的基础上，研究出知识型员工招聘工作的主要困难，并提出了较为可行的改善建议。

21 世纪，人类进入了一个以知识为主宰的全新的知识经济时代，知识已经成为企业最优势的资源，知识型员工是企业价值创造的核心，也是企业人力资源管理的重心。而知识型员工的招聘工作也面临着自身的困难与特点。我们亟待解决如何改进知识型员工的招聘工作，不断提高企业招聘工作的有效性，从而强化企业的人力资本优势，增强企业核心竞争力的问题。

管理学大师彼得德鲁克认为，知识型员工是那些掌握和运用符号和概念，利用知识或信息工作的人。他们一方面能充分利用现代科学技术知识提高工作的效率；另一方面本身具备较强的学习知识和创新知识能力。

加拿大学者赫瑞比（1999）则认为知识型员工就是那些创造财富时用脑多于用手的人们，他们通过自己的创意、分析、判断、综合、设计给产品带来附加价值。

我国学者王兴成等（1998）则从知识资本理论和人力资本理论的角度出发，认为知识型员工是指从事生产、创造、扩展和应用知识活动，为企业带来资本增值，并以此为职业的人员。

无论何种界定方法，都强调知识型员工从能力上看，知识型员工必须掌握一定的知识；从行为上看，知识型员工能够主动在工作中运用其掌握的知识；在结果上，知识型员工运用知识能够创造财富，实现知识的增值。

（2）知识型员工特征

知识型员工的特征可概括为以下几方面：

1）知识型员工的两重性。知识型员工拥有知识，可以带来资本的增值。因此，他们是资本的拥有者。同时他们又是劳动者，其人性同普通员工没有本质区别。

2）知识型员工具有复杂性。知识型员工的工作过程不是看得见的体力劳动，其生产力指标不是数量。从劳动的形式上看，知识型员工的工作过程无法像非知识型员工那样，可以具体地量化和细化。从工作的结果上来说，知识劳动成果，更多的是一种无法直接衡量的间接财富。

3）知识型员工需求个性化。知识型员工的生存需求及安全需要往往已得到满足，所以在薪酬待遇上不会有太多的要求，因而他们会转向追求更高层次的需求，如对工作自由和发展的追求。

4）工作投入高于组织承诺。知识型员工与普通员工最大的不同是他们拥有巨大的智力资本。这决定了他们在选择上具有了相当程度的主动权，对组织的依赖性明显低于普通员工，相应的流动性也随之增大。

（3）企业在知识型员工的招聘上面临的主要困难

1）新进知识型员工融入企业难。知识型员工作为一个更为复杂的社会人，他们有着更多自己的想法，他们也面临着更多的选择，在忠诚度上也赋予了新的内涵。因此，知识型员工在融入企业文化的环节上，面临着更多的议题。

2）求职更换工作风险逐步降低。对于知识型员工而言，他们现在更多地追求着自我价值的实现，更多关注着自身意愿的达成，因此更换工作的主观意愿会更加强烈。另外，人才稀缺，使人才面临多种流动诱因和流动机会，对于求职者而言，更换工作的风险在逐步降低，而对企业来说，招聘的失败率会进一步上升，招聘所面临的风险也会显著增强。

3）招聘考核方法的相对复杂性。对于知识型员工的招聘，由于他们工作的复杂性，知识结构也具有多样性。因此，在招聘中，我们在面试考核体系的设计上，所采用的技术也应有相对的复杂性，从而较为全面地考察求职者的基本素质，进而发掘适合本企业的潜在员工。

4）知识型员工自身追求多样性。在信息爆炸的知识经济时代，知识更新的速度越来越快，具有竞争意识的知识型员工早已意识到稍不进步就很容易被淘汰，更重视通过工作本身及工作之外的充电获得个人的成长和发展，以赢得终身就业能力。同时，他们更加关注“生活与事业平衡”。由于自身追求的多样性，他们在求职过程中，必然也在不断寻求着这种平衡关系，这就给企业的招聘工作增加了不少困难度。

4. 人员招聘的方法

（1）人员招聘的基本步骤

制订招聘计划。首先必须根据本组织目前的人力资源分布情况及未来某时期内组织目标的变化，分析从何时起本组织将会出现人力资源的缺口，是数量上的缺口，还是层次上需要提升。这些缺口分布在哪些部门，数量分布如何，层次分布是怎样的。根据对未来情况的预测和对目前情况的调查来制订一个完整的招聘计划。拟定招聘的时间、地点、欲招聘人员的类型、数量、条件、具体职位的具体要求、任务以及应聘后的职务标准及薪资等。

1）组建招聘小组。对许多企业，招聘工作是周期性或临时性的工作，因此，应该有专人来负责此项工作，在招聘时成立一个专门的临时招聘小组，该小组一般应由招聘单位的人事主管以及用人部门的相关人员组成。专业技术人员的招聘还必须由有关专家参加，是招聘高级管理人才，一般还应有经济管理等相关方面的专家参加，以保证全面而科学地考察应聘人员的综合素质及专项素质。招聘工作开始前应对有关人员进行培训，使其掌握政策、标准，并明确职责分工，协同工作。

2）确立招聘渠道，发布招聘信息。根据欲招聘人员的类别、层次以及数量，确定相应的招聘渠道。一般可以通过有关媒介（如专业报刊、电台、电视、大众报刊）发布招聘信息，或去人才交流机构招聘，或者直接到大中专院校招聘应届毕业生。

3）甄别录用。一般的筛选录用过程是：根据招聘要求，审核应聘者的有关材料，根据从应聘材料中获得的初步信息安排各种测试，包括笔试、面试、心理测试等，最后经高级主管面试合格，办理录用手续。在一些高级人员的招聘过程中，往往还要对应聘者进行个性特征、心理健康水平以及管理能力、计算机水平模拟测试等。

4）工作评估。人员招聘进来以后，应对整个招聘工作进行检查、评估，以便及时总结经验，纠正不足。评估结果要形成文字材料，供下次参考。此外，在新录用人员试用一段时间后，要调查其工作绩效，将实际工作表现与招聘时对其能力所做的测试结果做比较，确定相关程度，以判断招聘过程中所使用的测试方法的可信度和有效度，为测试方法的选择和评价提供科学的依据。

（2）招聘的原则

1）公开招聘。将招聘单位、招聘种类、招聘条件、招聘数量、招聘方法、时间地点等通过登报或其他方式公布于众，这样一方面可以将录用工作置于公开监督之下，以防止不正之风；另一方面也可以吸引广大应聘者，形成竞争局面，有利于找到高素质的人才。

2）全面考核。要对应聘者的德、智、能、体等各个方面进行综合考察和测试。劳动者的德决定劳动者的智能的使用方向。智，是指一个人的知识和智慧；能，是指一个人的技能和能力。对智、能的考核，不仅是对知识的测试，还包括智慧、技能、能力和人格等各方面的测试。体，是指身体素质。体质是劳动者智、能得以发挥的生理基础，对“体”的考核，是其他一切考核的前提。如果没有一个健康的身体，有再高的智、能也不能胜任工作。

3）择优录用。根据应聘者的考核成绩，从中选择优秀者录用。择优录用的依据是对应聘者的全面考核的结论和录用标准。是否做到择优录用，是人员招聘成败的关键。

4）双向选择。企业根据自己的各种职务的需要选择优秀者，同时劳动者也可以根据自己的条件自主地选择职业，在招聘过程中，招聘者不能以主观意志为转移，只考虑自身一个方面的需要去选择，更要考虑所需人员的要求，创造条件吸引他们，使他们愿意为本企业工作。

5）效率优先。以尽可能少的招聘成本录用到合适的人员，选择最合适的招聘渠道和科学合理的考核方法，在保证所聘人员质量的基础上节约招聘费用，避免长期职位空缺而造成的损失。

5. 人员招聘的渠道

随着竞争的加剧，企业一方面为了提升自身的竞争能力，另一方面对自身人员因为各种原因流失率据高不下的问题，对于人才的需求已经到了如饥似渴的地步。招聘对于每个企业来说都是家常便饭，也是企业的高层们最为关心的一件事。在茫茫人海中大浪淘沙，招聘到精明强干而又合适企业发展的精英，已经完成了企业发展计划里的关键一步。那么，企业应该怎样去招聘？通过什么样的方式才能招聘到建筑企业需求的精英呢？

（1）中介机构推荐

为各个企业提供招聘等相关人力资源服务的中介机构，就是我们常说的猎头公司，作为一个国外衍生的新生物，猎头公司近年来广泛被国外的企业所沿用，也被部分大型国内企业所接受。国内早期发展起来的一些人力资源中介机构也逐渐向猎头公司转形。

1）优点：猎头公司作为一种专业的人力资源中介机构，具有着广泛人才搜索网络，它会根据企业所需人才的职业和职位的不同，为企业推荐不同的人才。在推荐的同时，猎头公司会帮助企业对推荐的人才进行初步的资质审查，技术技能的评测。由猎头公司来推荐人才，具有效率高、招聘有的放矢、节省人力的优点。在人员的从业素质、职业道德上也有一定的保证。

2）缺点：通过猎头公司进行招聘的一个最大的缺点就是成本过高。中介成功后，猎头公司一般收取企业的中介费用一般为中介成功的人员年薪的 30%～50%，职位较高或者稀缺型的人才中介成功甚至会收企业中介成功的人员一年的年薪。利用猎头公司进行的招聘还有着企业本身缺乏人员储备的弊端。

3）适合招聘人员：企业中高层管理人员及部分要求较高的基层管理人员如总工程师、项目经理、生产副经理等。

（2）媒体公开招聘

最常见的媒体公开招聘的方式就是报纸招聘，各大报纸周六、周日都会推出整版的招聘广告，所以在大城市里，从周一到周三，拿着报纸找工作的人也成了一道特别的风景。招聘广告的费用依据报纸在当地的地位和发行量而有所不同，按照省会城市八开版面的主流报纸的 1/4 版面来计算，费用大概在 5 000～15 000 元不等。其他的媒体公开招聘还包括电视、电台广告，不过这些方式用的都比较少。

1）优点：利用媒体公开招聘的方式进行的招聘，可以获得大量的人才信息，企业可选的余地较大。媒体公开招聘也会吸引到平均素质较高的人才前来。同时在媒体上公开人才招聘信息时，出色的表现形式也无疑为企业本身做了一次广告。

2）缺点：由于媒介费用日益提高，所以通过媒体的公开招聘费用相对较大。不管招聘的形式是投递简历，还是应聘者本人前来面试，都会在短时间内给企业的招聘者们带来很大的工作量，造成很大的工作压力。如果这个招聘是在企业本部进行，这种招聘形式还容易给现在的团队形成一定压力，造成团队情绪波动，带来一定的不稳定性。

3）适合招聘人员：中基层现场施工管理人员及部分要求较高的现场技术人员如工程部长、施工队长、计划经营部主管、财务主管等。

（3）招聘会现场招聘

现场招聘会是一个最现实最热烈的招聘方式，现在每逢周末举行的大型招聘会更是吸引着大批求职者趋之若鹜。参加的方式也很简单，招聘的企业只需要提供企业的相关证件，交纳各项费用，然后将自己招聘的要求提供给招聘会的主办方，就可以在招聘的时间里坐等求职者上门了，看着他们的简历，对他们本人现场进行审查和评测。

1）优点：现场招聘会比较直观，可以见到应聘者本人，通过交流也可以了解应聘者本人的一些相关的信息，现场进行选拔。由于参加的招聘会的人员较多，可选择的余地也较大。

2）缺点：现场招聘由于时间较短，不能当场对应聘者进行详细的审查和评测，还需要进行面试或者笔试的环节。由于现场招聘者个人的因素（现场招聘人员往往是秘书或者助理），也容易造成对应聘人员的把握不准，造成真正优秀人员的流失。现场应聘人员一般以刚毕业的学生居多，从业经验缺乏，平均素质也不会太高。

3）适合招聘人员：基层管理人员及项目部施工人员如技术员、安全员、测量员等。

（4）互联网人才库搜索

互联网时代的到来，为信息的传播提供了一个全新的平台。很多大的网站和专业的人力资源网站上都提供免费的刊登个人求职信息的服务，这为大批的求职者提供了一个良机。而招聘的企业，只需要支付较低的费用，甚至不需要支付费用，就可以上网浏览成千上万求职者的信息。

1）优点：利用互联网人才库选拔人才，获得的信息量较大，可选择的面也很广，由于网络的发达，对求职者按照行业、职位、专业进行了有机的分类，所以招聘的企业也能对号入座，寻求自己需要的人才。

2）缺点：信息量大的同时也意味着招聘者的工作量大，招聘者想要从成千上万的求职者信息中搜索出合适的人选，需要大量的时间。每个求职者为了找到一份好工作，都想通过网上的简历尽量把自己包装得完美一些，这样难免就有夸张的成分包含在其中，这就给招聘者全面认识应聘者造成了一定的困难。

3）适合招聘人员：中基层的管理人员及基层人员，如生产经理、技术主管、测量主管、安全主管等。

（5）社会公共部门的推荐

这里的社会公共部门指由政府主办的社会就业中心，各个大学或者专科学校的就业辅导中心。社会就业中心永远挤满了来找工作的人，政府为了解决就业问题非常欢迎企业去选择他们的人员。各个大学或者专科学校的就业辅导中心也非常乐意为他们的毕业生提供就业的机会，学校同样面临竞争，毕业生就业的机会高了，也会吸引更多的新生入学，所以他们更欢迎企业来选拔他们的人员。

1）优点：社会公共部门推荐的招聘成本较低，选择的余地较大，所招聘的人要么出于生活的压力，要么刚从学校毕业，冲劲十足，在就业压力较大的情况下，他们一般也比较珍惜任何工作机会，稳定性较高。

2）缺点：由社会公共部门提供的人选存在从业能力的问题。由政府主办的社会就业中心推荐的人员，要么年龄较大，要么就是因为专业技能较差而失业，这部分人存在的问题是从业基本素质较差的问题。而从各个大学和专科学校的就业辅导中心招聘来的人员，都是刚刚毕业的学生，只有书本上的理论知识，要将理论转化为实践，也同样需要时间。招聘了这样的人员，需要付出大量的成本去进行培养和教育。

3）适合招聘人员：基层施工人员及项目辅助人员如技术员、安全员、调度员、出纳员、驾驶员等。

（6）内部选拔

内部选拔就是在招聘时将目光投向企业内部，在企业内部各个部门的员工中进行挑选，或者将同一个部门的员工提升到较高的职位，或者将不同部门的员工换到另外一个部门工作。

1）优点：内部选拔这种招聘形式，其优点在于成本较低，选拔出的人员对企业的产品和企业文化都已经驾轻就熟，不存在融入问题，忠诚度较高，而且对企业内部人员的激励有很大的正面作用。

2）缺点：内部选拔虽然成本较低，但是同样存在着过程比较漫长的弊端，一个内部员工的提升或者更换部门，需要经过无数次的审查和讨论，经过谨慎的考核才能最终实现，这个过程是需要一定时间的。另外，内部选拔以后，获得提升的人员在提升以后，同样会给原来的岗位留下一个空缺，同样还得历经招聘的过程。还有一个不可忽视的问题，那就是如果在同一部门获得提升和获得提升的人员原来同样级别的人员在产生期望的同时，也会存在心理的短暂失衡，不排除个别人员会有过激行为。

3）适合招聘人员：

中基层管理人员及项目施工管理人员，如生产副经理、安全副经理、技术主管、技术部长、工区长等。

（7）推荐

这里的推荐指的是经过企业内部的人员或者和企业存在联系的外部人员推荐的合适的人员。

1）优点：通过企业内部或者外部推荐这种方式的招聘形式是小规模招聘常见的一种形式，它的好处在于成本较低，节奏较快，推荐者一般比较熟悉招聘企业的产品和文化，所以在推荐人员时也会有的放矢，所推荐的人员基本具有同业的操作经验，所服务过的企业和招聘企业在文化方面也存在大同小异，经推荐招聘到的人员工作上手较快，由于和推荐人本身存在一定关系，融入团队的速度也会较快。

2）缺点：通过内部人员或者外部人员推荐来招聘，可选择的面较小，由于是经过内部人员或者外部人员的推荐，所以招聘者在审查方面或多或少会有些松懈，造成所招聘人员素质参差不齐。这种招聘形式还存在另一个较大的弊端，内部人员推荐所招聘来的人员往往容易和推荐者形成“小团队”，而外部人员推荐所招聘来的人员也会因为千丝万缕的关系，给以后的管理工作造成困难。

3）适合招聘人员：公司急需的一些基层人员，如技术员、司机、厨师、技术工人、测量专业人士等。

企业的高层们要意识到，招聘并不是一成不变的，招聘虽然有很多种途径，但是每一种途径都存在着一定的优缺点，每一种途径都适合招聘不同层次的销售人员。企业在招聘销售人员的时候，必须根据所招聘人员的不同，根据企业本身，参照各个招聘途径的优缺点来选择不同的招聘途径，一种或者多种组合使用，经过多方位考察和评测，才能招聘到合适的人员。

6. 企业人员内部流动管理及流出管理

（1）员工内部流动管理

员工进入组织后，他们就有可能在组织内部流动，如员工职位调整（调动）、岗位轮换、晋升、降职等，以适合组织的工作需要和满足个人的职业愿望。

1）员工职位调整（调动）。员工职位调整，即平级调动，是指平级变动组织内部员工的工作岗位或工作现场。员工职位调整是组织根据实际需要，调剂各岗位员工的余缺，将员工从原来职位上调离去担任新的职位。

2）职务（岗位）轮换。职务（岗位）轮换，已形成一种制度，是组织有计划地按照大体确定的期限，让员工轮换担任若干种不同工作的做法，从而达到考察员工工作的适应性和开发员工多种能力的双重目的。

3）晋升。晋升是指员工由于工作业绩出色和组织工作的需要，由原来的职位上升到另一个较高的职位。对员工来说晋升是一种成就，是一种激励，但不当的晋升，会挫伤一部分员工的积极性，成为企业管理层与员工之间矛盾的根源。

4）降职。降职是员工在组织中工作向低级职位调动。降职是一种带有惩处性质的管理行为，处理这种问题一定要慎重。在采取降职措施时应该征求当事人的意见，并努力维护当事人的自尊心，说明当事人对组织的价值，使其保持一种积极心态。

（2）员工流出管理

1）解雇（辞退）、开除。解雇（辞退）是指由于组织要减少劳动力的数量，或者在某种情况下由于员工个人方面的原因引起的组织解聘决定。开除一般是指由于员工个人方面的原因，如违反规定、旷工或不服从管理等而引起的解聘（开除）。

2）提前退休。提前退休是指员工没有达到国家法定退休年龄或企业规定的服务期限之前就退休。提前退休常常是由企业提出来的，以提高企业的效率，或为了给年轻的员工打开晋升的途径，也可以为企业面临大量裁员抉择时缓解裁员压力。

3）自愿流出。自愿流出即员工个人向组织提出辞职。由于企业不希望辞职的员工自愿流出，因为这种员工的自愿流出会给企业带来损失，这又称为员工流失，其表现形式是员工自动辞职，员工主动要求脱离现任职位，与组织解除劳动合同，退出组织的工作。如果一个组织很多高素质、有竞争力的员工要离开，这会给这个组织带来严重的损失，因此组织要设法加以控制以留住人才。

第二节　人员培训

一、培训需求分析与计划

1. 员工培训的概念

员工培训的概念有广义和狭义之分。广义的员工培训包括训练和教育两个方面，要使员工“知其行”，而且要使员工“知其能”，让员工充分发挥潜力以展示其才能的过程。狭义的员工培训是指员工的工作训练，是指员工“知其行”的过程，根据岗位需求掌握相关技能的过程。

有许多关于培训概念的定义，让员工接受企业培训计划，是对员工在工作业务、技能、解决问题的方法以及提供信息、思路和相关的技能方面，协助其提高业务效率的一个过程，从不同的角度讲，这是对员工授教的一种方式。培训的主要目的是让员工掌握各项培训科目和各项培训课题中一些知识点、技术指导和行为方式，增强他们的实用性，对于工作的务实技能，让他们学以致用。在某种方面讲，培训的重点是指导员工如何操作相关业务技能，但是培训对于一个组织和组织成员的发展都是有必要的。

（1）员工培训的理论

将培训作为科学研究的课题，首先是在心理学和科学管理范畴。随后，培训理论随着管理科学理论的发展，历经传统理论时期（1900—1930 年）、行为科学理论时期（1930—1960 年）、系统理论时期（1960—1990 年）3 个发展阶段，1990 年以后并无固定模式理论，但培训重点在于员工技能多样化及组织学习与发展。

每个时期都会形成不同的一些相关的培训理论，当前相关的培训理论资源丰富，这里介绍几种对员工培训影响较大的理论：

1）知识半衰理论。在学校学的知识是常规教育，是原有知识的积累，毕业后若不再继续接受教育，一个人的知识就会逐渐衰减。这是基于继续教育重要性提出的，继续教育认为一个人的知识有一个衰减期。

2）人力资本理论。美国经济学家舒尔茨认为：人的知识和技能的提高对经济发展的影响与土地、资本等占有量的增加具有同等的功能。在人力资本理论中，与企业员工培训相联系的重要概念是人力资本投资，企业员工培训是人力资本投资的一种重要形式。

3）终身教育培训理论。美国的伦纳德・R. 赛利斯和乔治・斯特劳斯在其合著的《人力资源管理》一书中论述了持续培训问题认为；新问题、新工序、新设备、新知识、新工作都在不断地创造着培训员工的需要。因此管理者应把培训当作一个不间断的持续的过程，而不是一种短期行为。

4）学习型组织理论。学习型组织是近年来流行的一种比较新的观念。按照彼德・圣吉在其代表作《第五项修炼》所表达的观点，学习型组织的真谛在于能有一个富有前瞻性的远景。他认为学习型组织是可行的，因为学习是人类的本性。

（2）员工培训的类型和重要性

企业员工培训主要分为 4 个种类型：

1）在职培训。在职培训是岗位工作时同时接受企业制订的计划培训，让员工拥有完成岗位工作的相关知识、技术和工作态度。

2）脱产培训。培训员工是现代企业需要满足企业活动中各个相关岗位上的需求，也是企业长远发展的要求。大多数时候，培训员工需要一定的时间来完成，也需要借助外部的相关专业资源来辅导实现，所以员工也须通过脱产的方式来参加相关的培训。

3）实践培训。任何的理论学习需要通过实践来实现。所以，培训也需要在一些相关的实践基础上操作学习，把学习的理论运用到实际的操作中去，这是企业人力培育、技术开发和创新不能缺少的过程。

4）自学成才。员工自身有发展期望和需求，他们通过企业的培训和相关专业的教育，完成不了企业员工的所有教学，企业员工要通过自学的方式，学会专业的知识和技术，实现自我人生价值。

2. 员工培训管理问题

劳务公司需要建立一些培训制度，完成系统的培训工作流程，企业员工的培训工作一般流程如图 7-2 所示。

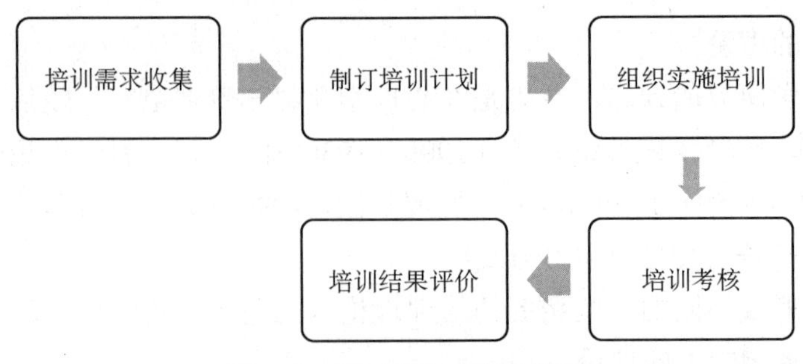

图 7-2　培训工作一般流程图

流程中重要的是评估培训效果，包括培训效果信息反馈对培训需求的把握程度，培训都是为公司培养对口专业的人才。评价培训是指整理整个培训的结果能否达到有效预期。培训结果的评价是培训业务中的重要程序，整套的培训体系的成功是需要依靠科学的考究、论证和评价的。

从公司培训各个工作流程来看，主要还是在规划培训计划，但是应加强对培训过程的监督与培训结果的评估应用，对培训需求的确定形成有效的信息闭环。公司要注重对培训效果的考察，员工培训后，公司人事部门要对员工培训效果和讲师培训效果进行测评，促使员工重视培训，使员工在技能和素质上有所提高，这样对企业的发展大有裨益。传统的员工培训当中还存在下类问题：

（1）培训需求不全面，缺乏对员工的职业前景规划

公司理应在员工培训方面更多地注重对员工的职业生涯规划，但在调查中却发现：公司的培训大部分是与员工脱节，没有理解员工的培训真实需求，没有将企业的培训制度及培训目的完全地向员工宣讲等，提不起员工对培训的兴趣。员工不仅是企业的劳动力，还是企业的细胞，对企业来说同样是投资的一部分，也是使企业增值的一部分。对员工的培训不能单调地限于岗位技能的培训，更重要的是要让每一个员工参与公司的发展、分享企业发展带来的影响、彼此之间形成共赢。而公司的培训上出现的问题也恰恰是公司人才战略发展的核心问题，即如何做好人才的投资。作为企业，本人认为公司的投资应该有两个方面，一方面是对产品研发的投资；另一方面是对人才引进、吸收、培养的投资。产品投资形成的是产值，而人才的投资形成的是产能。所以人才的培养不能期望一蹴而就、一劳永逸，而应该持续不断，它需要企业形成一系列的制度和方案来完成，也即是我们所说的职业生涯规划。公司在培训上忽视了受训员工，员工也就不可能为公司承担更重要的责任，员工也就无法真正的成长，公司也就无法得到质的转变。

（2）培训方式单一

公司培训方面重视形式，对培训目标的实现和效果，以及培训与企业发展规划没有紧紧相扣。新聘职工经入职前培训后了解了企业的基本情况，对基本管理制度与员工福利等细节不明确。而对入职后的培训基本不重视，所有的理论培训是统一进行，与实践操作和现实状况结合不紧密，而实际操作采用师傅带徒弟方式，师傅水平参差不齐，对培训落实的是否到位则无法有效地去监督。

（3）员工参与意识不强

企业核心资源是人才。企业迅速的发展，对员工的素质与职业技能要求越来越高，不适应企业发展的需要，企业发展了，员工还在原地踏步，这就会导致员工会面临被企业淘汰的风险。而培训作为再教育的一种重要补充，在提升员工素质与技能上有着不可替代的作用。

但在公司实际培训管理过程中，员工真正的培训需求未得到有效的调查分析，针对计时员工和计件员工培训时间安排的不合理，培训内容针对性不强，过于冗长等，以及没有进行控制或不能实现有效的信息反馈来进行纠偏，因而培训工作显得放任自流，没有及时调整培训效果。培训结束后，培训效果评估采用简单方式进行，一般是写书面的心得体会，而对培训内容是否应用于实际工作没有量化的考核规定，主要依赖于管理员工的主观评价，因此受训后大家都没有压力，那也就不会有改善与提高的动力，所以大部员工没有主动接受培训的意识，导致一部分员工不居安思危、缺乏危机感。

3. 员工培训管理的改进

（1）培训事务流程的完善和培训效果评估的增强

公司的培训流程比较粗放，如图 7-2 所示，这与企业创立之初的情况有一定关系，信息输入不完整的培训需求，未能及时反馈的培训效果，所以就造成了培训与企业发展战略的脱轨。结合以上相关的分析，必须改进公司的培训管理工作流程。

改进后的公司培训管理工作流程如图 7-3 所示。

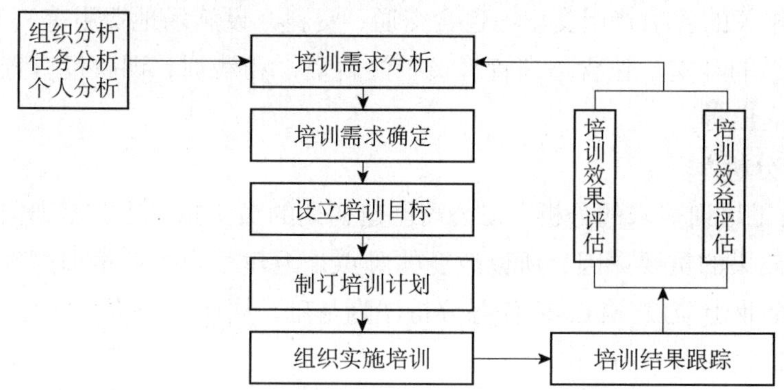

图 7-3　改进后的公司培训管理工作流程

在培训工作流程中，明确了培训的任务、组织和个人需求信息输入，将组织的战略目标与员工培训目标结合起来，将组织绩效提升与培训目标相结合，主要体现部门在培训管理中的职能，同时要求培训结果跟踪与效果评估、培训效益评估反馈信息对培训目标的更正和改进，让培训管理工作变成一个有效的循环体系。

培训其实就是一种投资行为，投资就需要评估投资的回报情况。要确保企业培训的有效性，就必须对培训的整个过程进行监督与控制。公司的培训评估从培训管理的全过程应该让管理者来审核各个工作的每个结果和报告，包含培训资源利用的有效性、需求分析过程、培训计划、目标设定的可行性、培训组织与实施、培训效果的反馈等，通过这些全方面的审核，培训管理就能吸取经验与教训。同时公司在原有制度的基础上制定《员工培训管理程序》，用于规范培训过程，提高员工综合素质，鼓励员工养成学习习惯，对所有一线员工提供适当的培训机会，以确保其符合岗位技能要求并胜任本职工作。

（2）公司对培训成果进行评价的增强

1）参加培训员工的意见反馈。接受培训的员工在培训过程中对培训的一些反应，包括对培训方式是否有效、培训目标是否适用、培训内容、培训讲师的授课质量等进行评价，所以公司通常在培训完成时，都会用一些问卷方式对所有参加培训的员工进行调查，考虑是主观上的意见，通过对大多数接受培训员工的评价来对培训结果进行评估。

2）培训之后的测试。一般在理论性专业的培训时使用，所以使用试卷的方式进行评估接受培训员工了解、掌握的知识情况，对接受培训员工的学习情况进行直观的评价。还有，在实际操作或相关技能培训中也经常会使用到，在相关的培训完成后，设置相关的测试题，马上进行现场操作的测试，以测定接受培训的员工对技能的熟悉程度。

3）评估员工接受培训后的行为改变。培训完成后需要通过持续一定时间的跟踪，公司培训相关负责人整理包括操作技能的熟练程度、解决问题的能力、工作态度、工作行为规范性等情况，整合比较培训前的情况，剖析有没有相关的变化，变化的产生是不是由培训后导致的。这样的过程相对比较复杂，有较长的信息整理与追踪流程。

4）公司培训投资回报率的评估，也就是培训收益与培训成本的对比。培训收益是企业通过培训得到的价值，具体可以用产品质量的改进、成本降低、利润增长、生产效率的提高等来判断。培训成本包含直接成本与间接成本，直接成本是参与培训课目员工的薪资和相关福利的支出，培训相关的各项费用支出（包含交通、资料、设施场地费用等）。间接成本是与培训不发生直接关系的开支，包含培训管理员工的薪资，和培训、课程没有直接关系的相关办公、交通费用的支出等。

4. 培训需求分析

1）应做好员工培训需求的分析：在公司创建初期的员工指导上，培训需求欠缺是影响公司后期发展培训效果的重要原因、所以改变的重点是组建适合企业培训管理体系的运作培训需求分析模式。企业由绩效分析、或任务分析法为基础，从任务分析、个人分析和组织分析3个方面来确定培训需求分析方法：

①组织层次：根据公司战略所需人才资源的要求，采用组织绩效评价与观察法、问卷调查等方法进行分析创新改进。

②任务层次：根据岗位工作要求、技能要求、素质要求，采用工作岗位分析法，任务和绩效分析法进行分析创新改进。

③个人层次：根据员工个人技能水平、工作状况、知识渴望和发展期望，针对个人交谈、抽样调查、问卷调查等方法进行分析创新改进。

2）应做好员工职业生涯的规划：实际上激励机制是员工职业生涯管理中常常用到的管理方式，来实现公司目标和个人发展相结合。 因此培训的任务不单纯是解决公司需求、公司目标、公司发展战略规划，也同样是需要考虑个人需求、个人发展、个人职业生涯规划。 在实现公司目标的同时应尽可能地实现员工的个人发展，从源头上激励员工是对公司培训体系的进一步补充和完善。所以，本人认为企业的成功应该是企业培训与员工职业生涯规划相关联的，应该注重对员工的培养，完善职业规划制度，让员工自我提升搭建平台和创造机会，纵使员工具备较强的就业能力。在职业生涯规划方面个人认为公司可以主要从员工入职员工培训、试用期考核、正式员工、员工发展培训、薪酬调整、员工晋升培训、管理者培训等方面入手。处在不同阶段的员工知识技能发展到一定程度时就会需要更多的成长平台，如果公司不能及时给予员工相应的岗位、薪酬提升空间，对公司的绝对忠诚让员工就很难形成。所以企业不仅要为员工提供与其工作业绩相配的薪酬，还要充分了解员工的个人心理要求与对未来发展的期望，并为其提供与其相符的发展渠道，只有员工清楚地意识到自己在组织中发展的可能，他的个人才能才有动力为企业做出自己的贡献，保持与公司长期合作、共同存亡的关系，只有这样才能对公司的培训投资带来高的回报。

5. 提高员工的参与意识

针对员工参与意识不强的问题，首先，在培训前做好调查分析，见表 7-1。充分了解员工所需的培训，然后结公司实际制订培训计划，实现公司与员工需求的平衡。员工的培训应该避免安排在休息时间进行，不占用员工的休息时间，对培训时间作出规定，分步、分时进行；针对计件员工培训前优化培训内容，减少培训时间，从而避免员工的抵触情绪，提高参与的积极性。

表 7-1　公司培训需求调查表

序号	希望培训的内容或需求	培训对象	计划培训时间	培训师资（建议）	培训方式（建议）	培训课时（大约）	其他说明
1							
2							
3							
4							
5							
6							
7							
8							
说明							

编制：　　　　　　　　分管副总审批：　　　　　　　　年　　月　　日

其次，公司通过绩效考核与激励两种方案来改善。将培训与绩效考核挂钩，针对培训内容是否应用于实际工作中，不但依赖于管理员工的主观评价，还应确定考核规定，进而提高职工的积极性；在培训管理的实践过程中，公司要不断更新相关的培训管理激励制度并加以完善，以保障培训工作的正常化进行。在企业在职培训，企业应加强支持力度，并制定一套相关的自学自考的相关管理办法，鼓励员工不断的学习新知识，传达学习无止境的学习理念。

具体到实际操作，公司在培训考核结束后，主办部门或讲师将评定出的受训人员的成绩，登记于“培训考核成绩单”，连同试卷交人事办公室，人事办公室将受训人员的成绩记录到“员工培训档案”中，作为员工个人档案资料保存，并作为员工调薪、晋升、年终考评的重要参考依据。对于不遵守培训纪律的按照公司《会议管理制度》执行，对于内部培训考核不合格的可由人力资源部提出进行一定处罚，对于同一培训多次考核不合格的，考虑调离当前岗位。从而在多个方面督促员工积极参与培训。

6. 搞好公司员工培训工作的重要意义

随着经济市场的快速发展，我国企业面临的生存竞争问题愈加激烈，企业之间的竞争、生存更多体现在企业对资源的利用和有效拥有上，重点还是人才资源。企业要想在市场竞争中赢得优势或者说生存之道，获得生存权，最为关键的一点是必须吸引并培养一支高、尖、精都具备的高素质精干的人才队伍。企业员工培训管理对企业的发展正发挥着极其重要的作用。

有效的培训活动不是一个孤立的过程，它需要企业各种资源与管理活动的有效配合。企业要做好培训管理工作，必须先深入了解企业各岗位职责，了解不同层次的员工以及他们对学习和努力的方向，通过前期的摸排统计分析，制订合理的培训前期计划和到培训后期的考核。在企业员工的培训管理过程中，要总结每一个阶段的培训状况，分析培训过程中出现的问题，及时改进和转换，把培训的结果用于下一个阶段的指导基础，把培训的反馈信息整理分析，用作于培训师资队伍建设发展的学习资源。结合企业现在发展中的生产技术进步情况，制定培训持续改进、考核绩效和目标、形成培训教材的编写，充裕培训方式；在培训实施的过程中要合理地安排接受培训员工的工作生活要求，采用灵活安排，不挤压时间，不强迫的培训方式，培养员工参与培训的积极性；同时，领导管理者要率先做出支持姿态，把所有培训的计划严格执行到位。同时要加强培训场地的提供，外送培训计划，增加培训费用计划，并将其作为员工的一项福利。

总之，对培训工作要放在企业管理中不能放松的一项目标，让它开成一个完整闭环的管理体系，来支撑企业人力资源的深度挖掘和调度，使整个公司形成学无止境的学习氛围，能过培训来提升企业员工的综合素质并持续提升，以保证员工与企业的协同发展。

通过对公司培训管理分析和研究，完善企业员工培训管理可以从以下 3 点出发：

①建立完善的培训制度，是培训管理工作的基础；

②重视培训需求分析过程，并运用多种方法，是保证培训目标实现的基础；

③有效的培训效果评估，是培训管理不断深化与改进的依据。

二、培训的形式与内容

使用不同形式的培训，可以提高员工参与的兴致和兴趣，提供丰富和极其务实的经验手段，进而提升培训效果。劳务公司可以采用下列培训方式：

1）集中授课：公司有大量员工需要参加学习的，愿意参加学习的，以统一开班的讲课形式开展，制定详细的学习内容和规定的学习时间；如针对新聘员工主要安排的培训内容为公司发展目标、企业文化、经营理念、管理制度、安全教育的企业精神培养和团队精神、协作精神的培养等，针对公司已转正的员工以及一些老员工、骨干员工，进行不定期的关于公司质量方针和质量目标内涵、ISO 9000质量管理体系标准知识、建筑安全管理知识、电工知识、防爆基础知识等专业知识的培训，相关的培训由公司人事办公室根据新进人员情况和年度培训计划统一制定相关的组织细则并实施。

2）技术讲座：结合每月的施工质量分析会，结合公司生产中关键问题，新工艺、新设备的应用，针对使用过程中出现的薄弱环节不定期进行技术讲座，组织相关员工参加培训，此类培训一般由技术部长、施工队长等组织进行，参加人员为该生产过程班组员工、技术员、检验员等人员。

3）开展TQC活动：TQC是英文Total Quality Control（Total Quality Management）的缩写，意思是全面质量管理。在公司内部，由技术人员参与指导，主要发动公司一线生产员工参加，让其在探讨中加深对理论的学习，培养员工的学习思考能力，在对生产过程提高效率、产品质量改进和生产工艺改进等进行实践，由技术人员协助其进行活动总结，提炼出适合推广或应用的成果，经公司进行技术评价和审核后，公司给予表彰和适度的奖励，鼓励员工在岗培训活动中深化岗位职能和技能的学习。

4）继续教育：公司为考虑提升整体员工的综合素质，提高公司管理业务水平，鼓励员工参加技能提升教育、继续教育，针对参加专业技能教育并取得相关国家级证书的，和人数比较多的继续教育项目由公司出面与相关单位对接，极大地提高了员工继续教育的积极性，实现了员工自身素质提高和公司发展的双赢。

三、培训过程、评估管理与总结

1. 落实劳务培训师资、教材、场地、资金

（1）师资

培训教师的选择是培训实施的过程中一项重要内容，教师选择的恰当与否对整个培训活动的效果和质量都有着直接的影响，优秀的教师往往可以使培训更加富有成效。

教师的来源一般来说有两个渠道：一个是外部渠道；另一个是内部渠道。从这两个渠道选择教师各有利弊。

①外部渠道：

a. 较专业，具有丰富的培训经验，但费用较高；

b. 没有什么束缚，可以带来新的观点和理念，但对企业和员工情况不了解，培训的内容可能不实用，针对性不强；

c. 与企业没有直接关系，员工比较容易接受，责任心可能不强。

②内部渠道：

a. 对企业情况比较了解，培训具有针对性，但可能缺乏培训经验；

b. 责任心比较强，费用较低，但受企业现有状况的影响比较大，思路可能没有创新；

c. 可以与受训人员进行很好的交流，但员工对教师的接受程度可能比较低。

（2）教材

为了便于受训人员学习，一般都要将培训的内容编辑成教材，培训的内容不同，教材的形式也就不同。一些基础性的培训可以使用公开出售的教材，而那些特殊性的培训则要专门

编写教材，教材可以由企业自行编写，也可以由培训教师提供，但无论教材的形式如何，都要紧紧围绕培训的内容。

（3）场地

培训场地的选择要根据参加培训的人数、培训的形式来确定，如果采取授课法，就应当在教室或者会议室等有桌椅的地方进行，便于受训人员进行相关记录，如果采用讨论法，就采用“圆桌形式”的教室布局；而如果是实操法教学或者游戏法教学，就要选择有一定活动空间的地方。此外，培训地点的选择，还应当考虑培训的人数、培训的成本等因素，另外，还应考虑教师授课过程中是否需要投影、白板等设施，准备好相应的位置存放。

（4）资金

培训资金又称培训经费，是进行培训的物质基础，是培训工作所必须具备的场所、设施、教师配备等费用的资金保证。能否确保培训经费和能否合理地分配及使用经费，关系到培训的规模、水平及程度，还关系培训者与培训对象能否有很好的心态来对待培训。

1）培训成本的核算。培训成本即企业在员工培训过程中所发生的一切费用，包括培训之前的准备工作，培训的实施过程，以及培训结束后的效果评估等各项活动的各种费用。

培训成本项目的核算有两种：

①利用会计方法计算培训成本。主要是按照一定的成本科目进行统计计算。目前使用较多的是下列几种项目统计计算培训成本：

a. 培训项目开发或购买成本；

b. 培训教师的课酬、交通费、食宿费等费用；

c. 培训对象交通及住宿等方面的成本；

d. 设备、设施等硬件的使用成本；

e. 向培训教师和培训对象提供的培训材料成本；

f. 教学辅助人员、管理人员的工资；

g. 培训对象学习期间的工资，因参加培训而损失的生产率或发生的替代成本。

②利用资源需求模型计算培训成本。资源需求模型是从培训项目开始的准备阶段一直到项目全部终止，按照培训项目设计成本、培训项目实施成本、培训项目需求分析评估成本、培训项目成果的跟踪调查以及效果评估成本等科目进行成本的核算。总之，资源需求模型的方法核算培训成本，有利于分析不同阶段所需设备、设施、人员和材料的成本支出情况；有助于分析不同培训项目成本的总体差异，为科学合理地选择培训项目提供依据；有利于对比不同培训项目成本的总体差异。为科学合理地选择培训项目提供依据；有利于对比不同培训项目的不同阶段发生的费用以突出重点问题，对成本实施有效的监控。

2）培训资金的来源。

建筑业务工人员教育培训资金应建立多层次、多渠道经费分担机制，确保培训工作顺利开展。按照国家关于教育培训经费管理的有关规定和建筑行业实际情况，对劳务企业管理人员和务工人员开展教育培训工作采取分层次、多渠道分担办法。

①政府出资解决农民工培训经费。广大农民工的普法教育培训，岗位培训主要由政府出

资解决。省（市）建设主管部门每年会拨付一定的费用，组织开展全市农民工的普及培训。

②劳务企业管理人员培训经费由劳务企业和个人承担。对劳务企业经理、施工队长、专业管理人员的岗位资格培训和继续教育，主要由劳务企业或取得岗位资格证书的个人出资解决。

③总包企业开展务工人员培训经费由企业教育经费解决。对总承包企业组织进场务工人员开展的普及培训、现场培训和新工艺、新工法培训由企业从教育经费中解决。

④行业培训经费由行业协会有偿服务解决。对由省（市）建设主管部门委托行业协会开展的全行业统一培训，由行业协会采取合理有偿服务形式解决培训经费来源。

2. 培训效果评估与总结

（1）培训评估的含义

培训的评估就是对员工培训活动的价值做出判断。评估技术通过建立培训效果评估指标及评估体系，对培训是否达到预期目标、培训是否有成效等进行检查与评价，然后把评估结果反馈给相关部门作为下一步培训计划与培训需求分析的依据。

（2）培训评估的内容与作用

培训评估实际上是对有关培训信息进行处理和应用的过程。培训评估意义的体现来自对培训过程的全称评估。全称评估分为 3 个阶段，即培训前的评估、培训中的评估和培训后的评估。

1）培训前评估的内容和作用。评估内容包括培训需求整体评估，培训对象知识、技能和工作态度评估，工作成效及行为评估，培训计划评估等。

2）培训中评估的内容和作用。评估内容包括：培训对象的态度和持久性、培训的时间安排及强度、提供的培训量、培训组织准备工作评估、培训内容和形式的评估、培训教师和培训工作者评估等。

评估的作用包括保证培训活动按照计划进行及培训执行情况的反馈和培训计划的调整；从培训中找出不足，归纳出教训，及时修整等。

3）培训后评估的内容和作用。评估内容包括培训目标达成情况评估，培训效果效益综合评估，培训工作者的工作绩效评估等。

培训评估的作用有助于树立以结果为本的意识及扭转目标错位的现象，是提高培训质量的有效途径。

（3）员工培训评估的基本步骤

1）评估的可行性分析及需求分析。在对培训项目的评估开始之前，要确定评估是否有价值，评估是否有必要进行，这一过程可以有效地防止不必要的浪费。可行性分析包括两方面：一是决定该培训项目是否交由评估者评估；二是了解项目实施的基本情况。两方面内容为以后的评估设计奠定基础。在培训项目开发之前，必须将评估目标确定下来，并需求分析应提供培训项目必须达到的目标，并使这些目标最终得到完善。

2）选定评估的对象。应针对新开发课程的培训需求、课程设计、应用效果等方面，新教师的教学方法、质量等综合能力方面，新的培训方式的课程组织、教材、课程设计等方面进行评估。

3）建立基本的数据库。在进行评估之前，必须将项目执行前后的数据收集齐备。收集的数据最好是多个时段内的数据，以便进行分析比较。

4）选择评估方法。确定培训项目目标之前首先选择评估方法，因为评估方法的选择会影响培训项目目标的制定。只有在确定评估方法的基础上，才能设计出合理的评估方案并选择正确的测量工具，同时对评估的时机和进度做出准确的判断。常用的评估方法有培训前后的测试、学员的反馈意见、对学员进行的培训后跟踪、采取行动计划以及工作的完成情况等。

5）决定评估策略。评估策略决定了与评估有关的谁来评估、在什么地方评估和在什么时候评估的问题。这些关键问题的答案在计划评估时是很重要的，通常应由个人或一个小组负责收集数据比较合适。

6）确定评估目标。培训项目的目标为课程设计者和学员指明了方向；为是否应该实施该培训项目提供了依据。

7）在适当的时候要收集数据，这样可以使评估计划达到预期的效果。

8）对数据进行分析和解释。数据分析有时会有巨大的挑战。当数据收集齐备并达到预先确定的目标以后，接下来的步骤就是对数据进行分析，以及对分析结果进行解释。

9）计算培训项目成本收益。员工培训项目的开展需要投入一定资金，若要考虑培训的经济效益，就要计算投资回报率。

（4）培训总结

培训总结主要以根据实际情况写出公正合理的评估报告为主要形式。评估报告的主要内容如下：

1）导言。说明被评估的培训项目的概况，介绍评估目的和评估性质，撰写者要说明此评估方案实施以前是否做过类似的评估。

2）概述评估实施的过程。

3）阐述评估结果。

4）评估结果和参考意见。

5）附录。包括手机和分析资料用的问卷、部分原始资料等。

6）报告提要。对报告要点的概括，帮助读者迅速掌握报告要点。

第三节　工资总额及个人所得税基本知识

一、工资总额组成

社保机构每年会要求各参保单位申报上年度（自然年度）月平均工资，以此作为社会保险缴费工资，参保单位申报后，实际缴费时还会受到当地社保缴费最低和最高金额的限制。

1. 社会保险缴费基数涉及工资总额统计口径

依据国家统计局有关文件规定，工资总额是指各单位在一定时期内直接支付给本单位全部职工的劳动报酬总额，由计时工资、计件工资、奖金、加班加点工资、特殊情况下支付的工资、津贴和补贴等组成。

国家统计局“关于认真贯彻执行《关于工资总额组成的规定》的通知”（统制字〔1990〕1号）中对工资总额的计算做了明确解释：各单位支付给职工的劳动报酬以及其他根据有关规定支付的工资，无论是计入成本的还是不计入成本的，无论是按国家规定列入计征奖金税项目的还是未列入计征奖金税项目的，均应列入工资总额的计算范围。

2. 参保单位社会保险费缴费基数的组成部分

参保职工个人缴费基数以本人上年度月平均工资收入确定，月平均工资收入按国家统计局规定列入工资总额统计的项目计算。参保单位的缴费基数是本单位参保职工个人缴费基数之和。

依据国家统计局有关文件规定，工资总额是指各单位在一定时期内直接支付给本单位全部职工的劳动报酬总额，包括货币和实物工资。

3. 工资总额用于申报社会保险费缴费基数的组成

根据国家统计局的规定，下列项目作为工资总额统计，在计算缴费基数时作为依据：

1）计时工资，指按计时工资标准和工作时间支付给劳动者个人的劳动报酬。

2）计件工资，指按计件单价支付的劳动报酬。

3）奖金，指支付给职工的超额劳动报酬和增收节支的劳动报酬等。

4）津贴和补贴，指为了补偿职工特殊或额外的劳动消耗和因其他特殊原因支付给职工的各种津贴，以及为了保证职工工资水平不受物价影响而支付给职工的物价补贴。

5）加班加点工资，指对法定节假日和休假日工作的职工以及在正常工作日以外延长工作时间的职工按规定支付的工资。

6）特殊情况下支付的工资，指根据国家法律、法规和政策规定，对劳动者因病、婚、丧、产假、工伤及定期休假等原因职工的工资及附加工资，保留工资等。

7）其他工资，如附加工资、保留工资以及调整工资补发的上一年工资等。

8）特殊项目构成的工资，包括《关于规范社会保险费缴费基数有关问题的通知》（劳社险中心函〔2006〕60号）规定的应计入工资总额的项目。

4. 在计算社会保险费缴费基数时应予剔除的项目

1）根据国务院发布的有关规定发放的创造发明奖、国家“星火奖”、自然科学奖、科学技术进步奖和支付的合理化建议和技术改进奖以及支付给运动员、教练员的奖金。

2）有关劳动保险和职工福利方面的费用。职工保险福利费用包括医疗卫生费、职工死亡丧葬费及抚恤费、职工生活困难补助、文体宣传费、集体福利事业设施费和集体福利事业补贴、探亲路费、计划生育补贴、冬季取暖补贴、防暑降温费、婴幼儿补贴（即托儿补助）、独生子女牛奶补贴、独生子女费、“六一”儿童节给职工的独生子女补贴、工作服洗补费、献血员营养补助及其他保险福利费。

3）劳动保护的各种支出。包括：工作服、手套等劳动保护用品，解毒剂、清凉饮料，以及按照国务院 1963 年 7 月 19 日劳动部等 7 个单位规定的范围对接触有毒物质作业，矽尘作业，放射线作业，潜水、沉箱作业，高温作业 5 类工种所享受的由劳动保护费开支的保健食品待遇。

4）有关离休、退休、退职人员待遇的各项支出。

5）稿费、讲课费及其他专门工作报酬。

6）出差伙食补助费、误餐补助、调动工作的差旅费和安家费。

7）对自带工具、牲畜来企业工作的职工所支付的工具、牲畜等的补偿费用。

8）实行租赁经营单位的承租人的风险性补偿收入。

9）对购买本企业股票和债券的职工所支付的股息（包括股金分红）和利息。

10）劳动合同制职工解除劳动合同时由企业支付的医疗补助费、生活补助费以及一次性支付给职工的经济补偿金。

11）因录用临时工而在工资以外向提供劳动力单位支付的手续费和管理费。

12）支付给家庭工人的加工费和按加工订货办法支付给承包单位的发包费用。

13）支付给参加企业劳动的在校学生的补贴。

14）由单位缴纳的各项社会保险、住房公积金。

15）按照国家政策为职工建立的企业年金和补充医疗保险，其中单位按政策规定比例缴纳部分。

5. 社会保险费缴费基数的特殊情况处理

1）参保职工上一年工资收入的月数不足 12 个月的，其缴费基数按应发放工资的月数计算月平均工资作为缴费基数。

2）参保单位新招职工的缴费基数应按起薪当月（按劳动合同建立的起始月份确定）的工资收入作为缴费基数，起薪当月实际发放工资不满一月的，应当折算成月工资收入作为缴费基数。

3）单位派出的长期脱产学习人员、经批准请长假职工，保留工作关系的，以脱产或请假的上年月平均工资作为缴费工资基数。

4）单位派到境外、国外工作的职工，按本人出境（国）上年在本单位的月平均工资作为缴费基数；次年的缴费基数按上年本单位工资增长率进行调整。

5）失业后再就业的职工，以再就业起薪当月的工资收入作为缴费基数。其中，由原单位重新招回，有上一年度工资收入的，用上一年度的工资收入申报缴费基数。

6）参保职工因借调等原因在 2 个或 2 个以上有隶属关系的单位发放工资的，参保职工应当在劳动关系所在单位申报缴费基数，缴费基数按其本人工资收入合并申报。各单位应分别核算应缴社会保险费，并由参保职工劳动关系所在单位合并扣缴。

7）无法确定缴费基数的，按上年度在岗职工平均工资的 60%确定缴费基数。

二、个人所得税基本知识

1. 2018 年最新个人所得税

国家在 2018 年提高个税起征点，见表 7-2。在目前物价上涨等背景下，是富于民的重要举措。会有更多的中低收入群体被纳入免税范围。只有藏富于民，确保工薪阶层的收入有提高，才能扩大内需、促进消费，促进社会公平，经济发展才会更有动力。个税改革是一项综合系统的改革，重要的是，在种种技术性的层面背后，我国个税改革的方向和趋势正日渐清晰，那就是加强税收调节作用，进一步减轻中低收入者的税收负担。调节贫富差距，而不是增加税收收入；让中低收入阶层受益，而不是使他们成为缴纳个税的主力军，当这些原则得到坚持，我国的个税改革一定能真正发挥调节收入分配的作用，最大限度地返利于民，让更多老百姓受益。新个人所得税率见表 7-2。

表 7-2　个人所得税税率

个人所得税税率计算				
级数	应纳税所得额（含税）	应纳税所得额（不含税）	税率/%	速算扣除数
1	不超过 3 000 元的部分	不超过 2 910 元的部分	3	0
2	超过 3 000 元至 12 000 元的部分	超过 2 910 元至 11 010 元的部分	10	210
3	超过 12 000 元至 25 000 元的部分	超过 11 010 元至 21 410 元的部分	20	1 410
4	超过 25 000 元至 35 000 元的部分	超过 21 410 元至 28 910 元的部分	25	2 660
5	超过 35 000 元至 55 000 元的部分	超过 28 910 元至 42 910 元的部分	30	4 410
6	超过 55 000 元至 80 000 元的部分	超过 42 910 元至 59 160 元的部分	35	7 160
7	超过 80 000 元的部分	超过 59 160 元的部分	45	15 160

【案例 1】

赵某在 2018 年 10 月税前工资 12 000 元，需要缴纳各项社会保险金 1 100 元，

适用 5 000 元新的费用标准和新的税率表：

应纳所得额=税前工资收入金额−五险一金（个人缴纳部分）−起征点（5 000 元）

= 12 000−1 100−5 000=5 900 元

找税率及速算扣除数：参照上面的工资税率表不含税部分，超过 3 000 元至 12 000 元的部分，则适用税率 10%，速算扣除数为 210。

应缴纳个人所得税税额=应纳所得额×税率−速算扣除数=5 900 × 10%−210=380 元

2. 年终奖所得

应纳税所得额=年终奖金

应纳税额=应纳税所得额×适用税率−速算扣除数

（1）征收范围

根据《国家税务总局关于调整个人取得全年一次性奖金等计算征收个人所得税方法问题的通知》（国税发〔2005〕9 号）文件的规定，纳税人取得全年一次性奖金，单独作为一个月工资、薪金所得计算纳税，由扣缴义务人发放时代扣代缴。

年终奖所得，将年终奖金额除以 12 个月，以每月平均收入金额来确定税率和速算扣除数，年终奖所得税率表与工资、薪金所得的税率表相同，只是他们的计算方式不同。如表 7-3 所示。

表 7-3　全年一次性收入个人所得税税率

级数	平均每月收入	税率/%	速算扣除数
1	不超过 3 000 元的部分	3	0
2	超过 3 000 元至 12 000 元的部分	10	210
3	超过 12 000 元至 25 000 元的部分	20	1 410
4	超过 25 000 元至 35 000 元的部分	25	2 660
5	超过 35 000 元至 55 000 元的部分	30	4 410
6	超过 55 000 元至 80 000 元的部分	35	7 160
7	超过 80 000 元的部分	45	15 160

说明：1. 本表平均每月收入为年终奖所得金额除以 12 个月后的平均值。
2. 税率表与工资、薪金所得税率表相同。

（2）应纳税所得额及应纳税额的计算

1）先将雇员当月内取得的全年一次性奖金，除以 12 个月，按其商数确定适用税率和速算扣除数。如果在发放年终一次性奖金的当月，雇员当月工资薪金所得低于税法规定的费用扣除额，应将全年一次性奖金减除“雇员当月工资薪金所得与费用扣除额的差额”后的余额，按上述办法确定全年一次性奖金的适用税率和速算扣除数。

2）将雇员个人当月内取得的全年一次性奖金，按上述确定的适用税率和速算扣除数计算征税，计算公式如下：

①如果雇员当月工资薪金所得高于（或等于）税法规定的费用扣除额的，适用公式为：

应纳税额=雇员当月取得全年一次性奖金×适用税率−速算扣除数

②如果雇员当月工资薪金所得低于税法规定的费用扣除额的，适用公式为：

应纳税额=（雇员当月取得全年一次性奖金−雇员当月工资薪金所得与费用扣除额的差额）×适用税率−速算扣除数

③在一个纳税年度内，对每一个纳税人，该计税办法只允许采用一次。

【案例 2】

李四 2020 年 1 月工资 8 000 元，2019 年度的年终奖金 36 000 元，当月需缴纳的各项社会保险费 800 元，那么李四在 1 月应缴纳多少个人所得税？

工资应纳税所得额=8 000−800−5 000=2 200 元。

工资应纳个税=2 200×3%−0=66 元。

年终奖金 36 000 元，除以 12 后，每月平均 3 000 元，对照上述年终奖税率表得到，税率 3%，速算扣除数为 0，则应纳个税为：

年终奖金应纳税额=36 000×3%−0=1 080 元。

王五 2020 年 1 月工资 5 000 元，2019 年度的年终奖金 60 000 元，当月需缴纳的各项社会保险费 800 元，那么王五在 1 月应缴纳多少个人所得税？

工资应纳税所得额=5 000−800−5 000=−800 元，小于 0。

年终奖应纳税所得额=60 000−800=59 200 元。

平均每月收入=59 200/12=4 933，适用税率 10%，速算扣除数 210。

年终奖应纳税额=59 200×10%−210=5 710 元。

（3）常见收入个人所得税

从 2018 年 10 月开始，国家为大家“涨”工资了。在同等月薪条件下，扣除的个税会有所减少。从 2018 年 10 月 1 日开始，个税新政的过渡期政策实施，工资薪金所得将先行适用新的减除费用标准和税率表。测算显示，扣除三险一金后月收入在 2 万元以内的群众，税负至少可以降低 50%以上。

经测算，在 2018 年 10 月 1 日以后，在扣除“三险一金”之后，月收入在 5 000 元以下的将不再缴税；月收入 10 000 元的，月缴税 290 元，较之前减少 455 元，下降了 61.1%；月收入 15 000 元的，月缴税 790 元，较之前减少了 1 080 元，下降了 57.8%；月收入 20 000 元的，月缴税 1 590 元，较之前减少 1 530 元，下降了 49%；月收入 25 000 元的，月缴税 2 590 元，较之前减少 1 780 元，下降了 40.7%；月收入 30 000 元的，月缴税 3 590 元，较之前减少 2 030 元，下降了 36.1%；月收入 50 000 元的，月缴税 9 090 元，较之前减少 2 105 元，下降了 18.8%；月收入 80 000 元的，月缴税 19 090 元，减少 2 180 元，下降了 10.2%；月收入 100 000 元的，月缴税 27 590 元，减少了 2 330 元，下降了 7.8%。常见的工资标准个税的减负情况见表 7-4。

表 7-4　常见个人所得税变化表

序号	工资	运算过程	税率/%	速算扣除数	税额	减少额	下降率/%
1	5 000		0	0	0		
2	8 000	3 000	3	0	90		
3	10 000	5 000	10	210	290	455	61.1
4	15 000	10 000	10	210	790	1 080	57.8
5	17 000	12 000	10	210	990		
6	20 000	15 000	20	1 410	1 590	1 530	49
7	25 000	20 000	20	1 410	2 590	1 780	49
8	30 000	25 000	20	1 410	3 590	2 030	36.1

（4）劳务报酬所得

2019 年 1 月 1 日起，个人所得税修正案正式实施，个税改革第二阶段开启。其中，劳务报酬所得，有了非常大的变化。其主要变化在：

1）原劳务报酬税目取消，并入综合所得。

2）原劳务报酬税率取消，按综合所得税率。

表 7-5 综合所得个税税率表

级数	全年应纳税所得额	税率/%
1	不超过 36 000 元的部分	3
2	超过 36 000 元至 144 000 元的部分	10
3	超过 144 000 元至 300 000 元的部分	20
4	超过 300 000 元至 420 000 元的部分	25
5	超过 420 000 元至 660 000 元的部分	30
6	超过 660 000 元至 960 000 元的部分	35
7	超过 960 000 元的部分	45

居民个人取得前款第一项至第四项所得（以下称综合所得），按纳税年度合并计算个人所得税；非居民个人取得前款第一项至第四项所得，如图 7-4 所示，按月或者按次分项计算个人所得税。

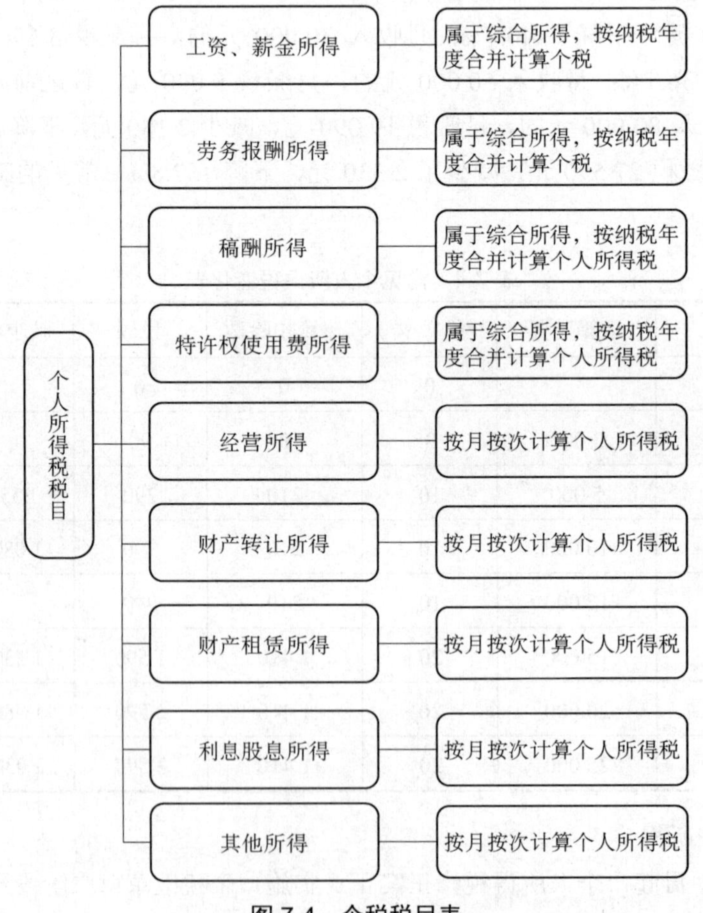

图 7-4 个税税目表

个人所得税的税率：综合所得，适用 3%～45%的超额累进税率（税率表附后）

某项劳务报酬，年收入 45 000。（以下为计算方便，均不考虑专项扣除和专项附加扣除）

2019 年后：

缴纳个税：45 000×0.8×3%=1 080 元

2019 年前：

缴纳个税：45 000×0.8×30%−2 000=5 200 元

某项劳务报酬，年收入 100 000 元

2019 年后：

缴纳个税：100 000×0.8×10%−2 520=5 480 元

2018 年：

缴纳个税：100 000×0.8×40%×7 000=25 000 元

某项劳务报酬，一年 5 000 000 元

2019 年后：

缴纳个税：5 000 000×0.8×45%−181 920=1 618 080 元

2018 年：

缴纳个税：5 000 000×0.8×40%−7 000=1 593 000 元

从上述计算可以看出，只有全年劳务费入接近 500 万元或以上，新的个人所得税计算方法下的税负才会高于旧的。对于大众，劳务收入 100 000 元的情况下，税负下降了 50%，从原来的年缴 25 000 元下降为 5 480 元。可以说，对大众而言，从 2019 年 1 月开始，劳务费税率大降。

三、绩效与薪酬管理

1. 绩效管理

（1）绩效管理的含义

我国从 20 世纪 80 年代开始对绩效考核进行研究，将由“德、能、勤、绩”四方面来确定。“德”“能”是业绩的基础，“勤”“绩”是工作成果的具体表现，“绩”是“德”“能”“勤”的综合体现。

“德”是人的精神境界、道德品质和思想追求的综合体现。“德”决定了一个人的行为方向、行为的强弱、行为的方式。

“能”是指人的能力素质，即认识世界和改造世界的能力。一般来说，一个人的能力主要包括动手操作能力、认识能力、思维能力、表达能力、研究能力、组织指挥能力、协调能力、决策能力等。对不同职位，其能力的要求也各有侧重。进行评价时，应加以区别对待。

“勤”是指工作的态度，它主要体现在员工日常工作表现上，如工作的积极性、主动性、创造性、努力程度以及出勤率等方面。对“勤”的考察不仅要有量的衡量，如出勤率，更要有质的评价，即是否以满腔的热情，积极、主动地投入到工作中去。

“绩”是指员工的工作业绩，包括完成工作的数量、质量、经济效益、影响和作用。一个组织中岗位、责任不同的人，其工作业绩的评价重点也有所不同。此外，在评价员工工作业绩时，不仅要考察员工的工作数量、质量，更要考察其工作为企业所带来的经济效益。对效

益的考察是对员工绩效评价的核心。

（2）绩效管理的方法

1）简单排序法。简单排序法也称序列法或序列评定法，即对一批考核对象按照一定标准排出先后的顺序。该方法的优点是简便易行，具有一定的可信性，可以完全避免趋中倾向或宽严误差。缺点是考核的人数不能过多，以 5～15 人为宜；而且只适用于考核同类职务的人员，对从事不同职务工作的人员则因无法比较，而大大限制了应用范围，不适合在跨部门人事调整方面应用。

2）强制分配法。强制分配法也称硬性分布法，是按预先规定的比例将被评价者分配到各个绩效类别上的方法。这种方法是根据统计学的正态分布原理进行的，其特点是两边的最高分、最低分者很少，处于中间者居多。评价者按预先确定的概率，把考核对象分为 5 个类型，如优秀者占 5%，良好者占 15%，合格者占 60%，较差者占 15%，不合格者占 5%。

3）要素评定法。要素评定法也称功能测评法或测评量表法，它是把定性考核和定量考核结合起来的方法。

4）工作记录法。工作记录法也称生产记录法或劳动定额法，一般用于对生产工人操作性工作的考核。在一般的企业，对生产性工作有明确的技术规范并下达劳动定额，工作结果有客观标准衡量，因而可以用工作记录法进行考核。

5）目标管理法。目标管理法是一种综合性的绩效管理方法，而不仅仅是单纯的绩效考核技术手段。该方法的特点在于，它是一种领导者与下属之间的双向互动过程。在进行目标制定时，上级和下属依据自己的经验和手中的材料，各自确定一个目标，双方沟通协商，找出两者之间的差距以及差距产生的原因，然后重新确定目标，再次进行沟通协商，直至取得一致意见，即形成了目标管理的期望值。

6）360 度考核法。360 度考核法是一种从多角度进行的比较全面的绩效考核方法，也称全方位考核法或全面评价法。这种方法是选取与被考核者联系紧密的人来担任考核工作，包括上级、同事（以及外部客户）、下级和被考核者本人，用量化考核表对被考核者进行考核，采用五分制将考核结果记录，最后用坐标图来表示以供分析。

7）平衡计分卡法。平衡计分卡是一套能使组织快速而全面考察经营状态的评估指标。平衡计分卡包括财务、客户、业务流程和学习创新四大方面的指标，财务衡量指标可以说是基本内容，它说明已采取的行动所产生的结果，同时还通过对顾客的满意度，组织内部的业务流程及组织的创新和提高活动进行评估，来补充财务衡量指标，并由此形成一个逻辑关系体系。

2. 薪酬管理

（1）薪酬管理目标

薪酬要发挥应有的作用，薪酬管理应达到以下 3 个目标：效率、公平、合法。达到效率和公平目标，就能促使薪酬激励作用的实现，而合法性是薪酬基本要求，因为合法是公平和发展的基础。

1）效率目标。

公平目标包括 3 个层次：分配公平、过程公平、机会公平。

①分配公平是指组织在进行人事决策、决定各种奖励措施时，应符合公平的要求。如果员工认为受到不公平对待，将会产生不满。

员工对于分配公平认知，来自其对于工作的投入与所得进行主观比较而定，在这个过程中还会与过去的工作经验、同事、同行、朋友等进行对比。分配公平分为自我公平、内部公平、外部公平 3 个方面。自我公平，即员工获得的薪酬应与其付出成正比；内部公平，即同一企业中，不同职务的员工获得的薪酬应正比于其各自对企业做出的贡献；外部公平，即同一行业、同一地区或同等规模的不同企业中类似职务的薪酬应基本相同。

②过程公平是指在决定任何奖惩决策时，组织所依据的决策标准或方法符合公正性原则，程序公平一致、标准明确、过程公开等。

③机会公平指组织赋予所有员工同样的发展机会，包括组织在决策前与员工互相沟通，组织决策考虑员工的意见，主管考虑员工的立场，建立员工申诉机制等。

2）合法目标。

合法目标是企业薪酬管理的最基本前提，要求企业实施的薪酬制度符合国家、省、直辖市、自治区的法律法规、政策条例要求，如不能违反最低工资制度、法定保险福利、薪酬指导线制度等的要求规定。

（2）薪酬管理的内容

薪酬管理是在组织发展战略指导下，对员工的薪酬支付原则、薪酬策略、薪酬水平、薪酬结构、薪酬构成进行确定、分配和调整的动态管理过程。薪酬管理要为实现薪酬管理目标服务，薪酬管理目标是基于人力资源战略设立的，而人力资源战略服从于企业发展战略。薪酬管理包括薪酬体系设计、薪酬日常管理两个方面。

薪酬体系设计主要是薪酬水平设计、薪酬结构设计和薪酬构成设计；薪酬日常管理是把薪酬预算、薪酬支付、薪酬调整组成的循环，这个循环可以称之为薪酬成本管理循环。

首先，薪酬设计是薪酬管理最基础的工作，如果薪酬水平、薪酬结构、薪酬构成等方面有问题，企业薪酬管理不可能取得预定目标。

其次，薪酬预算、薪酬支付、薪酬调整工作是薪酬管理的重点工作，应切实加强薪酬日常管理工作，以便实现薪酬管理的目标。

最后，薪酬体系建立起来后，应密切关注薪酬日常管理中存在的问题，及时调整公司薪酬策略，调整薪酬水平、薪酬结构以及薪酬构成以实现效率、公平、合法的薪酬目标，从而保证公司发展战略的实现。

（3）薪酬模式类型

1）职务工资制。

职务工资制是首先对职务本身的价值做出客观的评估，然后根据这种评估的结果赋予担任这一职务的从业人员与其职务价值相当的工资的一种工资制度。这种工资体系建立在职务评价基础上，职工所执行职务的差别是决定基本工资差别的最主要因素。

职务工资制的特点是：严格的职务分析，比较客观公正；职务工资比重较大，职务津贴高，在整个工资中职务工资一般在 60%以上，工资浮动比重小，比较稳定；严格的职等职级，并对应严格的工资等级；职员晋升的机会比较少，影响了职员工作的积极性、主动性和创造性。

2）职能工资制。

职务工资制基于职务，发放的对象是职务；职能工资制基于员工能力，发放的对象是员工能力，能力工资占整个工资中 65%以上比例。设计职能工资制的难点在于不能科学有效地对员工的能力进行测试和评价。“素质冰山模型”认为，员工有很大一部分能力是隐藏的，没有外显出来，特别是员工的行为动机根本无法正确进行测试。因此在评估员工能力就比较困难。另外，基于能力设计薪酬时，哪些能力应用于固定工资，哪些能力又与浮动工有关，哪些能力应用于短期激励和考核，哪些能力与长期激励和考核有关，这些都应该科学地体现。当然，职能工资制相比职务工资制要科学、合理得多，因为它把员工的成长与公司的发展统一起来考虑，而不是把员工当机器，仅仅执行一定的职务和承担一定的职责。职能工资制的重点在于职业化任职资格体系和职业化素质与能力评价体系的建立。

3）绩效工资制。

绩效工资制度的前身是计件工资，但它不是简单意义上的工资与产品数量挂钩的工资形式，而是建立在科学的工资标准和管理程序基础上的工资体系。它的基本特征是将雇员的薪酬收入与个人业绩挂钩。业绩是一个综合的概念，比产品的数量和质量内涵更为宽泛，它不仅包括产品数量和质量，还包括雇员对企业其他贡献。企业支付给雇员的业绩工资虽然也包括基本工资、奖金和福利等几项主要内容，但各自之间不是独立的，而是有机地结合在一起。根据美国 1991 年《财富》杂志对 500 家公司的排名，35%的企业实行了以绩效为基础的工资制度，而在 10 年以前，仅有 7%的企业实行这种办法。

绩效工资制的特点，一是有利于雇员工资与可量化的业绩挂钩，将激励机制融于企业目标和个人业绩的联系之中；二是有利于工资向业绩优秀者倾斜，提高企业效率；三是有利于突出团队精神和企业形象，增大激励力度和雇员的凝聚力；四是绩效工资占总体工资的比例在 50%以上，浮动部分比较大。

第八章　人工成本管理

建筑企业的兴旺、发展、壮大主要是由利润这一因素来决定的，安全生产、创造最大利润永远是从事建筑行业的最根本目的之一，并且也是企业追求的目标。而要使企业能获得最佳利润，就要使影响利润的一切因素控制在合理的最佳范围，人工成本是其中的主要因素之一，也可以说是项目上最难控制的因素之一。项目劳务管理得好，人工成本就一定会控制在最佳范围，取得事半功倍的效果。

第一节　劳动定额基本知识

一、劳动定额基本原理

劳动定额，也称人工定额。它是在正常的施工（生产）技术组织条件下，为完成一定量的合格产品或完成一定量的工作所必需的劳动消耗量的标准，或预先规定在单位时间内合格产品的生产数量。劳动定额的表现形式分为时间定额和产量定额两种。采用复式表示时，其分子为时间定额，分母为产量定额。

1. 时间定额

时间定额是指在一定的生产技术和生产组织条件下，某工种、某种技术等级的工人小组或个人，完成符合质量要求的单位产品所必需的工作时间。

时间定额以工日为单位，每个工日工作时间按现行制度规定为 8 h。其计算方法如下：

单位产品时间定额（工日）=1÷每日产量

或：单位产品时间定额（工日）=小组成员工日数的总和÷台班产量

2. 产量定额

产量定额是指在一定的生产技术和生产组织条件下，某工种、某种技术等级的工人小组或个人，在单位时间内（工日）应完成合格产品的数量。其计算方法如下：

每工产量=1÷单位产品时间定额（工日）

或：台班产量=小组成员工日数的总和÷单位产品的时间定额（工日）

时间定额与产量定额互为倒数，成反比例关系，即

时间定额×产量定额=1

时间定额=1÷产量定额

产量定额=1÷时间定额

按定额标定的对象不同，劳动定额又分为单项工序定额、综合定额。综合定额表示完成同一产品中的各单项（工序或工种）定额的综合。按工序综合的用“综合”表示，按工种综合的一般用“合计”表示，计算方法如下：

综合时间定额（工日）=各单项（工序）时间定额的总和

综合产量定额=1÷综合时间定额（工日）

例：一砖厚混水内墙，塔式起重机做垂直和水平运输，每立方米砌筑的综合时间定额是0.972 工日，它是由砌砖、运输、调制砂浆 3 个工序的时间定额之和得来的，即

0.458+0.418+0.096=0.972 9（工日）

其综合产量定额=l÷0.972=1.03 m^3

同样，综合时间定额×综合产量定额=l，即 0.972×1.03=1

二、劳动定额的制定

劳动定额一般常用的方法有 4 种，即经验估工法、统计分析法、比较类推法、技术测定法。

1. 经验估工法

经验估工法，是根据老工人、施工技术人员和定额员的实践经验，并参照有关技术资料，结合施工图纸、施工工艺、施工技术组织条件和操作方法等进行分析、座谈讨论、反复平衡制定定额的方法。

由于参与估工的上述人员之间存在着经验和水平的差异，同一个项目往往会提出一组不同的定额数值，此时应根据统筹法原理，进行优化以确定出平均先进的定额指标。计算公式：

$$t=（a+4m+b）÷6$$

式中，t——定额优化时间（平均先进水平）；

a——先进作业时间（乐观估计）；

m——一般的作业时间（最大可能）；

b——后进作业时间（保守估计）。

例：用经验估工法确定某一个施工过程单位合格产品工时消耗，通过座谈讨论估计出了3 种不同的工时消耗，分别是 0.45、0.6、0.7，计算其定额时间。

$$t=（0.45+4×0.6+0.7）÷6=0.59$$

经验估工法具有制定定额工作过程较短，工作量较小，省时，简便易行的特点。但是其准确程度在很大程度上决定于参加评估人员的经验，有一定的局限性。因而它只适用于产品品种多、批量小、不易计算工作量的施工（生产）作业。

2. 统计分析法

统计分析法，是把过去一定时期内实际施工中的同类工程或生产同类产品的实际工时消耗和产量的统计资料（如施工任务书、考勤报表和其他有关的统计资料），与当前生产技术组

织条件的变化结合起来，进行分析研究制定定额的方法。统计分析法简便易行，较经验估工法有较多的原始资料，更能反映实际施工水平。它适合于施工（生产）条件正常、产品稳定、批量大、统计工作制度健全的施工（生产）过程。

3. 比较类推法

比较类推法也称典型定额法。它是以同类型工序、同类型产品定额典型项目的水平或技术测定的实耗工时为准，经过分析比较，以此类推出同一组定额中相邻项目定额的一种方法。采用这种方法编制定额时，对典型定额的选择必须恰当，通常采用主要项目和常用项目作为典型定额比较类推。用来对比的工序、产品的施工（生产）工艺和劳动组织的特征，必须是“类似”或“近似”，具有可比性的。这样可以提高定额的准确性。这种方法简便、工作量小，适用产品品种多、批量小的施工（生产）过程。

4. 技术测定法

技术测定法是指通过对施工（生产）过程的生产技术组织条件和各种工时消耗进行科学地分析研究后，拟订合理的施工条件、操作方法、劳动组织和工时消耗。在考虑挖掘生产潜力的基础上，确定定额水平的方法。在正常的施工条件下，对施工过程各工序时间的各个组成要素，进行现场观察测定，分别测定出每一道工序的工时消耗，然后对测定的资料进行整理、分析、计算制定定额的一种方法。根据施工过程的特点和技术测定的目的、对象和方法的不同，技术测定法又分为测时法、写实记录法、工作日写实法和简易测定法 4 种。

（1）测时法

测时法主要用来观察研究施工过程某些重复的循环工作的工时消耗，不研究工日休息、准备与结束及其他非循环的工作时间。主要适用于施工机械。可为制定劳动定额提供单位产品所必需的基本工作时间的技术数据。按使用秒表和记录时间使用的方法不同，测时法又分为选择测时和接续测时两种。

（2）写实记录法

写实记录法，是研究各种性质的工作时间消耗的方法。通过对基本工作时间、辅助工作时间、不可避免的中断时间、准备与结束时间、休息时间以及各种损失时间的写实记录，可以获得分析工时消耗和制定定额的全部资料。观察方法比较简便，易于掌握，并能保证必需的精度，在实际工作中得到广泛应用。按记录时间的方法不同分为数示法、图示法和混合法 3 种。

（3）工作日写实法

工作日写实法是对工人在整个工作班组内的全部工时利用情况，按照时间消耗的顺序进行实地的观察、记录和分析研究的一种测定方法。根据工作日写实的记录资料，可以分析哪些工时消耗是合理的、哪些工时消耗是无效的，并找出工时损失的原因拟定措施，消除引起工时损失的因素，从而进一步促进劳动生产率的提高。因此工作日写实法是一种应用广泛而行之有效的方法。

（4）简易测定法

简易测定法，是简化技术测定的方法，但仍保持了现场实地观察记录的基本原则。在测定时，它只测定定额时间中的基本工作时间，而其他时间则借助“工时消耗规范”来获得所需的数据，然后利用计算公式，计算和确定出定额指标。它的优点是方法简便、容易且节省人力和时间。

5. 工作时间研究的意义

时间研究，是在一定的标准测定条件下，确定人们完成作业活动所需时间总量的一套程序和方法。时间研究用于测量完成一项工作所必需的时间，以便建立在一定生产条件下的工人或机械的产量标准。

时间研究产生的数据可以在很多方面加以利用，除作为编制人工消耗量定额和机械消耗量定额的依据外，还可用于：

1）在施工活动中确定合适的人员或机械的配置水平，组织均衡生产。

2）制定机械利用和生产成果完成标准。

3）为制定金钱奖励目标提供依据。

4）确定标准的生产目标，为费用控制提供依据。

5）检查劳动效率和定额的完成情况。

6）作为优化施工方案的依据。

必须明确的是，时间研究只有在工作条件（包括环境条件、设备条件、工具条件、材料条件、管理条件等）不变，且都已经标准化、规范化的前提下，才是有效的。时间研究在生产过程相对稳定、各项操作已经标准化了的制造业中得到了较广泛的应用，但在建筑业中应用该技术相对来说要困难得多。主要原因是建筑工程的单件性，大多数施工项目的施工方案和生产组织方式是临时性质的，每个工程项目差不多都是完成独特的工作任务，而其施工过程受到的干扰因素多，完成某项工作时的工作条件和现场环境相对不稳定，操作的标准化、规范化程度低。虽然在建筑业中应用时间研究的方法有一定的困难，但是它还是在建筑业的定额管理工作中发挥着重要作用。通过改善施工现场的工作条件来提高操作的标准化和规范化，时间研究将在建筑业的管理工作中发挥越来越重要的作用。

6. 施工过程研究

施工过程是指在施工现场对工程所进行的生产过程。研究施工过程的目的是帮助我们认识工程建造过程的组成及其构造规律，以便根据时间研究的要求对其进行必要的分解。

（1）施工过程的分类

按不同的分类标准，施工过程可以分成不同的类型。

1）按施工过程的完成方法分类，可以分为手工操作过程（手动过程）、机械化过程（机动过程）和机手并动过程（半机械化过程）。

2）按施工过程劳动分工的特点不同分类，可以分为个人完成的过程、工人班组完成的过程和施工队完成的过程。

3）按施工过程组织上复杂程度分类。可以分为工序、工作过程和综合工作过程。工序是组织上分不开和技术上相同的施工过程。工序的主要特征是：工人班组、工作地点、施工工具和材料均不发生变化。如果其中有一个因素发生了变化，就意味着从一个工序转入了另一个工序。工序可以由一个人来完成，也可以由工人班组或施工队几名工人协同完成；可以由手动完成，也可以由机械操作完成。

将一个施工工程分解成一系列工序的目的是分析、研究各工序在施工过程中的必要性和合理性。测定每个工序的工时消耗，分析各工序之间的关系及衔接时间，最后测定工序上的时间消耗标准。工作过程是由同一工人或同一工人班组所完成的在技术操作上相互有机联系的工序的总和。其特点是在此过程中生产工人的编制不变、工作地点不变，而材料和工具可以发生变化。

例如，同一组生产工人在工作面上进行铺砂浆、砌砖、刮灰缝等工序的操作，从而完成砌筑砖墙的生产任务，在此过程中生产工人的编制不变、工作地点不变，而材料和工具发生了变化，由于铺砂浆、砌砖、刮灰缝等工序是砌筑砖墙这一生产过程不可分割的组成部分，它们在技术操作上相互紧密地联系在一起，所以这些工序共同构成一个工作过程。从施工组织的角度看，工作过程是组成施工过程的基本单元。综合工作过程是同时进行的、在施工组织上有机地联系在一起的、最终能获得一种产品的工作过程的总和。

（2）施工中工人工作时间的分类

工人在工作班内消耗的工作时间，按其消耗的性质可以分为两大类：必须消耗的时间（定额时间）和损失时间（非定额时间）。

1）必须消耗的时间是工人在正常施工条件下，为完成一定产品所消耗的时间。它是制定定额的主要依据。必须消耗的时间包括有效工作时间、不可避免的中断时间和休息时间。

有效工作时间是从生产效果来看与产品生产直接有关的时间消耗，包括基本工作对间、辅助工作时间、准备与结束工作时间。

基本工作时间是工人完成基本工作所消耗的时间，也就是完成能生产一定产品的施工工艺过程所消耗的时间。基本工作时间的长短与工作量的大小成正比。

辅助工作时间是为保证基本工作能顺利完成所做的辅助性工作消耗的时间。如工作过程中工具的校正和小修、机械的调整、工作过程中机器上油、搭设小型脚手架等所消耗的工作时间。辅助工作时间的长短与工作量的大小有关。准备与结束工作时间是执行任务前或任务完成后所消耗的工作时间。如工作地点、劳动工具和劳动对象的准备工作时间，工作结束后的调整工作时间等。准备与结束工作时间的长短与所负担的工作量的大小无关，但往往和工作内容有关。这项时间消耗可分为班内的准备与结束工作时间和任务的准备与结束工作时间。

不可避免的中断所消耗的时间是由施工工艺特点引起的工作中断所消耗的时间。如汽车司机在汽车装卸货时消耗的时间。与施工过程工艺特点有关的工作中断时间，应包括在定额时间内；与工艺特点无关的工作中断所占有的时间，是由劳动组织不合理引起的，属于损失时间，不能计入定额时间。休息时间是工人在工作过程中为恢复体力所必需的短暂休息和生理需要的时间消耗，在定额时间中必须进行计算。

2）损失时间，是与产品生产无关，而与施工组织和技术上的缺点有关，与工作过程中个人过失或某些偶然因素有关的时间消耗。损失时间中包括有多余和偶然工作、停工、违背劳动纪律所引起的工时损失。所谓多余工作，就是工人进行了任务以外的工作而又不能增加产品数量的工作。如重砌质量不合格的墙体、对已磨光的水磨石进行多余的磨光等。多工作的工时损失不应计入定额时间中。偶然工作也是工人在任务以外进行的工作，但能够获得一定产品。如电工铺设电缆时需要临时在墙上开洞，抹灰工不得不补上偶然遗留的墙洞等。在拟订定额时，可适当考虑偶然工作时间的影响。

停工时间可分为施工本身造成的停工时间和非施工本身造成的停工时间两种。施工本身造成的停工时间，是由于施工组织不善、材料供应不及时、工作面准备工作做得不好、工作地点组织不良等情况引起的停工时间。非施工本身造成的停工时间，是由于气候条件以及水源、电源中断引起的停工时间。后一类停工时间在定额中可以适当考虑。违背劳动纪律造成的工作时间损失，是指工人迟到、早退、擅自离开工作岗位、工作时间内聊天等造成的工时损失。这类时间在定额中不予考虑。

第二节　人工成本基本知识

一、简述建筑人工成本的控制措施

建筑人工成本的控制贯穿于项目施工的各个阶段，是一项全员全过程的重要工作。在激烈的市场竞争下，施工企业应进一步规范对人工成本的控制与管理，将人工成本控制在合理范围内，才有利于提高企业的经济效益和竞争能力。

在工程造价偏低、利润空间越来越小的现实情况下，如何有效地控制成本，在激烈的市场竞争中生存发展，是施工企业面临的共同挑战。作为劳动密集型的施工企业，人工成本在施工企业总成本中占有较大的比例，近两年来出现的“民工荒”，又进一步加大了施工企业的人工成本。有效地控制人工成本，不仅能降低施工企业的总成本，提高市场竞争力，而且能够激发职工积极性、主动性，促进施工企业经济效益的提高。

1. 人工成本控制中存在的主要问题

（1）对人工成本的控制存在认识上的偏差

施工企业人工成本，是指施工企业在项目实施过程中，以直接支付或间接支付方式用于劳动者的全部费用。包括：职工工资总额、社会保险费用、职工福利费、职工教育经费、劳动保护费、职工住房费用和其他人工成本等。其中职工工资总额是构成人工成本的主要部分。因此，一些施工企业特别是小型企业，没有意识到施工企业人工成本的管理是一个系统工程，将人工成本控制理解为单纯地降低职工工资，关注点放在人工成本的绝对支出水平上。在控制过程中，单纯靠单方面降低职工收入来增加利润，没有制定合理的费用结构，没有建立使人工成本投入产出比最优化，实现利润、成本、人力投入与产值良性循环的机制。由于认识上的偏差，许多施工企业缺乏健全科学的人工成本控制的相关制度和人力资源内部竞争机制，结果导致企业人才流失，严重挫伤员工的积极性。

（2）缺乏完整的人才规划系统

施工企业工作任务周期性较强，施工高峰期或旱季施工期，对劳动力的需求急剧上升，雨季或工程任务衔接不上时，对劳动力需求急剧下降。在此过程中，如何寻求平衡点，是施工企业人力资源管理的难点之一。许多施工企业在人工成本投入上缺乏完整的人才发展规划系统，自行培养人才和内部招聘竞争机制相当薄弱，只是头痛医头，脚痛医脚。在旱季施工或任务紧急时，不计成本地高价引进人才，在任务不足时大量解除劳动合同。结果适得其反，或导致解除劳动关系的成本剧增，劳动争议案上升，或导致有用的人才留不住，不适合公司需要的人员却送不走，使公司陷入冗员多、效率低的被动局面。

（3）对人工成本的有效性缺乏科学的评价

人工成本控制的关键在于尽可能地减少无效人工支出。但目前施工企业在控制人工成本时，没有制定可行的人工成本有效支出的管理机制，单纯地从工资总额角度出发，认为控制住工资总额，职工人数多少都无所谓。导致在人员编制上没有计划，在职工人数较多时，降低工资水平，在职工人数较少时，则单纯地提高工资水平，从而出现工资总额与企业经济效益不挂钩、职工个人收入水平与生产成果脱钩的现象。低工资无法激发员工的工作热情，高工资却低下的工作效率，则加大了企业的负担。

2. 人工成本控制的措施与方法

（1）以目标成本控制人工成本

人工成本控制是全员全过程的系统工作，要有效地控制人工成本，必须加强项目成本预算，以收定支，核定项目人工成本总额。在工程项目实施之前，须根据项目合同总造价、项目工期、项目实施过程中各阶段人、机、料的投入程度、项目部机构设置及人员配置等，以工程项目合同价款中的“人工费”为上限，制定项目人工成本预算总额（即目标人工成本），实行“以收定支”。在实施过程中，为了保证目标人工成本的实现，必须落实责任制，对项目目标人工成本进行层层分解，以分级、分工、分人的成本责任制为保障，项目经理对公司下达的成本指标负总责，班组和个人对项目经理部的成本目标负责。将项目人工成本总额纳入项目考核指标，在《项目生产经营责任状》中明确指标控制责任，并将控制结果与公司的奖惩制度及考核制度挂钩，使各部门、各班组和个人都参与到项目人工成本目标管理工作中。

（2）以技术手段降低人工成本

施工企业的人工成本，在人员定编及工程总造价不定的前提下，与项目工期长短有着直接的关系。许多施工企业由于项目工期延长，造成人工成本上升。加强项目施工的过程管理，制定科学合理的施工方案，能有效地控制影响工程进度的因素，缩短工期，进而降低人工成本乃至整个工程成本。在施工准备阶段，施工企业要组织相关人员对图纸进行认真会审，尽早发现设计缺陷，并提出修改意见，与设计单位进行积极沟通。在施工过程中，要根据项目实际情况，不断调整、优化施工方案，根据各分项、分部工程的技术特点及工艺要求，确定施工方法，合理选择施工机具，科学安排施工顺序，有序组织流水施工。在保证工程质量和工期的条件下，施工方案要坚持以降低施工企业成本为主要因素来制定，同时兼顾先进性与可行性。在实施过程中，可通过进度横道图与成本相结合的方法对人工成本进行动态跟踪，当发现成本与进度不对应时，应该认真分析原因，并进行纠偏和调整，从而保证分部工程的人工成本和计划成本同步，确保人工成本在整个施工过程中的有效控制。

（3）借助市场化用工机制降低人工成本

项目施工过程中，追求各生产要素配置最优化，劳动力优化配置的目的，是保证施工企业生产任务的完成和项目进度计划的实现。各施工企业对人力资源的需求由其承接的生产任务所决定，加上施工企业生产的季节性强，如果采用传统管理方法，即无论有无工程项目，所有人员均由施工企业管理，将大大加强施工企业的人工成本。故此，在配置人力资源，执行劳动力需求计划时，可采用如下方式进行：

1）对于高级人才及有特殊需要的人才，如项目总工程师、高级工程师等，采取内部培养为主的形式。并建立起完善的内部招聘、竞争上岗、职业培训及人才成才培养计划等制度，为特殊人才制定职业生涯发展规划，同时在薪酬方案设计上，将高级人才的个人收入水平与公司效益相挂钩。通过内部管理机制培养人才、留用人才，降低特殊人才的流失率，从而避免工程项目增多时，不计成本地从外部高价引进人才的短期行为。

2）对可替代性强的工种或普通劳务人员，在不违反《劳动合同法》等法律法规的前提下，可借助市场化用工机制即通过劳务公司派遣劳动力的形式配置人力资源，并根据项目工期确定各工种的派遣期限。由于施工企业与劳务派遣公司在劳动力使用上形成合同关系，一旦施工任务完成，劳务人员和施工企业之间的劳务关系亦随之终止，从而避免了项目完工后新项目衔接不上时，大量保留劳动力所必须负担的人工成本。

3）对于项目部新招聘的员工，在建立劳动关系时，可在协商一致的基础上，签订“以完成一定工作任务”为期限的劳动合同，如测量工的劳动合同终止时间，可约定为：某项目外业通过交工验收之日。根据各岗位的特点，灵活确定合同期限，降低解除劳动关系的人工成本，减少施工任务不饱和时闲置人员的用工成本。

（4）制定科学合理的薪酬分配方案，促进工作效率的提高

降低人工成本的根本途径，在于提高工作效率。科学合理的绩效考核体系，有利于激发职工的积极性与工作热情，从而提高员工个人的劳动生产率。目前，施工企业多种用工形式的存在，一方面满足了施工企业的用工需要；另一方面，在多种用工混岗作业的情况下，因职工身份不同、分配方式不同而引起的同工不同酬的矛盾亦日益凸现。要合理解决此矛盾，施工企业必须建立一套统一的衡量职工劳动成果的评价体系即绩效考核体系，为各岗位、各层次人员提供公平的竞争平台。

1）推行项目生产承包责任制，明确责任指标。施工企业可以在公司内部推行项目生产承包责任制，与项目部签订《项目生产经营责任状》，在责任状里明确该项目的工资总额、进度计划、质量目标及产值利润指标等，并制定配套的考核方法与奖罚制度。施工企业可将绩效目标及考核指标分解到各部门及项目部，再由各部门及项目部分解到个人，并层层签订《绩效承诺书》，定期开展绩效考核，从而建立起项目工资总额与产值、利润挂钩，职工个人收入与项目绩效、个人工作完成量相挂钩的考核体系。

2）发挥工资激励机制，制定合理的薪酬分配方案。施工企业在制定薪酬分配方案时，应

推行符合市场化用工要求的岗位工资加绩效工资的薪资结构模式，并加大关键岗位及项目班子绩效工资所占的比重。为确保项目工资总额受控，在实施过程中，可对各项目职工绩效工资的预发比例进行界定（如发放比例界定为50%～80%，具体由项目部确定），未发部分根据年底考核等级或项目考核结果进行结算。

总之，作为劳动密集型的建筑施工企业，人工成本在企业总成本中占有较大的比例，是一项非常重要的工作。施工企业在控制人工成本过程中，要结合行业特点，从制定工资总额预算入手、加强施工管理，优化施工组织设计，同时完善内部人力资源管理机制及考核评价体系，从而达到提高劳动效率，降低人工成本的目的。

第九章　劳务分包管理

劳务分包是当前企业在经营发展中的常见管理模式，越是大型的企业对于劳务分包的依赖性也越大。伴随着劳务分包管理模式的不断成熟，劳务分包在当前也获得了较为广泛的应用，这一新的劳务形式也是新时期对于社会分工的精准诠释。劳务分包管理模式具备一定的优势，这也是世界五百强企业大多会选择劳务分包管理模式的主要原因。国内中小型企业中也有部分企业在进行着劳务分包模式的尝试并对其整体发展做出了一定贡献，然而由于部分企业对劳务分包管理模式存在着认识上的不足，其在具体的劳务分包管理中也存在着诸多问题，这些问题能否得到解决对于企业来说也十分关键。

第一节　劳务分包管理基本规定

一、劳务分包款管理

《建筑法》第二十九条规定："建筑工程总承包单位可以将承包工程中的部分工程发包给具有相应资质条件的分包单位"。劳务作业分包，是指施工总承包企业或者专业承包企业（承包人）将其承包工程中的劳务作业发包给劳务分包企业（劳务分包人）完成的活动。

建筑劳务分包合同是指：建筑行业内，承包人根据承包工程的情况，将工程全部或部分劳务作业的内容分包给符合资质的劳务分包人而双方依法签订的民事权利义务关系的合同。

劳务分包工程的发包人和劳务工程承包人必须在分包合同中明确约定劳务款的支付时间、结算方式以及保证按期支付的相关措施。

1. 劳务分包与专业工程分包的区别

劳务分包合同是明确合同双方责任、权利和义务的法律文件，是劳务费结算的重要依据。项目部应及时签订劳务分包合同，必须本着先签订劳务分包合同后进场的原则。

劳务分包是工程承包人将建筑工程施工中的劳务作业发包给具有劳务资质的劳务企业的行为；专业工程分包是工程总承包人将建筑工程施工中除主体结构以外的其他专业工程发包给具有相应资质的其他施工企业的行为。劳务分包与专业工程分包的具体区别如下：

1）合同标的指向不同。劳务分包合同的合同标的指向是工程施工中的劳动力作业，计取的是人工费，劳务分包人的主要表现形式是包工但不包料；专业工程分包合同的合同标的指向是分部分项工程，计取的是工程款，工程分包人的主要表现形式是包工包料。

2）分包主体的资质不同。劳务分包人所持有的是劳务作业企业资质；专业工程分包人所持有的是专业施工承包企业资质。

3）分包条件的限制不同。劳务分包只需要对应的总承包人或分包人同意，无须征得发包人（建设方）的同意；而总承包人对专业工程分包有比较多的限制，如首要条件就是事前要经发包人（建设方）的同意。

4）承担责任的范围不同。劳务分包条件下，分包人可自行管理，而且只对与其签订劳务合同的工程承包人负责，工程承包人对发包人负责，劳务分包人对工程发包人不直接承担责任；专业工程分包条件下，总包人和分包人对分包的工程和分包工程的质量缺陷向工程发包人承担连带责任。

2. 劳务分包合同签订的流程

《合同法》规定了合同有口头、书面以及其他等形式，但在劳务分包合同方面，不管承包人和劳务分包人的关系如何，劳务分包合同都必须采取书面的形式订立。承包人和劳务分包人是合同关系，双方的责、权、利的实现必须用公平、合理、详尽的合同来约束。

总承包单位的劳务分包合同签订流程根据合同发包方式的不同而不同。常见的发包方式有招标投标、明码标价交易和非招标采购。

（1）招标投标方式下的劳务分包合同签订流程

工程项目采用招标投标方式的，必须符合《招标投标法》以及相关的法律法规。

明码标价交易方式是商品交易的常用方式，广泛应用于各类商品买卖。明码标价交易的特点是：过程简单、交易迅速，采购者可以根据商品的明码标价，直接决定是否购买。

签订简单的劳务分包合同可以采用这种方式。

（2）非招标采购方式下的劳务分包合同签订流程

非招标采购方式包括单一来源采购、询价采购和竞争性谈判采购等方式。

1）单一来源采购的劳务分包合同签订流程：成立采购小组→开展谈判→确定成交事项→签订劳务采购合同。

2）询价采购的劳务分包合同签订流程：制定询价采购文件或询价函→确定被询价的劳务分包商名单→发出询价采购文件→接受劳务分包商报价→成立询价小组→评审并确定劳务分包商-签订劳务采购合同。外包的单价要经过严格的审核，如表 9-1 所示。

表 9-1　劳务（专业）分包合同外工程项目单价审批表

工程名称：__________　编号：__________

分包商名称：__________

序号	项目名称	单位	数量	分包报价	项目经理部初定单价	事业部审核单价	公司审定单价	备注

续表

序号	项目名称	单位	数量	分包报价	项目经理部初定单价	事业部审核单价	公司审定单价	备注
审核意见	项目合约经理							
	项目经理							
	事业部							
	公司成本合约部							
	公司审计部							
	总经济师							

3）竞争性谈判采购的劳务分包合同签订流程：制定谈判文件→发布采购公告公布资格要求→征集合格劳务供应商→向合格劳务供应商提供谈判文件→成立谈判小组→公开报价→开展谈判→确定劳务分包商→签订劳务分包合同。

3. 劳务分包合同价款的确定方式及应用范围

发包人、承包人约定劳务分包合同价款的计算方式时，常采取固定合同价款、建筑面积综合单价、工种工日单价、综合工日单价 4 种方式选中的一种，不得采用“预估价方式约定合同总价。

1）固定合同价款是指在合同中确定完成全部劳务分包施工项目所应支付的劳务费用总价，总价被承包人接受以后，一般不得变动。

2）建筑面积综合单价是指以建筑施工面积（平方米）为计量单位，完成从进场到竣工，全部劳务工作量的各工种工作应支付的工资和其他劳务费用的价格（元/平方米）。

一般适用于一个劳务分包单位承担绝大部分劳务工作的情况。建筑面积综合单价通常按地下结构、地上结构、初装修、水暖安装、电气安装、外墙面砖、外墙粉刷等分部分项工程分别计算平方米单价；也可统一按建筑面积确定平方米单价，有时总包单位还规定将辅材、小型机具和劳动保障用品所需费用折算成平方米单价，包含在承包价中。

3）工种工日单价是指按不同作业工种划分的，每完成一个定额工日所要支付的工资价格（元/日），即按定额单价确定各工种的工日单价。

工种工日单价通常用于木工、砌筑工、抹灰工、石制作工、油漆工、钢筋工、混凝土工、脚手架工、模板工、水暖电安装工、钣金工、架线工。

4）综合工日单价是指按工日计算（元/日），完成每个分部分项工程对所需使用的各工种应支付的综合劳务费价格。劳务费包含：工人工资、劳动保护费、管理费、各项保险费用、临设费用、文明施工及环保费用、利润、税金；但不包括以下内容：中小型施工机具、设备费，劳务作业周转费，低值易耗材料费。

综合工日单价通常用于房建结构、装饰工程初装修、机电设备安装、弱电安装、市政管线、市政道桥、市政综合、园林等分部分项工程。

1）暂估价是指招标阶段直至签订合同协议时，招标人在招标文件中提供的用于支付必然发生但暂时不能确定价格的材料及专业工程金额。暂估价包括材料暂估单价和专业工程暂估价。

2）暂估价是指招标阶段直至签订合同协议时，招标人在招标文件中提供的用于支付必然发生但暂时不能确定价格的材料及专业工程金额。暂估价包括材料暂估单价和专业工程暂估价。暂估价不适用于劳务分包工程。

招标投标方式的劳务分包合同签订流程：招标→投标→开标→评标→中标→签订合同。

第二节　劳务分包合同的主要内容

一、劳务分包相关规定

1. 劳务分包合同的内容

（1）劳务分包合同价款构成的主要内容

劳务分包合同价款包括：工人工资、文明施工环保费、临舍费、管理费、劳动保护费、各项保险费、低值易耗材料费、工具用具费、利润和税金等。

（2）劳务分包合同价款应当分别约定和必须明确的内容

发包人、承包人在劳务分包合同订立时应当对以下有关合同价款内容明确约定：

1）发包人将工程劳务作业发包给一个承包人的，正负零以下工程、正负零以上工程、装修、设备安装工程等应当分别约定；

2）工人工资、管理费、工具用具费、低值易耗材料费等应当分别约定；

3）承包低值易耗材料的，应当明确材料价款总额，并明确材料费的支付时间、方式；

4）劳务分包合同价格的风险幅度范围应有明确规定，超过风险幅度范围的，应当及时调整。

2. 2014 版《建设工程施工劳务分包合同（示范文本）》的特点

劳务分包合同价款应当分别约定和必须明确的内容，2013 年 4 月，住房和城乡建设部、国家工商行政管理总局印发建市〔2013〕56 号文件，颁布了 2013 版《建设工程施工合同（示范文本）》（GF—2013—0201）。2013 版的建设工程施工合同示范文本较之前的 1999 版示范文本有了很大的改进，它适用于房屋建筑工程、土木工程、线路管道和设备安装工程、装修工程等建设工程的施工承发包活动。

2003 版《建设工程施工劳务分包合同（示范文本）》已经不再适用于新颁布的相关法律法规，落后于劳务分包实践，并且与 2013 版《建设工程施工合同（示范文本）》无法衔接。为解决这些问题，住房和城乡建设部组织专家结合国内建筑劳务市场的通行做法及最新发展情况对劳务分包合同进行了修订。

以下有关建设工程施工劳务分包合同示范文本的表述，依据住房和城乡建设部2014年6月发布的《建设工程施工劳务分包合同（示范文本）》。

1）2014版劳务分包合同相对2003版劳务分包合同，在合同结构安排和合同要素的设置上更为科学合理。2003版劳务分包合同结构体系的设置相对繁多，且与2013版《建设工程施工合同（示范文本）》无法有效衔接。2014版劳务分包合同对合同体系进行了全面、系统地梳理，在合同要素上进行优化和补充，体例上充分适应2013版《建设工程施工合同（示范文本）》，由合同协议书、通用条款和专用条款3个部分组成，其中合同协议书9条，通用合同条款19条。

2）2014版劳务分包合同强调了承包人的现场管理义务，由承包人编制施工组织设计，劳务分包人根据承包人的施工组织设计编制劳动力供应计划报承包人审批，承包人全面负责现场的安全生产、质量管理，以及工期计划等，承包人有权随时检查劳务作业人员的持证上岗情况，同时明确劳务分包人不得对工程提出变更，通过合同引导承包人加强现场管理。

3）2014版劳务分包合同强调了劳务分包人对劳务作业人员的管理义务，合同约定劳务分包人应当向承包人提交劳务作业人员花名册、与劳务作业人员签订的劳动合同、出勤情况、工资发放记录以及社会保险缴纳记录等，通过合同引导当事人合法履约，并有效缓解目前广泛存在的拖欠劳务人员工资以及不依法为劳务人员缴纳社会保险引发的社会稳定问题。

4）2014版劳务分包合同明确约定了承包人不得要求劳务分包人提供或采购大型机械、主要材料，承包人不得要求劳务分包人提供或租赁周转性材料，完善了以劳务分包之名进行专业分包甚至转包的防范措施，以促进劳务市场的有序发展。

5）从引导劳务分包企业提高劳务管理水平角度出发，同时也是为了与2013版《建设工程施工合同（示范文本）》有效衔接，2014版劳务分包合同设置了逾期索赔失权条款，从而督促劳务分包人加强现场管理措施，及时申请索赔，避免由此给劳务分包人造成经济损失。

6）从引导劳务分包企业提高劳务管理水平角度出发，同时也是为了与2013版《建设工程施工合同（示范文本）》有效衔接，2014版劳务分包合同设置了逾期索赔失权条款，从而督促劳务分包人加强现场管理措施，及时申请索赔，避免由此给劳务分包人造成经济损失。

7）2014版劳务分包合同的价格形式包括单价合同、总价合同以及双方当事人在专用合同条款中约定的其他价格形式合同，其中单价合同又包括工程量清单劳务费综合单价合同、工种工日单价合同、综合工日单价合同以及建筑面积综合单价合同，并对不同价格形式分别约定了计量及支付方式，便于当事人选择适用。

3. 核实劳务费是否在劳务分包合同中单列

劳务分包合同的签订要遵循“工料分开”的原则，即劳务费和材料费必须分开单列。劳务分包人没有采购或租赁主要材料、大型设备和周转性材料的义务，因此主要材料、大设备和周转性材料的购买或租赁不得在劳务分包合同中约定；同时严格区分和界定劳务费与人工工资的范围，并在合同中注明。

（1）劳务费与人工工资的区别

劳务费，即个人所得税中的劳务报酬，是指独立从事各种非雇佣的各种劳务所取得的报酬，它是独立个体从事各种劳务所取得的报酬。

劳务费包含：工人工资、劳动保护费、管理费、各项保险费用、临设费用、文明施工及环保费用、利润、税金；但不包括以下内容：中小型施工机具，设备费，劳务作业周转费，低值易耗材料费。

人工工资属于非独立个人劳务活动的报酬，即在机关和企事业单位中任职、受雇而得到的报酬，存在雇佣与被雇佣关系。

劳务发包人、分包人属于两个独立的法人单位，相互之间为合同关系；而劳务分包人与各技术工种工人之间存在雇佣关系。劳务费中包含人工工资，人工工资包含于劳务费中。

（2）劳务费在劳务分包合同中单列的原因

会计明晰性原则又称清晰性原则，是指会计记录和会计信息必须清晰、简明，便于理解和使用。

将劳务费在劳务分包合同中单列，从而使劳务分包合同所包含的合同价款更加清晰、明了，便于后期会计核算。

1）劳务费的计税标准和方式不同。因劳务费与材料费、小型机械设备、管理费等费用的计税标准不同，与人工工资计税方式不同，因此将劳务费在劳务分包合同中单列也是税务管理部门进行劳务分包合同备案审查的重点。

2）现场施工管理的需要。将劳务费在劳务分包合同中单列，使得劳务分包合同所包含的合同价款更加清晰、明了，能够确保分清楚各项工作，便于将每月工程量按照各项进度要求进行统计和汇报，同时便于施工现场施工材料的管理，对加快建筑施工进度、保证工程整体质量、降低工程造价、提高社会经济效益都有着十分重要的意义。

3）对农民工权益的保护的需要。发包人、承包人应当在每月 20 日前对上月完成劳务作业量及应支付劳务分包合同价款予以书面确认，书面确认时限自发包人收到承包人报送的书面资料之日起计算，最长不得超过 3 日；发包人应当在书面确认后 5 日内支付已经确定的劳务分包价款。

总承包企业自收到劳务分包承包人依照约定提交的结算资料之日起 28 日内完成审核并书面答复承包人；逾期不答复的，视为发包人同意承包人提交的结算资料。

劳务分包工程完工，工程结算程序完成后，发包人应当自结算完成之日起28日内支付全部结算价款。

分包合同价款的支付必须以银行转账的形式办理，付款时总包单位不得以现金方式向分包单位支付劳务费。如果分包单位是外地施工企业的，分包单位还必须向总包单位出具外地施工企业专用发票。

总承包企业和劳务企业必须每月支付一次劳务企业农民工的基本工资，企业工资月支付数额不得低于当地最低工资标准，余下未支付部分企业在工程完工后或季度末、年末必须保证足额支付。

劳务费是劳务工资支付的来源，将劳务费在劳务分包合同中单列，便于对劳务发包人支付给劳务承包人的劳务分包合同价款进行监控，确保农民工工资的按时足额发放。

二、劳务费管理

劳务费是劳务工人工资支付的来源，相关单位要按月结算。当月完成的工作量应在劳务分包合同专用条款约定的时间内完成结算；劳务分包作业完工并经承包人验收合格之日起28天内向承包人提交完工结算申请单和完整的结算资料，承包人在收到完工结算申请单之日28天内予以审核确认。承包人要加强劳务费结算管理工作，做到总分包双方底数清晰，避免发生争议和因此引发恶意讨要工资事件。

1. 劳务分包合同结算

1）分包单位结算总则：

①分包单位结算工作必须遵守总包商及项目经营管理的有关规定。

②分包单位结算工作必须按合同约定的结算期保证按时、准确、翔实、资料齐全（合约双方）。

③分承包方（月）结算书的申请、支付、规定程序、时间、格式见表9-2、表9-3。

表9-2　中间计量明细表

二〇　　年　　月度　　　　截止日期：　　年　　月　　日

类别	序号	项目名称	单位	分包商上报					项目部审核				
				本期			累计		本期			累计	
				数量	单价	金额	数量	金额	数量	单价	金额	数量	金额
合同内													
	小计												
合同外已确认造价													
	小计												
	合计												

项目审核：　　　　项目合约经理：　　　　项目经理：　　　　审核日期：

表 9-3　劳务分包中间计量表

二〇　　年　　月度　　　　　　　　　　　　　　　　截止日期：　年　　月　　日

序号		分包商上报		项目部审核		备注
		本期	累计	本期	累计	
1	合同内造价					
	合同外已确认造价					
2						
3						
	合计					

项目编制：　　　　项目合约经理：　　　　项目经理：　　　　编制日期：

a. 包工包料及劳务分包单位或扩大劳务的分包单位，于每月 25 日（工程量统计周期为上月 24 日至本月 23 日或按照项目规定的日期）或结算期，根据双方约定的内容编制月预算统计结算书，由相关负责人签字并加盖公章，报项目经理部预算部门审核。

b. 工程结算必须在工程完工、项目验收后 14 日内（或按照合同要求）报项目预算部门。超过时限项目预算部门不再接收分承包方的结算书，结算由项目单方进行，必要时邀请分包单位分供方参与，结果以项目预算部门结算所出数据为准。

c. 分包单位于每月 23 日（或按照项目规定的日期），申请项目主管分包的现场工程责任人对其当月完成的工程项目及施工到达的部位进行签认，填写《完成工程项目及工程量确定单》。并将《完成工程项目及工程量确定单》作为月度工程量统计表的附件报给项目预算部门。

d. 属材料物资采购或设备订货的供应单位，在结算期根据订购合同（视为进场计划）的内容和项目经理部物资管理部门材料人员验收（料）小票，报至物资管理部门审核，物资管理部门审核确定签字，再报项目预算部门审核确认签字。最终，由项目财务部门根据物资部、预算部门的审核意见转账。

2）针对分包单位（月）结算书，各部门签署结算意见。

由项目预算部门提供《分包单位工程月度申请单》，由分包单位人员携此单到项目经理部有关领导和部门签署意见，签好后交至预算部门备查。如部门提出异议、暂停结算时，应调查落实，如属实则不予办理结算。

3）根据分包单位（月）结算书及时填写分包单位结算单。

①月统计报表审核后，由项目预算部门填写“工程分包单位合同预、结算单”，报预算部门审核后，再报项目现场管理部门审批意见后，预算部门签署审批意见后报项目经理终审后，将“工程分包单位合同预、结算单”反至项目预算部门。

②预算部门根据不同情况分别填写结算单签字，其中工程分包单位项目后附完成确认单、各部门意见会签单、审核预算书、并报区域公司或总包商合约部审查。材料、设备、订货后附物资管理部门开具的验收单和部门意见会签单及结算审核单 4 份内容。

4）分包单位（月）结算支付款项

①分包单位的“工程分包单位合同预、结算单”经总包商主管部门审核签认后，转回项目经理部，项目财务部门填写预结算单及委付单，报总包商资金部门，由总包商资金部门支付

款项。支付形式为网上转账，每月集中办理一次。

②材料物资采购、租赁或设备订货的由项目物资管理部门、技术部门审核意见后转项目预算部门，按分包单位的结算方式结算。

5）分包单位（月）结算书资料归档、登记统计台账。

6）项目经理部预算部门将结算资料归账，并登记统计台账，记录结算情况和结果。

7）分包单位索赔、签证及合约以外费用的确定。

①分包单位索赔、签证事件发生后，分包单位应及时向项目经理部预算部门申报。逾期（或项目经理部根据项目不同情况确定时间）未报，则视为分包单位放弃索赔权利。

②索赔、签证发生后，分包单位将发生的资料（照片或原始记录等）上报项目工程预算部门审核，项目工程管理部门在收到分承包方上报的索赔、签证基础资料 10 日内将审核意见书（包括发生的项目，工程量、影响的程度、工期损失等）发给分包单位，分包单位依据项目工程管理部门的审核意见书编制索赔、签证费用及工期计算书，并上报给项目预算部门审核。

③项目预算部门根据工程管理部门的审核意见，同时依据分包单位合同对分承包方上报的费用及工期计算书进行审核，并在收到费用或工期计算书后 15 日内（或项目经理部根据项目不同情况确定时间）将审核结果通知分承包方。

④所有工程索赔、签证费用在分包单位工程结算完成后统一支付。

2. 劳务分包合同价款结算的时间限制

发包人、承包人应当在劳务分包合同中明确约定对劳务作业验收的时间限制，以及劳务合同价款结算和支付的时间限制。

1）发包人、承包人应当在每月 20 日前对上月完成劳务作业量以及应支付的劳务分包合同价款予以书面确认，书面确认时限自发包人收到承包人报送的书面资料之日起计算，最长不得超过 3 日；发包人应当在书面确认后 5 日内支付已经确定的劳务分包价款。

2）总承包企业自收到劳务分包承包人依照约定提交的结算资料之日起 28 日内完成审核并书面答复承包人；逾期不答复的，视为发包人同意承包人提交的结算资料。

3. 劳务费结算的审计

施工企业分包劳务费结算审计就是对企业分包的项目应用专门方法，收集整理有关资料，评价经济效果，揭示影响经济效益的问题，发现企业管理存在的弊端，帮助企业寻找解决问题的办法和措施，提升企业管理水平，促进企业提高经济效益。

为了规范劳务费结算的审计工作，将劳务费的结算审计分为中间结算和最终结算。

中间结算主要审计以下内容：由使用单位根据劳务合同及实际完成工作量按 95%出具单工号“劳务结算申请表”、工程结算明细、结算依据是否有合同、有合同的与合同内容是否相符、零工单是否有领导签字、工程处同协作单位的现场施工签证及其他能证明应结算的资料。

最终结算主要审计以下内容：由基层单位预算员依据《劳务合同》编制工程结算书、工程处对劳务队的签证资料、经公司有关部门验收和签字资料、特殊材料的认质认价单、工程预算科审批单及其他能证明应结算的资料等。

以上资料通过结算审计部门认真核对后，出具工程劳务结算单、报公司领导审批，最终到财务挂账。

劳务费结算审计过程中，要求工程处不能将甲方的签证作为施工队结算依据，对施工队的结算要依据现场实际工程量、由劳务分包单位现场责任人填写工程量确认单，经施工单位、监理单位、建设单位签字后，方可作为结算资料，据实结算，当月劳务费结算，按单工号与工程报量同步进行，配比结算，且人工费的累计结算额不得突破预算中的总额，以严格控制结算费用。

4. 劳务分包合同价款支付的有关规定

（1）合同价款支付的时间限制

发包人、承包人应当在劳务分包合同中明确约定施工过程中劳务工作量的审核时限和劳务分包合同价款的支付时限。

月度审核时限从发包人收到承包人报送的上月劳务作业量之日起算起，最长不得超过 3 日；支付时限从完成审核之日起算起，最长不得超过 5 日。

劳务分包工程完工，工程结算程序完成后，发包人应当自结算完成之日起 28 日内支付全部结算价款。

（2）农民工工资支付

总承包企业和劳务企业必须每月支付一次劳务企业农民工的基本工资，企业工资月支付数额不得低于当地最低工资标准；余下未支付部分，企业在工程完工后、季度末或年末必须保证足额支付。

建筑施工企业应当在银行建立工资保证金专用账户，提交农民工工资保证金专项用于发生欠薪时支付农民工工资的应急保障。

建设单位或施工总承包企业未按照合同约定与劳务分包企业结清工程款，致使劳务分包企业拖欠农民工工资的，由建设单位或工程总承包企业先行垫付农民工工资，先行垫付的工资数额以未结清的工程价款为限。

（3）支付形式

分包合同价款的支付必须以银行转账的形式办理，付款时总包单位不得以现金方式向分包单位支付劳务费。如果分包单位是外地施工企业的，分包单位还必须向总包单位出具外地施工企业专用发票。

（4）对履行劳务分包合同价款的规定

1）发包人不得以工程款未结算、工程质量纠纷等理由拖欠劳务分包合同价款。

2）发包人、承包人应当在每月月底前对上月完成劳务作业量及应支付的劳务分包合同价款予以书面确认，发包人应当在书面确认后 5 日内支付已经确认的劳务分包合同价款。

3）承包人应当按照合同约定组织劳务作业人员完成劳务作业内容，在收到劳务分包合同价款后，按照合同约定发放工资并将工资的发放情况书面报送发包人。

5. 农民工工资支付和重庆市相关规定

根据劳务分包合同价款结算、支付的要求，应按月对劳务费进行签认，填写劳务费结算支付情况汇总表、劳务费结算支付情况月报表、工程项目劳务费结算支付情况月报表。

近年来，重庆市着力将制度建设贯穿于清理解决拖欠农民工工资工作中，努力做到事前有效防范，事中有力监管，事后严肃处理，进一步规范了企业工资支付行为，保证了农民工工资的及时兑现，有效确保了社会和谐稳定。为进一步加大建设领域农民工工资支付监管力度，促进建设领域农民工工资的正常支付，强化足额支付农民工工资的制度化建设，市人力资源社会保障局和市建设委员会联合制定了《重庆市建设领域农民工工资支付监管暂行办法》。适用于重庆市行政区域内从事土木工程、建筑工程、装修工程的新建、扩建、改建活动的建筑业企业和与之形成劳动关系的农民工。

办法规定各区县（自治县）劳动保障行政部门负责本行政区域内建设领域用工主体工资支付的监督管理，建设主管部门协助劳动保障行政部门对建设领域用工主体执行本办法的情况进行监督检查。本办法中用工主体是指建设领域直接招用农民工的工程总承包企业、施工总承包企业（简称施工企业）、专业分包企业或劳务分包企业（简称分包企业）。建设领域工程项目部、项目经理、施工作业班组、包工头等不具备用工主体资格。建筑活动中，建设单位、施工企业等不得将工程发包、分包给不具备相应资质的企业、自然人，否则承担拖欠工资的全部责任。

用工主体应当根据劳动合同约定的农民工工资标准等内容，按照依法签订的集体合同或劳动合同约定的日期按月支付工资，并不得低于当地最低工资标准，具体支付方式可由企业结合建筑行业特点在内部工资支付办法中规定。

用工主体必须依照《中华人民共和国劳动法》和《中华人民共和国劳动合同法》的规定，与农民工签订劳动合同。劳动合同要明确劳动合同期限、工作内容、工资计算标准、工资结算方式、工资支付时间及工资支付方式等内容。劳动合同一式两份，用工主体与农民工本人各持一份。鼓励用工主体与农民工签订集体合同。

施工企业应按照《重庆市建设委员会关于加强清欠预警工作的通知》（渝建发〔2008〕65号）要求，在施工现场设立“农民工维权告示牌”。

用工主体要建立进出场登记制度、考勤统计制度和工作量审签制度。用工主体要加强出勤记录并按劳动合同约定及时对已完成工作量的确认和审签工作。

用工主体应建立农民工花名册，主要包括以下内容：姓名、身份证号码、工种、进场时间、离场时间等。农民工花名册一式两份，用工主体一份，发包方审核保留一份。

用工主体要按月记载当月用工变动情况，包括当月离职农民工人数、新进农民工人数、月末农民工人数。劳动保障行政部门采取实地检查或要求报送书面材料方式加强对建设项目建立农民工花名册的情况进行核查。

用工主体应编制农民工工资支付表书面记录工资支付情况。工资支付表主要包括以下内容：姓名、身份证号码、支付月份、工种、单价、工程量、应付金额、实付金额、本人签字等，工资表由发包方审核并留存备查。

建立劳动用工和工资支付季报制度，施工企业要按照劳动用工及工资支付情况季度统计表确定的统计项目及时统计并报送项目所在地劳动保障行政部门。

建设领域农民工工资支付实行项目业主责任制、监理单位监督制、施工企业总责制、用工主体负责制。即用工主体对支付农民工工资负直接责任；施工企业对所承包工程的农民工工资支付负全面责任；监理单位要对施工企业工资支付行为加强监督，督促其依法支付农民工工资；项目业主在工程项目发生拖欠农民工工资时，要承担监督和维稳责任。

发包方可根据用工主体委托或在劳动保障行政部门的监督下，依据用工主体提供的农民工工资支付表直接支付农民工工资，或由发包方现场监督用工主体直接将工资支付给农民工本人。

用工主体违反本办法规定不将工资直接支付给农民工本人造成农民工工资拖欠的，由用工主体承担农民工工资直接清偿责任，发包方监督不力或因其过错致使用工主体侵占、挪用农民工工资款项而拖欠农民工工资的，在用工主体不能清偿农民工工资的情况下，要承担先行支付农民工工资责任。

提倡企业委托银行发放农民工工资。

办法规定建设单位按合同约定及时支付工程款，并要运用工程进度款拨付方式，掌控农民工工资发放，确保民工工资月结月清。要将上月农民工工资支付清单作为拨付当月工程进度款的前置条件。若上月农民工工资未按合同约定付清，应在建设行政主管部门和劳动保障行政部门的监督下，将当月应付工程进度款优先支付农民工工资。项目总监理工程师要监督农民工工资的发放，在审签当月工程进度完成量时，要将上月农民工工资支付表作为前置要件，同时要将劳务款从工程款中单列。建设单位应设立劳工监督员，施工企业、分包企业应分别设立劳工管理员，在项目报建时报当地劳动主管部门备案。劳工监督员和劳工管理员及其联系方式应予以公示。

施工企业、分包企业的劳工管理员职责是：负责农民工造册、劳动合同、农民工进出场登记、农民工考勤及工资审核等方面的管理，负责协调处理农民工工资纠纷，按要求向劳动保障行政部门报送农民工管理有关资料。

建设单位劳工监督员职责是：负责督促施工企业或分包企业的劳工管理员做好农民工管理工作并监督农民工工资发放。各建设项目参建单位要分级负责，认真履行监督和管理职责，做到建设项目农民工管理规范有序，工资依法支付，切实保障农民工的合法权益。

办法指出，对因拖欠农民工工资而按程序动用工资保障金的，工资保障金监管部门应督促被扣划工资保障金的单位及时补足工资保障金，逾期未补足保障金的，将按应补足数额加倍缴纳。同时，建设行政主管部门有权责令该项目限期整改。施工单位在申请退还保障金提交退款申请时，须向农民工工资保障金监管部门同时提交农民工工资支付凭证、民工工资支付表册或其他能证明农民工工资已付清的充分证据或提供有效担保的相关手续。劳动保障部门在接到报告后的 3 个工作日内，到项目所在地张贴无欠薪通告，在通告后的 7 个工作日内，如没有接到欠薪投诉，方可退还保障金，否则不予退还。若退还保障金后，仍有投诉，又未及时处理的单位，将按清欠“不良行为”单位处理，在办理新开工项目建设手续时，需加倍缴纳保障金。

建立建筑行业不良行为记录制度，并将不良行为记录与工商、质监、金融等监管部门共享。出现以下情况劳动保障部门要将企业列入不良行为记录名单并通报工商、质监、金融等监管部门：

1）建设企业拖欠工程款引发拖欠农民工工资造成群体上访事件的。

2）施工企业或分包企业拖欠分包款或劳务款造成群体上访事件的。

3）企业因拖欠农民工工资而提前划支工资保障金的。

建设主管部门可依法对违反国家工资支付规定，拖欠或克扣农民工工资的建筑企业，在市场准入、招投标资格和新开工项目施工许可等方面进行限制，并予以相应处理；对列入不良行为记录的企业，要在企业资质检验、升级、评优等方面进行限制。同时对列入不良行为记录的企业，劳动保障部门要将其不良行为通过新闻媒体等方式向社会公布。

劳动保障行政部门应采取日常巡查、集中检查、实地检查等方式，加强建设项目农民工工资支付情况动态监控，对拒不配合执法检查或不按要求提供资料的，严格实施行政处罚；对拒不按要求建立农民工花名册、不与农民工签订劳动合同、拖欠克扣农民工工资及伪造相关资料等违反法律法规的行为，将严格依照《劳动合同法》《劳动合同法实施条例》《劳动保障监察条例》等法律法规处理。

6. 劳务人员工资管理

按国务院和地方政策要求，总承包企业应当做到对劳务企业劳务费月结季清或按照分包合同约定执行；同时应监督劳务分包企业对农民工工资月清月结或按照劳动合同约定执行，确保农民工工资按时足额发放给本人。如未按时发放工资农民工可以维权，如图 9-1 所示。

农民工维权告示牌

项目全体农民工：

为保障你在本项目劳动期间的合法权益，帮助你依法有序维权，现将有关情况告示如下：

农民工劳动保障权益主要内容：

建筑领域直接招用农民工的施工企业或劳务分包企业，必须依照《中华人民共和国劳动法》《中华人民共和国劳动合同法》的规定，与农民工签订劳动合同，并提倡签订集体合同。

建筑领域直接招用农民工的施工企业或劳务分包企业，必须按照劳动合同约定或劳动保障法律、法规规定足额支付工资。

特别提醒

如果用人单位拒不与你签订劳动合同、集体合同，以及未按劳动合同、集体合同约定足额支付工资，请及时向劳工监督员或劳工管理员反映有关情况，由其协调解决；同时也可向项目所在地劳动保障监察机构投诉。

为有效维护你的权益，你应妥善保留各种有效证据，如劳动合同或协议、工作证件、工资结算单等。

施工企业劳工管理员：　　　　联系电话：

分包企业劳工管理员：　　　　联系电话：

建设单位劳工监督员：　　　　联系电话：

劳动保障监察机构：　　　　　投诉电话：

地址：

图 9-1　农民工维权告示牌

劳务分包企业必须每月支付一次农民工的基本工资，企业工资支付数额不得低于当地工资最低标准，余下未支付部分企业在工程完工、季度末或年未必须保证足额支付。

建设单位或施工总承包企业未按照合同约定与劳务分包企业结清工程款，致使劳务分包企业拖欠农民工工资的，由建设单位或工程总承包企业先行垫付农民工工资，先行垫付的工资数额以未结清的工程价款为限。

劳务费结算台账和支付凭证是反映总包方是否按照规定及时结算和支付分包方劳务费的依据，也是检查分包企业劳务作业人员能否按时发放工资的依据；劳务作业人员工资表和考勤表，是劳务分包企业进场作业人员实际发生作业行为工资分配的证明，也是总包单位协助劳务分包企业处理劳务纠纷的依据；因此，劳务费结算台账和支付凭证以及劳务作业人员工资表、考勤表应该作为劳务管理重要资料存档备查。

项目部核算员与劳务分包班组负责人每月应根据出勤及完成的工作量，计算出每位劳务工实际应得工资额，劳务员编制工资支付表，经项目经理、劳务分包班组长、劳务工本人三方核实签字确认后，由项目部按工资支付表将工资以货币形式直接发放到本人，严禁发放给“包工头”或其他不具备用工主体资格的组织和个人。

（1）建立劳务人员考勤表

职工考勤应以考勤原始记录表简称考勤表的形式进行记录，内容包括出勤、迟到、早退、旷工，事、病、婚、丧、探亲假，开会、出差、外借等。考勤是用工单位进行薪酬支付和员工考核的重要依据。

考勤管理是劳动人事管理领域的一项重要基础工作，它是维持正常工作秩序、提高办事效率、严肃劳动纪律、使员工自觉遵守工作时间的重要手段。用工单位不断完善员工考勤管理制度，做好员工考勤管理工作，对加强劳动用工管理，提升用工单位人力资源管理水平具有重要意义。

劳务人员考勤表是劳务分包作业人员实际发生作业行为的证明，是编制劳务作业人员增减台账、务工人员工资表、劳务作业人员工资台账等后续工作的原始依据，也是总包单位协助劳务分包企业处理劳务纠纷的依据，因此，劳务人员考勤表是劳务管理的重要资料。

建筑施工企业应当对劳动者出勤情况进行记录，作为发放工资的依据，并按照工资支付周期编制工资支付表，考勤情况应真实地体现员工出勤情况，准确度要高，不得伪造、变造、隐匿、销毁出勤记录和工资支付表。

（2）现场考勤办法

劳务分包队伍进场后必须明确现场考勤办法。

现场考勤分为劳务队伍管理人员的考勤和劳务作业人员的考勤。应将劳务作业人员的考勤作为重点，农民工花名册人员信息必须齐全，见表 9-4。

表 9-4　农民工花名册

项目名称：　　　　　　　　　　　　　　　　　　　　用工单位名称（盖章）：

序号	姓名	性别	身份证号	联系方式	工种	工作岗位	进场时间	劳动者签名	离场时间	劳动者签名

对于劳务队伍管理人员的考勤，建议与承包单位管理人员的考勤要求一致，由承包单位和劳务分包单位共同负责。需要强调的是劳务队伍管理人员请假必须经劳务分包项目经理和项目部劳务员的批准。与承包项目部管理人员一样，在“去向板”上填写去向。

劳务作业人员的考勤主要由劳务分包队伍自己负责，项目部劳务员进行监管。劳务作业人员的考勤方法应依据以下几个方面确定：

目前各地区对劳务队伍的管理规定存在较大的差异，有些地方实施了实名制管理，有些地方还没有实施。就算实行实名制管理的地区，具体要求也有所不同。

1）承包单位关于劳务作业人员考勤方法的规定

对于工程所在地对劳务作业人员的考勤方法没有规定的，可实行总包单位劳务作业人员的考勤方法。

2）劳务分包单位关于劳务作业人员考勤方法的规定

对于既没有工程所在地关于劳务作业人员考勤方法的规定，又没有承包单位关于劳务作业人员的考勤方法规定的，可采用劳务分包单位关于劳务作业人员考勤方法的规定，但必须经过承包单位认可。

（3）现场考勤

劳务队伍现场管理人员和劳务作业人员均必须进行实名登记。由劳务员建立公司劳务作业人员（含队长、班组长、农民工）花名册，花名册中登记的人员应包含劳务分包公司在该工程的全部人数。

为每一位劳务现场管理和作业人员在建立花名册时，至少必须统计以下信息：姓名、性别、工种、岗位、等级、文化程度、籍贯、家庭住址、身份证号、劳动合同编号、岗位技能证书编号。公司劳务作业人员（含队长、班组长、农民工）花名册。

劳务队伍必须设项目经理（或劳务队长），劳务员对劳务队伍的管理通过劳务队伍项目经理（或劳务队长）来具体实施，以上花名册中信息须由劳务队伍项目经理（或劳务队长）提供给劳务员进行统计。

项目部劳务管理人员必须要求劳务企业现场负责人每天向项目部上报现场实际人员人数，劳务企业现场负责人必须对上报施工现场人数确认签字，劳务管理人员通过对比记录人员流动和情况，每周要求劳务企业现场负责人上报施工现场人员考勤情况。

劳务人员考勤表由施工班组编制，用工单位（分包）劳务员确认，每月汇总建立劳务人员月考勤表后，向全体劳务人员公示；公示无异议后，每月上报总包单位备案。劳务员须建立劳务人员考勤表档案。

劳务管理人员负责建立每日人员流动台账，掌握务工人员的流动情况，为项目部提供真实的基础材料。

项目部劳务管理人员（劳务员）对比施工现场人员流动情况，将施工现场人员考勤情况与现场花名册进行核对，确定人员增减情况，编制劳务作业人员增减台账，及时掌握劳务人员的流动情况。若审查出未在公司劳务作业人员（含队长、班组长、农民工）花名册的人员，应及时要求劳务企业现场负责人按照规定办理相关手续或予以清退。

需要注意的是，劳务作业人员增减台账中所记录的人员含项目部所属各劳务分包队伍和专业分包队伍人员，不含项目部管理人员。

（4）建立劳务人员工资表

劳务人员工资表是劳务分包企业进场作业人员实际发生作业行为工资分配的证明，也是总包单位协助劳务分包企业处理劳务纠纷的依据。

（5）劳务人员工资支付要求

劳务工资一般按照当月完成工作量的情况，每月结算。

每次结算劳务费时，项目劳务负责人应编制劳务人员工资表；劳务负责人在每月申领劳务工资时，必须提供上月已发的且有劳务人员本人签字以及劳务负责人签字、相关劳务企业盖章的工资单报给项目部劳务员备案，以鉴定劳务工资是否发给了员工本人。

项目劳务管理人员必须要求施工队伍负责人提供务工人员工资表，并留存备案，工资表中人员必须和考勤表一致，且必须有务工人员本人签字，施工队伍负责人签字和其所在企业盖章，方可办理劳务费结算。农民工工资表见表 9-5。

表 9-5　农民工工资表

项目名称：　　　　　　　　　　　　　班组名称：　　　　　　　　　　　　时间：　　　年　　月

序号	姓名	身份证号	工作量		工资计算标准	应得工资		借支预支金额	实得工资金额	领取人签字	备注
			计时	计件	计时	计件					

续表

序号	姓名	身份证号	工作量		工资计算标准	应得工资		借支预支金额	实得工资金额	领取人签字	备注
			计时	计件	计时	计件					

用工单位负责人： 用工单位劳工员： 制表人： 年 月 日（用人单位印章）

注：1. 领取人签字后即表示当月工工资已足额领取。

2. 以上情况属实，签字人愿对其真实性负法律责任。

项目部根据施工队伍负责人所提供的工资表，由劳务员会同项目负责人和劳务负责人对本月应发劳务工资审核，确认无误后按时足额向务工人员支付工资。

国家关于加班工资的规定如下：员工休息日加班的，首先应安排补休，在不能安排补休的情况下，才支付加班工资。员工工作日和节假日加班的，应支付加班工资，不能安排补休。

（6）劳务人员工资表

劳务人员工资表的最终表格由用工单位（分包）编制，必须由劳务人员本人、劳务负责人、用工企业劳务员、用工企业项目负责人（或授权队长）签字确认，加盖用工企业公章，每月报总包单位备案。

劳务人员工资表由项目名称、班组名称、劳务人员具体信息、相关单位签字盖章组成，详见表 9-6。其中每个劳务人员具体信息须包含姓名、工种、出勤日期、日工资、工资总额、支出部分（含生活费、预支费、罚款、其他、本月实际支付）、未支付数。

表 9-6 劳动用工及工资支付情况汇总表

项目名称： 时间： 年 季度

	用工变动情况			工资支付情况				其他
	当月离场人数/人	当月新增进场人数/人	月末农民工人数/人	应付工资总额/元	应付工资人数/人	实付工资总额/元	实付工资人数/人	签订劳动合同人数/人
本季度第一月								
本季度第二月								
本季度第三月								
季度合计								

用工单位负责人： 用工单位劳工管理员： 填表时间：

注：此表为每季度末后 5 天内向项目所在地区县（自治县）劳动和社会保障行政部门报送。

联系人： 联系电话： 传真：

第三节　劳务分包队伍的综合评价

1. 劳务分包队伍综合评价的内容

通常，对劳务分包队伍综合评价的依据是双方签订的劳务分包合同及相关的国家法律、法规和行业政策要求。在建筑企业不同的层面上对劳务分包队伍的综合评价内容也有所不同。

1）项目部层面上的综合评价内容在项目经理部层面上，主要考核评价劳务分包队伍的整体素质、工程质量、工期、绿色施工和文明施工、安全生产、与劳务工人签订劳动合同、劳务分包商对劳务工人工资支付、与项目部工程管理人员工作配合、遵纪守法等情况。

2）分公司（或公司）层面上的综合评价内容在项目经理部综合评价的基础上，分公司（或公司）重点评价劳务分包队伍的资质资信、管理体系。施工能力、机械设备、管理力量、劳务力量、劳务管理、内业资料等内容。

3）公司（或集团公司）层面上的综合评价内容根据分公司（或公司）的综合评价意见，公司（或集团公司）重点评价劳务分包队伍的施工业绩，信守履约、协调配合、管理水平、整体素质、负责人诚信等内容。

2. 劳务分包队伍综合评价的方法

1）综合评价方式对劳务分包队伍的综合评价，可以分为过程综合评价和全面综合评价。过程综合评价是在劳务分包作业过程中，由劳务队伍使用单位（项目经理部或分公司）每半年组织一次综合评价；

全面综合评价是在劳务分包作业任务完成时，由劳务队伍使用单位（公司或集团公司）对劳务分包队伍进行的全面综合评定考核。

2）评价方法及工具一般而言，对劳务分包队伍综合评价可以采用多种方法和工具，常用的有专家意见法和数学模型法。专家意见法又可以分为专家主观判断法、打分法、德尔菲法等；数学模型法又可以分为层次分析法、模糊综合评判法等。

3）劳务分包队伍的分级管理在对劳务分包队伍综合评价后，可以根据评价结果确定分级标准。通常把劳务分包的队伍的等级划分为优秀、良好、合格、不合格。

达到合格以上等级的劳务分包队伍可以继续留用；评定等级为不合格的，不得继续留用，应清退出场，并从建筑企业的“合格劳务分包队伍名录”中除名。

同时，警示企业内部各相关单位，对不合格劳务分包队伍，两年内不予合作，再度合作前需重新进行评价。

第十章　劳务纠纷

现代社会人们的维权意识越来越高，而建筑领域用人关系复杂，诸如劳动合同、劳务分包、工资支付等都是非常容易发生纠纷和争议的。妥善处理劳动争议，有利于保护劳动者和用人单位的合法权益，协调劳动关系。这也是劳动争议立法的直接目的。劳动者与用人单位既存在利益上的对立，又有相互统一的一面。只有妥善处理劳动争议，坚决制止不法行为，维护合法利益，将企业的运行纳入法律的轨道，才能使双方的合法权益都能获得有效的法律保障，实现劳动关系的协调发展。

妥善处理劳动争议，有利于增强用人单位和劳动者的法律意识，提高双方当事人履行义务的自觉性。在劳动关系中，双方当事人互为权利义务主体，权利义务相辅相成。通过依法处理劳动争议，加强劳动法律法规的宣传。妥善处理劳动争议，有利于维护正常的生产经营秩序，保障各项制度改革的顺利进行。

第一节　劳务纠纷常见形式与调解

一、劳务纠纷常见形式

1. 劳务纠纷的分类、形式

劳务纠纷也称劳动争议，是指劳动法律关系双方当事人即劳动者和用人单位，在执行劳动法律、法规或履行劳动合同过程中，就劳动权利和劳动义务或履行劳动合同、集体合同发生的争执。建筑业的劳务纠纷主要集中在建设工程施工合同及劳动合同的订立和履行过程中。常见的形式有：

（1）因资质问题而产生的纠纷

根据《建筑法》和住房和城乡建设部 2015 年《建筑业企业资质管理规定》（住建部令第 22 号）关于建筑施工企业从业资格的规定，从事建筑活动的建筑施工企业应具备相应的资质，在其资质等级许可的范围内从事建筑活动。如果建筑施工企业超越本企业的资质等级许可承揽工程，或者施工企业向无质资或不具备相应质资的企业分包工程，则容易引起纠纷。

（2）因履约范围不清而产生的纠纷

在施工实践中，总包单位与分包商之间因履约范围不清而发生纠纷的现象屡见不鲜。例如，一个分包合同中约定，由总包单位提供垂直运输设备，但在具体施工时，总包单位只提供汽车吊而不提供塔吊。尤其是在基坑开挖过程中，垂直运输设备对工期的影响巨大，假如不利用，分包商很有可能无法完成工期目标，但汽车吊也属于垂直运输设备，因此，很难认定总包单位违约。造成履约范围不清的主要原因是分包合同条款内容不规范、不具体。分包合同订立的质量完全取决于承包人和分包商的合同水平和法律意识。若承包人、分包商的合同水平和法律意识都比较低或差异大时，则订出的合同内容不全，权利义务不均衡。所有这些都在以后施工过程中产生的纠纷埋下伏笔。因此，在订立分包合同时，应严格按照《分包合同示范文本》的条款进行订立。

（3）因转包而产生的纠纷

转包是指承包单位承包建设工程，不履行合同约定的责任和义务，将其承包的全部建设工程转给他人或将其承包的全部建设工程肢解后以分包的名义分别转给其他单位承包的行为。建设工程转包为法律所禁止，《合同法》第二百七十二条、《建筑法》第二十八条、《建设工程质量管理条例》第二十五条都规定禁止转包工程。

“分包”与“转包”是建设工程施工过程中普遍存在的现象，承包人将建设工程非法转包、非法分包后，使得劳动关系趋于复杂化，由此引发拖欠劳动者工资进而引发劳务纠纷。

（4）因拖欠农民工工资引发的纠纷

农民工是一个特殊的群体，他们既不是真正的农民，也不是真正的工人，而是一个典型的由经济和社会双重因素造就的弱势群体。农民工权益受损问题中，“拖欠工资”问题是最引人注目也是最普遍的，也是引发劳务纠纷的重要原因之一。

2. 劳务纠纷产生的形式

建筑业的劳务纠纷主要集中在建设工程施工合同及劳动合同的订立和履行过程中。常见的形式就是因合同当事人主观原因造成的合同订立时就存在的潜在纠纷。

（1）选择订立合同的形式不当

建筑工程施工合同有固定价格合同、可调价格合同和成本加酬金价格合同。在订立建筑施工合同时，就要根据工程大小，工期长短，造价的高低，涉及其他因素多寡选择合同形式。选择不适当的合同形式，会导致合同争议的产生。

（2）合同主体不合法或与不具备相应资质的企业签订劳务分包合同或工程分包合同

1）《合同法》规定：合同当事人可以是公民（自然人），也可以是其他组织。也就是说作为建设工程承包合同当事人的发包方和承包人，都应当具有相应的民事权利能力和民事行为能力，这是订立合同最基本的主体资格。

2）总承包企业或专业施工企业与不具备相应资质的企业签订的劳务分包合同。这样的合同，根据《最高人民法院关于审理建设工程施工合同纠纷案件适用法律问题的解释》第一条和《合同法》等规定被认定为无效合同。合同无效后的处理：假如劳务分包企业提供劳务的工程合格，劳务分包企业依据《最高人民法院关于审理建设工程施工合同纠纷案件适用法律问题的解释》第 2 条的规定请求劳务费的，应当得到法律支持；假如仅仅因劳务分包企业提供的劳务质量不合格引起的工程不合格，劳务分包企业请求劳务分包合同约定的劳务价款的，将得不到法律支持，并且还应承担相应的损失。

3）总承包企业或专业承包企业与劳务分包企业以劳务分包合同名义签订的实质上的工程分包合同。这种合同将依据合同的实际内容及建设施工中的客观事实，及双方结算的具体情况，来认定双方合同关系的本质。其中有的可能会被认定为工程分包合同，那么就要按照工程分包合同的权利义务，重新确认双方的权利义务。

4）工程分包企业以劳务分包合同的名义与劳务分包企业签订的实质上的工程再分包合同。这种合同将被认定为无效。工程分包企业因此种行为取得的利润将被法院依据《最高人民法院关于审理建设工程施工合同纠纷案件适用法律问题的解释》第四条的规定收缴，或者由建筑行政治理机关做出同样的收缴处罚。

（3）合同条款不全，约定不明确

合同履行过程中，由于合同条款不全，约定不明确，引起纠纷是相当普遍的现象。一些缺乏合同意识和不会用法律保护自己权益的发包人或承包人，在谈判或签订合同时，认为合同条款太多、烦琐，从而造成合同缺款少项；一些合同虽然条款比较齐全，只作为原则约定，不具体、不明确，从而导致了合同履行过程中产生争议。

（4）草率签订合同

建设工程承包合同一经签订，其当事人之间就产生了权利和义务关系。这种关系是法律关系，其权利受法律保护，义务受法律约束。但是目前一些合同当事人，法制观念淡薄，签订合同不认真，履行合同不严肃，导致合同纠纷不断发生。

（5）缺乏具体违约责任

有些建设工程施工合同签订时，只强调合同的违约条件，但是没有要求对方承担违约责任，对违约责任也没有做出具体约定，导致双方在合同履行过程中争议的发生。

合同履约过程中的承包人同发包人之间的经济利益纠纷：

①承包人提出索赔要求，发包人不予承认，或者发包人同意支付的额外付款与承包索赔的金额差距极大，双方不能达成一致意见。其中，可能包括：发包人认为承包人提出索赔的证据不足；承包人对于索赔的计算，发包人不予接受；某些索赔要求是承包人自己的过失造成的；发包人引用免责条款以解除自己的赔偿责任；发包人致使承包人得不到任何补偿。

②承包人提出拖延工期索赔，发包人不予承认。承包人认为工期拖延是由于发包人拖延交付施工场地、延期交付设计图纸、拖延审批材料和样品、拖延现场的工序检验以及拖延工程付款造成的；而发包人则认为工期拖延是由于承包人开工延误、劳力不足、材料短缺造成的。

③发包人提出对承包人进行违约罚款，扣除拖延工期的违约金外，要求对由于工期延误造成发包人利益的损害进行赔偿；承包人则提出反索赔，由此产生严重分歧。

④发包人对承包人的严重施工缺陷或提供的设备性能不合格而要求赔偿、降价或更换；承包人则认为缺陷已改正、不属于承包方的责任或性能试验方法错误等，不能达成一致意见。关于终止合同的争议。由终止合同造成的争议最多，因为无论任何一方终止合同都会给对方

造成严重损害。

⑤承包人与分包商的争议，其内容大致和发包人与承包人的争议内容相似。

⑥承包商与材料设备供应商的争议，多数是货品质量、数量、交货期和付款方面的争议。

3. 解决劳务纠纷的合同内方法

（1）承担继续履约责任

强制继续履行、依约履行、实际履行，是指在一方违反合同时另一方有权要求其依据合同约定继续履行。

（2）按合同赔偿损失

按合同赔偿损失也称为违约赔偿损失，是指违约方因不履行或不完全履行合同义务而给对方造成损失，依照法律的规定或者按照当事人的约定应当承担赔偿损失的责任。

（3）支付违约金

支付违约金是指由当事人通过协商预先确定的、在违约发生后做出的独立于履行行为以外的给付，违约金是当事人事先协商好，其数额是预先确定的。违约金的约定虽然属于当事人所享有的合同自由的范围，但这种自由不是绝对的，而是受限制的。《合同法》第一百一十条规定："约定的违约金低于造成损失的，当事人可以请求人民法院或者仲裁机构予以增加；约定的违约金过分高于造成损失的，当事人可以请求人机构予以适当减少。"

（4）执行定金罚则

《合同法》第一百一十五条规定："当事人可以依照《中华人民共和国担保法》约定一方向对方给付定金作为债权的担保。债务人履行债务后，定金应当抵作价款或者收回。给付定金一方不履行约定的债务的，无权要求返还定金；收受定金方不履行约定的债务的，应当双倍返还定金。"因此，定金具有惩罚性，是对违约行为的惩罚。《担保法》规定定金的数额不得超过主合同标的额的 20%，这一比例为强制性规定，当事人不得违反；如果当事人约定的定金比例超过了 20%，并非整个定金条款无效，而只是超出部分无效。

二、解决劳务纠纷的合同外方法

劳务纠纷，当事人不愿协商、协商不成或者达成和解协议后不履行的，可以向调解组织申请调解；不愿调解、调解不成或者达成调解协议后不履行的，可以向相关主管仲裁委员会申请仲裁；对仲裁裁决不服的，除本法另有规定以外，可以向人民法院提起诉讼。

为了尽可能减少建设工程承包合同争议，最重要的是合同双方要签好合同。在签订合同之前，承包人和发包人应当认真地进行磋商，切不可急于签约而草率从事。其次，在履约过程中双方应当及时交换意见，尽可能将执行中的问题加以妥当处理，不要将问题积累，尽量将合同争议解决在合同履约过程中。建设工程承包合同一旦发生争议，按照有关的法律法规，合同当事人可以通过以下方式解决合同争议：

1. 协商

（1）协商的概念

协商是由合同当事人双方在自愿互谅的基础上，按照法律、法规的规定，通过摆事实讲道理就争议事项达成一致意见的一种纠纷解决方式。实际上，在众多的劳务纠纷中，最后以仲裁或诉讼方式解决的纠纷数量所占比例并不大，更多的劳务纠纷是通过纠纷各方协商一致解决的。另外，在一般情况下，协商也是劳务纠纷各方解决争议的首选方式；通常情况下，劳务纠纷各方只会在协商不成时才会选择采取其他方式解决纠纷。

当事人以协商方式解决合同纠纷时，应当坚持依法协商；尊重客观事实，采取主动、抓住时机；采用书面和解协议书的原则。

（2）协商的特点

作为一种纠纷解决方式，协商具有以下特点：

1）成本低。由于协商是纠纷各方自行进行的，没有第三方参与，协商方式、协商地点等均以纠纷各方的意愿为准，所以以协商方式解决纠纷成本非常低。

2）效率高。由于协商没有第三方参与，程序上亦没有要求，以方便纠纷各方为原则；所以以协商方式解决纠纷的效率比较高。

3）充分体现纠纷各方的意愿。以协商方式解决纠纷时，只要纠纷各方自愿同意并接受解决方案即可，不需要纠纷解决方案完全符合法律法规的规定；所以协商是纠纷各方的意志体现最全面最彻底的纠纷解决方式。

4）最大限度地保护纠纷各方之间的感情和联系。在以协商方式解决纠纷时，协商一般是在友好的氛围下进行的，解决方案是纠纷各方认同并接受的，纠纷各方在协商过程中一般求同存异，避免伤害感情。

5）纠纷解决的不确定性。以协商方式解决劳务纠纷不一定能够使纠纷获得解决。在劳务纠纷各方的要求差异过大，或纠纷各方不能相互妥协的情况下，劳务纠纷无法通过协商方式解决。

2. 调解

（1）调解的概念

调解是指合同当事人对合同所约定的权利、义务发生争议，不能达成和解协议时，在劳动争议调解委员会的主持下，在双方当事人自愿的基础上，通过宣传法律、法规、规章和政策，劝导当事人化解矛盾，自愿就争议事项达成协议，使劳动争议及时得到解决的一种活动。调解是由当事人以外的调解组织或者个人主持，在查明事实和分清是非的基础上，通过说服引导，促进当事人互谅互让，友好地解决争议。

（2）调解的特点

通过调解解决争议，可以节省时间，节省仲裁或者诉讼费用，有利于日后继续交往合作，是当事人解决合同争议的首选方式。但这种调解不具有法律效力，调解要靠当事人的诚意，达成和解后要靠当事人自觉的履行。和解和调解是在当事人自愿的原则下进行的，一方当事人不能强迫对方当事人接受自己的意志，第三方也不能强迫和解。

3. 仲裁

仲裁是当发生合同纠纷而协商不成时，仲裁机构根据当事人的申请，对其相互之间的合同协议，按照仲裁法律规范的要求进行仲裁并作出裁决，从而解决合同纠纷的法律制度。

（1）仲裁的原则

1）自愿原则。解决合同争议是否选择仲裁方式以及选择仲裁机构本身并无强制力。当事人采用仲裁方式解决纠纷，应当贯彻双方自愿原则，达成仲裁协议。如有一方不同意仲裁的，仲裁机构即无权受理合同纠纷。

2）公平合理原则。仲裁员应依法公平合理地进行裁决。

3）依法独立进行原则。仲裁机构是独立的组织，不受行政机关、社会团体和个人的干涉。

4）一裁终局原则。裁决作出后，当事人就同一纠纷再申请仲裁或者向人民法院起诉的，仲裁委员会或者人民法院不予受理。

仲裁具有办案迅速、程序简便的特点和优点，而且进入仲裁程序以后，仍然采取仲裁与调解相结合的方法，先调节，后仲裁，首先着力于调解方式解决。经调解成功达成协议后，仲裁庭应当制作调解书或根据协议的结果制作裁决书，调解书和裁决书都具有法律效力。提请仲裁的前提是双方当事人已经订立了仲裁协议，没有订立仲裁协议，不能申请仲裁。仲裁协议包括合同订立的仲裁条款或者附属于合同的协议。仲裁协议应具有下列内容：请求仲裁的意思表示；仲裁事项；选定仲裁委员会。合同中的仲裁条款或者附属于合同的协议被视为与其他条款相分离而独立存在的一部分，合同的变更、解除、终止、失效或者被确认为无效，均不影响仲裁条款或者仲裁协议的效力。国内合同当事人可以在仲裁协议中约定发生争议后到国内任何一家仲裁机构仲裁，对仲裁机构的选定没有级别管辖和地域管辖。

（2）仲裁程序

1）仲裁申请和受理。当事人申请仲裁，应当向仲裁委员会递交仲裁协议或合同副本、仲裁申请书及副本。仲裁申请书应依据规范载明有关事项。当事人、法定代理人可以委托律师和其他代理人进行仲裁活动。

委托律师和其他代理人进行仲裁活动的，应当向仲裁委员会提交授权委托书。仲裁机构收到当事人的申请书，首先要进行审查，经审查符合申请条件的，应当在 7 天内立案，对不符合规定的，也应当在 7 天内书面通知申请人不予受理，并说明理由。申请人可以放弃或者变更仲裁请求。

被申请人可以承认或者反驳仲裁请求，有权提出反请求。

2）开庭和裁决。仲裁应当开庭进行。当事人协议不开庭的，仲裁庭可以根据仲裁申请书、答辩书以及其他材料作出裁决，仲裁不公开进行。当事人协议公开的，可以公开进行，但涉及国家机密的除外。申请人经书面通知，无正当理由不到庭或者未经仲裁庭许可中途退庭的，可以视为撤回仲裁申请。

被申请人经书面通知，无正当理由不到庭或者未经仲裁庭许可中途退庭的，可以缺席裁决。

裁决应当按照多数仲裁员的意见作出，少数仲裁员的不同意见可以记入笔录。仲裁庭不能形成多数意见时，裁决应当按照首席仲裁员的意见作出。仲裁的最终结果以仲裁决定书给出。

3）执行。仲裁委员会的裁决作出后，当事人应当履行。当一方当事人不履行仲裁裁决时，另一方当事人可以依照民事诉讼法的有关规定向人民法院申请执行，受申请人民法院应当执行。

4. 诉讼

诉讼是指合同当事人依法请求人民法院行使审判权，审理双方之间发生的合同争议，作出有国家强制保证实现其合法权益，从而解决纠纷的审判活动。合同双方当事人如果未约定仲裁协议，则只能以诉讼作为解决争议的最终方式。

经过诉讼程序或者仲裁程序产生的具有法律效力的判决、仲裁裁决书或者调解书，当事人应当履行。如果负有履行义务的当事人不履行判决、仲裁裁决或调解书，对方当事人可以请求人民法院予以执行。执行也就是强制执行，即由人民法院采取强迫措施，促进义务人履行法律文书确定的义务。

合同当事人在遇到合同争议时，究竟是通过协商，还是通过调解、仲裁、诉讼去解决，应当认真考虑对方当事人的态度、双方之间的合作关系、自身的财力和人力等实际情况，权衡出对自己最为有利的争议解决对策。

三、劳务纠纷调解的一般程序

1. 劳务纠纷调解的基本原则

（1）合法原则

合法原则是指劳务纠纷处理机构在处理劳务纠纷案件的过程中应当坚持以事实为根据，以法律为准绳，依法处理劳务纠纷。

（2）公正原则

劳务纠纷处理机构必须保证双方当事人处于平等的法律地位，具有平等的权利义务，不得偏袒任何一方。

（3）及时处理原则

及时处理原则是指劳务纠纷案件处理中，当事人要及时申请调解或者仲裁，超过法定期限将不予受理。劳务纠纷处理机构要在规定的时间内完成劳务纠纷的处理，及时保护当事人合法权益，防止矛盾激化，否则要承担相应的责任。

（4）调解为主原则

调解是指在第三方的主持下，依法劝说争议双方当事人进行协商，在互谅互让的基础上达成协议，从而解决争议的一种方法。

2. 调解的程序

（1）申请和受理

劳务纠纷发生后，双方当事人都可以自知道或应当知道其权利被侵害之日起的30日内，以口头或者书面的形式向调解委员会提出申请，并填写《调解申请书》。如果是劳动者在3人以上并具有共同申请理由的劳务纠纷案件，劳动者当事人一方应当推举代表参加调解活动。调解委员会对此进行审查并做出是否受理的决定。

（2）调解

调解委员会主任或者调解员主持调解会议，在查明事实、分清是非的基础上，依照法律、法规及依法制定的企业规章制度和合同公证调解。在调查和调解时，应进行相应的笔录。

（3）制作调解协议书或调解意见书

调解达成协议，制作调解协议书，写明争议双方当事人的姓名、职务、争议事项、调解结果及其他应说明的事项。调解意见书是调解委员会单方的意思表示，仅是一种简易型的文书，对争议双方没有约束力。若遇到双方达不成协议、调解期限届满而不能结案或调解协议书送达后当事人反悔这 3 种情况，则制作调解意见书。

调解委员会调解争议的期限为 30 日，即调解委员会应当自当事人申请调解之日起的 30 日内结束，双方协商未果或者达成协议后不履行协议的，双方当事人在法定期限内，以向仲裁委员会申请仲裁。

第二节　劳务工资纠纷管理

一、判断劳务纠纷特点及其原因

1. 劳务纠纷的特点

（1）劳务纠纷多发性

劳务纠纷案件在数量上居高不下，每年皆有上升趋势。集体劳动争议上升幅度较大，集体争议呈现突发性强、人数多、处理难度大的特点。

（2）经济利益主导性

绝大多数劳资纠纷是由于劳动者的基本劳动经济权益被侵害，而又长期得不到解决所致。通常，劳动关系双方对经济利益的重视程度高于对其他权利的重视程度，由于劳动者处于劳动关系的弱势地位，个人很难为维护权利与用人单位抗衡，因此多从经济利益方面找回损失，而用人单位对违约出走的劳动者，也大多以经济赔偿为由提出申诉。据统计，劳动报酬是引发劳动争议的第一原因，其次是解除或终止劳动合同，再次是自动离职或辞职。

（3）劳务纠纷地域集中性

大量的劳动争议案件集中在大中城市、沿海县（市、区），山区县劳动争议数量较少。

（4）矛盾激化性

弱势一方的劳动者往往不自愿通过正当的法律途径解决纠纷，而是采取集体上访、封堵政府机关，甚至有集体堵塞道路交通的行为发生。

（5）无照经营性

无证无照的家庭作坊与劳动者之间发生的劳资纠纷不断增多。大量无证无照的家庭作坊，雇工人数少则几人，多则几十人，用工不规范，劳务管理混乱，是劳务争议产生和矛盾激化的多发地。

2. 劳务纠纷产生的原因

劳务纠纷产生的原因很复杂，就建筑业来说，施工企业对签订劳务分包合同管理不够重视，合同条款不够完善；劳务分包企业在施工现场没有选派合格的管理人员，对劳务工人的管理不到位，造成进度拖延及质量、安全事故；劳务分包企业雇佣的工人未签订劳动合同并未办理工伤、医疗或综合保险等社会保险；无照家庭作坊雇佣劳务工人，承揽劳务分包，发生问题时处理不到位；劳务者的权益受侵害又不能适时合理解决；施工企业片面追逐利润，损害劳务者的合法权益；劳务者的弱势地位是其合法权益受侵害的主因；施工企业和劳务分包企业双方法律意识淡薄引发劳动争议；劳动关系的日趋多样化、复杂化；政府建设行政主管部门对建筑劳务的动态监管不到位等都是导致劳务纠纷的原因。归类来讲，劳务纠纷产生的原因主要有以下几类：

（1）由于未签订劳动合同引发的劳务纠纷

内部施工劳务作业队劳务承包纠纷发生的原因主要是劳动关系和工伤事故。从目前来看，施工劳务作业队所配属的都是农民工，往往都不签订劳动合同。

（2）由于违法分包引发的劳务纠纷

“包工头”的劳务分包纠纷发生的原因主要是劳动报酬和劳动关系。施工企业将工程部分项目发包给“包工头”，劳务作业完成后结算也与“包工头”结算，而且农民工工资一般由“包工头”发放。一旦结算完毕，“包工头”人走了而农民工工资没有支付，农民工就会向施工企业追讨而发生纠纷。

（3）由于未签或分包合同约定不明确引发的劳务纠纷

成建制的劳务分包纠纷发生的原因主要有以下两种情形：未签订劳务分包合同或虽然签订劳务分包合同但约定不明确。从严格意义来讲，成建制的劳务分包是两个独立法人发生的经济契约关系，通过合同来确定双方的权利和义务。因此，一旦发生工期、质量问题，由于未签订劳务分包合同或虽然签订劳务分包合同但合同约定不明确，施工企业就很难维护自己的权益。

（4）由于“包工头”挂靠成建制企业引起的劳务纠纷

由于项目部在劳务分包过程中，没有认真审查对方当事人授权权限、授权资格及授权人的身份，虽然与成建制企业签订劳务分包合同，实质是与“包工头”发生经济关系，造成与第三方发生纠纷。如果项目部没有严格审查或疏忽审查或明知劳务分包企业无相应的资质或超过其相应资质应当承担的劳务作业的工程量而签订劳务分包合同，都将被判定为无效的劳务分包合同。如果由于劳务分包企业的资质原因，造成完成的工程量不合格的，项目部所在的施工企业将独立地向工程发包人承担责任。如果在项目部和劳务分包企业签订劳务分包合同时，对资质问题或超资质范围问题都是明知的，那么根据《合同法》五十八条规定：“双方都有过错的，应当各自承担相应的责任”，项目部所在的施工企业和劳务分包企业都要承担损失。

（5）名为劳务分包实为工程分包引起的劳务纠纷

合同名称为劳务分包合同，但是合同内容却是工程分包，目的是规避检查。这种合同将依据合同的实际内容和建设施工中的客观事实以及双方结算的具体情况来认定双方合同关系的本质。被认定为工程分包合同，那么就要按照工程分包合同的权利义务，来重新确认双方的权利义务。如果劳务分包企业未取得建筑施工企业资质或者超越资质等级的，双方签订的合同为无效合同。《最高人民法院关于审理建设工程施工合同纠纷案件适用法律问题的解释》

第1条规定："建设工程施工合同具有下列情形之一的，应当根据《合同法》第五十二条第（5）项的规定，认定无效：承包人未取得建筑施工企业资质或者超越资质等级的；没有资质的实际施工人借用有资质的建筑施工企业名义的；建设工程必须进行招标而未招标或者中标无效的"。第四条规定："承包人非法转包、违法分包建设工程或者没有资质的实际施工人借用有资质的建筑施工企业名义与他人签订建设工程施工合同的行为无效。人民法院可以根据《民法通则》第一百三十四条规定，收缴当事人已经取得的非法所得"。由此可见，要想从合同名称来规避法律是行不通的，而且可能会带来严重的法律后果。

二、劳务纠纷的调解和防治

1. 调解并协商处理劳务纠纷

（1）劳务纠纷调解的主要方式

调解方式是指调解人员在调解纠纷的过程中所采用的具体方式。常用的调解方式有：单独调解、共同调解、直接调解、间接调解、公开调解、非公开调解、联合调解等。

单独调解是指由纠纷当事人所在地或纠纷发生地的解员单独进行的调解这是调解员最常用的调解方式之一。单独调解适用于调解员独任管辖的纠纷。这类纠纷不涉及其他地区、其他单位的关系人。

共同调解是数个调解组织共同调解一起纠纷，在受理后，必须分清主次，以一个调解组织为主，其他调解组织协助。

直接调解是指调解人员将纠纷双方当事人召集在一起，主持调解他们之间的纠纷。直接调解可以单独调解，也可共同调解。在实行这种调解之前，调解人员一般都事先分别对当事人进行谈话，掌握处理这起纠纷的底数。

间接调解是指调解人员动员、借助纠纷当事人以外的第三者的力量进行调解。

公开调解是指调解员在调解纠纷时，向大家公布调解时间、调解场所，邀请当事人亲属或朋友参加，允许群众旁听的调解方式。这种调解形式主要适用于那些涉及广、影响大、当事人一方或双方有严重过错，并对群众有教育示范作用的纠纷，以起到调解一件、教育一片的作用。

非公开调解是指调解员只有当事人在场无其他人参加的情况下进行的调解。非公开调解是与公开调解相对而言的。非公开调解适用于涉及纠纷当事人隐私权的纠纷。

联合调解是指调解员会同其他地区或部门的调解组织、群众团体、政府有关部门，甚至司法机关，相互配合，协同作战，共同综合治理纠纷的一种方式。

（2）劳务纠纷调解的方法

1）积极磋商，争取协商解决。

建筑市场发展越来越成熟，与此同时，建筑施工过程中的争议也越来越多。为了保护自己的合法权益，不少建筑施工企业都参照国际惯例，设置并逐步完善了自己的内部法律机构或部门，专职实施对争议的管理，这已成为企业在市场中良性运转的一个重要保障。但是，要防止解决争议去找法院打官司的单一思维，有时通过诉讼解决未必是最经济有效的方法，在解决争议过程中要考虑诉讼成本和效果的问题。由于工程施工合同争议情况复杂，专业问题多，有许多争议法律无法明确规定，往往造成评审法官判断、分析无所适从。在通常情况下，工程合同纠纷案件经法院几个月的审理，由于解决困难，法官也只能采取反复调解的方式，以求调解结案。因此，施工企业也要深入研究案情和对策，争取协商、调解方式解决争议，尽量通过协商谈判的方式解决，以提高争议解决效率。在协商解决中，一个很重要的谈判技巧是：站在对方角度思考问题，这有时能决定协商谈判的成败。

2）通过仲裁、诉讼的方式解决纠纷，重视时效，及时主张权利。

当事人请求仲裁机构或人民法院保护民事权利，应当在法定的时效期间内，一旦超过时效，当事人的民事实体权力就丧失了法律的保护。因此，建筑施工企业要通过仲裁、诉讼的方式解决建设合同纠纷时，应当特别重视有关仲裁时效与诉讼时效的法律规定，在法定诉讼时效或仲裁时效内主张权利。

①仲裁时效，是指当事人在法定申请仲裁的期限内没有将纠纷提交仲裁机关进行仲裁的，即丧失请求仲裁机关保护其权利的权利。在明文约定合同纠纷由仲裁机关仲裁的情况下，若合同当事人在法定提出仲裁申请的期限内没有依法申请仲裁的，则该权利人的民事权利不受法律保护，债务人可依法免除履行债务。

②诉讼时效，是指权利人在法定提起诉讼的期限内如不主张其权利，即丧失请求法院依诉讼程序强制债务人履行债务的权利。诉讼时效实质上就是消灭时效，诉讼期间届满后，债务人依法可免除其应负之义务。如果权利人在诉讼时效期间届满后才主张权利的，则丧失了胜诉权，其权利不受司法保护。

法律确定时效制度的意义在于，防止债权债务关系长期处于不稳定状态，催促债权人快实现债权，从而避免债权债务纠纷因年长日久难以举证，不便于解决纠纷。

③诉讼时效期间的起算和延长：

诉讼时效期间的起算，是指诉讼时效期间从何时开始。根据《民法通则》的规定，向人民法院请求保护民事权利的诉讼时效期间为 2 年，法律另有规定的除外，诉讼时效期间从权利人知道或者应当知道其权利被侵害时起计算。

诉讼时效期间的延长，是指人民法院对于诉讼时效的期限给予适当的延长。根据《民法通则》第一百三十七条规定："诉讼时效期间从知道或者应当知道权利被侵害时起计算。但是，从权利被侵害之日起超过 20 年的，人民法院不予保护，有特殊情况的人民法院可以延长时效期间。"

2. 解决劳务纠纷的对策

解决建筑施工劳务纠纷的对策主要有：

（1）推行建筑业劳务基地化管理

建筑劳务基地化管理，是指建设行政部门对建筑劳务输出、输入双方的共同管理，是建筑劳务实行统一组织培训、输出、使用、回归、分配等全过程的系统管理。建筑劳务供需双方逐步建立定点定向、专业配套、双向选择、长期合作的新型劳务关系，发挥建筑劳务基地在提供建筑劳务方面的主渠道作用。

（2）施工总承包企业承包要优选劳务队伍，并实施招标投标管理

项目部提出专业队伍使用申请表，公司根据申请表，一方面起草招标文件；另一方面从合格分包商名录中挑选，列出拟选投标队伍名单，并填报拟选投标队伍审批表上报主管领导审批。公司根据拟选投标队伍审批结果，组织考察小组进行调查和考察，并填写队伍考察评价记录，负责招标工作。

（3）加强和落实劳务分包合同管理

施工企业要切实加强劳务合同管理。企业要把签订劳务合同作为管理的重点，一定要先签订合同后施工，劳务合同条款要具体和完善，不可完全照搬范本，其合同条款要根据工程的实际情况，明确双方各自的权利和义务，用合同条款的形式监督约束双方。签订合同后同相关人员进行合同评审，重点评审分包方能力、以往类似工程业绩、分项工程劳务价格和条款的严密性。这样有利于合同双方认真履行合同，减少不必要的纠纷。要求企业将合同送到劳动保障部门鉴定，以便纠正劳务合同中存在的问题，指导企业按照法律法的规定签订劳务合同。企业要注重分包合同资料的收集，如协议书、图纸、变更设计、验收记录、隐蔽记录、结算单、往来的信件、交底资料、索赔资料等，这些资料均是劳务合同的组成部分。这样可以有效地应付分包方的索赔，对保证分包合同的顺利履行及减少合同纠纷和维护企业利益均具有重要作用。

（4）实施规范化劳务管理，推广建筑业务工人员实名制

劳务企业施工作业人员进入现场后，由项目部统一管理，必须遵循“三证八统一”的管理制度，即身份证、暂住证、上岗证，劳动合同、人员备案证书、工资表、考勤表、花名册、床头卡、工作出入证，项目部建立劳务人员管理档案，分类存放，以备查。

（5）施工企业要切实加强建筑劳务合同实施过程管理

1）成立劳务分包管理组织机构。鉴于劳务分包管理工作的重要性，实际施工中应成立相应的管理组织机构，明确职责和分工，以对劳务分包工作进行全方位、全过程的管理和监督。

2）选择劳务协作队伍。选择有实力、信誉好、能长期合作的劳务分包队伍，首先要严格审查其营业执照、资质等级证书、安全生产许可证、建筑安全生产特殊岗位操作人员持有的有效证件等。同时，根据以往类似完成工程情况考察其施工能力和信誉情况。

3）实行劳务工长负责制。企业要求劳务分包企业建立以劳务工长为首的施工现场生产管理系统，实行劳务工长负责制。明确施工现场劳务企业的主要职能就是在现场管理调配工人以及核定分配工资，劳务企业并不参与施工现场的生产管理。

4）确定工程劳务分包单价。

单价的确定是劳务分包管理工作的关键，在项目分包管理中，每项工程的劳务分包单价的确定必须根据劳务市场行情结合投标报价综合确定。

5）加强对劳务分包队伍的施工过程控制。工程施工劳务分包过程涉及方方面面，在做好技术、安全交底的同时，应对所施工的工程数量、部位、质量、材料耗用量、进度计划等指标进行细化、分解和明确。其中材料消耗、机具设备管理和施工质量控制应作为管理控制的重点。

6）注重完工总结。

分包工程完工后，及时总结分析，通过对管理中的得失检查，为分包工作提供借鉴。年底进行考核评定，评出优秀，列入合格劳务分承包名册，淘汰落后队伍。

（6）施工企业要切实加强劳务分包作业人员的考勤管理

项目部严格执行现场考勤管理制度，准确核实劳务队伍的备案人员花名册人员是否与现场实际人员考勤相吻合，如果实际人员考勤比备案花名册人员多出或减少时应积极督促劳务队长办理人员增减备案手续，如果来不及办理备案手续时，必须登记好人员的进出场台账及考勤记录，留存身份证复印件，并要求其队长在 7 天内补办手续或做清场处理。现场施工人员所有考勤记录（考勤表经项目经理、劳务队长签字，劳务公司盖章），每月由项目部劳务管理人员统一收集、整理并按政府要求上传、上报、留存。

（7）施工企业要切实加强劳务分包作业人员的工资发放管理

劳务分包队伍中的劳务人员工资，每月由劳务分包队伍在规定日期做好上月劳务人员的工资清单，在现场公示 3 天无误后，由劳务队长带上所公示的工资清单、考勤记录、工资发放承诺书（加盖单位公章、施工队长签字）报项目经理部审核、签字、确认，然后报公司审核、签字确认后，方可去财务部领取支票。发放工资时由项目部统一组织实施监督发放，督促劳务公司派人进行现场跟踪、监督发放，保证把工资足额发放到农民工手中。工资必须执行月结月清制度，明确作业人员当月应发工资额和实发工资额，领取人必须有本人签字，不得代签（特殊情况除外）。

（8）施工企业要切实加强公司对劳务分包作业人员的档案管理

公司施工管理部要对劳务用工实行动态管理、规范管理、程序管理，要建立劳务用工合同管理台账或数据信息库，及时协调、处理好劳务分包队伍与劳务人员之间的争议。

三、劳务工资纠纷应急预案

1. 劳务人员工资纠纷的原因及主要表现形式

劳务纠纷大多表现为工资纠纷、调解和处理劳务纠纷，在很大程度上要编制和实施应急预案。

（1）劳务人员工资纠纷的主要原因

1）建设单位和总承包单位拖欠工程款引发的工资纠纷。

2）劳务分包单位内部管理混乱，考勤不清和工资发放不及时引发的工资纠纷。

3）总承包单位和劳务分包单位由于劳务分包合同争议引发的工资纠纷。

4）违法分包引发的工资纠纷。

5）“恶意讨薪”引发的工资纠纷。

（2）劳务人员工资纠纷表现形式

1）企业内部闹事。

2）围堵总承包企业和政府机关。

3）聚众上访、提出仲裁和司法诉讼。

（3）工资纠纷应急预案的主要内容

劳务纠纷应急预案的编制大致包括以下 7 项内容，各地区（企业）可结合实际情况灵活掌握。

1）应急预案的目的。

2）应急预案的编制依据。

3）应急预案的使用范围。

4）应急机构体系。

5）工作职责。

6）应急措施。

7）责任处理和后期处理。

2. 工资纠纷应急处理的原则

根据《建设领域农民工工资支付管理暂行办法》，工资纠纷应急处理应遵循以下原则：

（1）先行垫付原则

业主或工程总承包企业未按合同约定与建设工程承包企业结清工程款，致使建设工程承包企业拖欠农民工工资的，由业主或工程总承包企业先行垫付农民工被拖欠的工资，先行垫付的工资数额以未结清的工程额为限。

（2）优先支付原则

企业因被拖欠工程款导致拖欠农民工工资的，企业追回的被拖欠工程款，应优先用于支付拖欠的农民工工资。

（3）违法分包承担连带责任原则

工程总承包企业不得将工程违反规定发包、分包给不具备用工主体资格的组织或个人，否则应承担清偿拖欠工资连带责任。

（4）及时裁决和强制执行原则

农民工与企业因工资支付发生争议的，按照国家劳动争议处理有关规定处理。对事实清楚、不及时裁决会导致农民工生活困难的工资争议案件以及涉及农民工工伤、患病期间工资待遇的争议案件，劳动争议仲裁委员会可部分裁决；企业不执行部分裁决的，当事人可依法向人民法院申请强制执行。

3. 劳务工资纠纷应急预案的组织实施

（1）突发事件应急状态描述

突发事件应急状态，分为以下 4 个阶段：

1）前兆阶段：劳务企业（作业队伍、作业班组）向项目部或有关部室索要劳务费、材料费、租赁费、机具费等，出现矛盾并煽动员工以非正常手段解决时；劳务作业人员出现明显不满情绪时；按施工进度劳务作业队伍应撤场但却占据施工场地或生活区拒不撤场时；劳务作业人员聚集到建设单位、总承包单位办公地点或围堵建设单位、总承包单位管理人员时；劳务作业人员聚集到项目部干扰妨碍正常办公时。

2）谈判阶段：聚众妨碍正常办公的劳务作业人员情绪得到控制，所属施工单位负责人能与劳务企业负责人或代表正式对话时。

3）谈判阶段：聚众妨碍正常办公的劳务作业人员情绪得到控制，所属施工单位负责能与劳务企业负责人或代表正式对话时。

4）解决阶段：与劳务企业负责人或代表达成一致意见且聚集的劳务作业人员已经疏散或退出占据的施工现场时；正常生产、办公秩序得到恢复时。

（2）应急状态的报告程序

发现出现应急状态的前兆阶段和紧急阶段所描述的情况时，相关工作人员必须向有关部门报告，报告顺序如下：

1）应急状态前兆阶段：

项目部有关人员→项目经理→各工作组→上级单位经理办公室→应急小组领导→应急小组成员

2）直接进入紧急阶段：

项目部有关人员→各工作组→项目经理→上级经理办公室→应急小组领导→应急小组成员

接到报告的项目经理或各级群体性劳务费纠纷突发事件应急工作组应及时核实情况，并迅速向上一级报告，同时，尽可能控制事态发展。出现联络障碍不能按上述顺序报告时，可越级上报，直至报告给应急指挥领导小组。

（3）预案的启动和解除权限

各级突发事件应急领导小组组长接到报告后，应迅速组织应急领导小组成员核实情况，情况属实需要启动本预案时，应由组长宣布进入应急状态，并启动本预案。应急领导小组成员接到通知后组织工作组人员，履行应急职责，并由领导小组组长决定是否向上级主管部门汇报。

事态进入解决阶段后，应急小组组长视实际情况决定解除本预案。

（4）应急资金准备

各施工单位应筹措一定比例资金，作为专项用于协调解决重大群体性事件的应急资金。

4. 编写工资纠纷应急预案的主要内容

1）应急预案的目的：最大限度地降低劳务纠纷突发事件造成的经济损失和社会影响，积极稳妥地处理因劳务纠纷等问题引发的各种群体性事件，有效地控制事态，将不良影响控制在最小范围，保证建安施工企业的正常生产和管理秩序。

2）应急预案的编写依据：应急预案的编写，要本着确保社会稳定，建立和谐社会，预防为主，标本兼治的原则，按照住房和城乡建设部的相关要求编制。

3）应急预案的适用范围：

①发生劳务纠纷突发事件，造成一定的经济损失和社会影响的；

②因劳务纠纷引发的各种群体性事件，造成一定的经济损失和社会影响的。

5. 应急机构体系

（1）体系

1）成立各级应急指挥领导小组，领导小组下设应急指挥领导小组办公室，各级领导小组包括集团公司、二（子）级公司和项目部。

2）成立行政保障和法律援助工作组、保稳定宣传工作组，确保应急预案的正常启动。

3）应急情况紧急联系电话应包括：领导小组办公室电话及联系人电话；火警电话：119；急救电话：120；当地派出所电话；当地建筑业主管部门电话。

（2）工作职责

1）各级领导小组工作职责：

①总承包单位领导小组职责：领导小组办公室负责分包劳务费拖欠情况及劳务费结算、支付、农民工工资发放情况的摸底排查，纠纷协调、督办，紧急情况处理等指导工作，并与施工单位形成保稳定管理体系，与分包队伍上级单位保持联络。处理解决群体性突发事件。

公司法定代表人是群体性突发事件第一责任人，负责组织协调各方面工作，及时化解矛盾，防止发生群体性事件。领导本单位工作组处理群体性突发事件，确保应急资金的落实到位。

②总承包单位的子公司领导小组职责：了解各项目部劳务作业人员动态，掌握劳务分包合同履约及劳务费支付情况，督促、检查、排查、通报劳务费结算、兑付情况，加强实名制备案的监督管理工作，及时发现有矛盾激化趋势的事件，负责协助项目部协调纠纷、处理紧急情况；与分包队伍上级单位保持联络，出现应急前兆时应派人到现场与项目部配合随时控制事态发展，保持与领导小组的联系，促使问题及时解决。进入应急状态紧急阶段时，及时向上级报告，并保证有专人在现场，尽可能控制事态，必要时与分包队伍的上级单位、相关省市驻本地建设管理部门联系取得支持，并上报集团公司领导小组。

子、分公司领导小组应做好日常与劳务企业（队伍）人员维护稳定的宣传、教育、沟通、合作交流等工作，与本地区建设行政管理部门、人力资源和社会保障局、公安局、内保局、街道办事处、相关各省市驻本地区建设管理部门、集团公司等劳务企业保持日常联络，以备应急状态时及时发现、处理问题和便于求助。

③ 项目经理部职责：各项目部劳务管理人员应掌握分包合同履约情况、工程量、劳务工作量和劳务费结算、支付、农民工工资发放的具体情况，还应按照“实名制”管理工作要求，将本项目部所有劳务作业队伍的人员花名册、合同备案资料、上岗证、考勤表、工资发放表按规定要求认真收集，归档备案。要认真观察本项目作业人员的思想动态和异常动态，认真做好思想政治工作，对有矛盾激化趋势的事件，应按组织体系及时汇报，及时化解矛盾，防止矛盾升级，不得忽视、隐瞒有矛盾激化趋势的事件发生。出现应急前兆时，原则上由发生群体性事件的项目部组织本项目部人员出面调解处理，并保持与本单位应急小组的联系，随时汇报事态进展。进入应急状态紧急阶段时，项目经理必须到现场，组织本项目部应急小组与劳务企业（作业队伍、作业班组）进行沟通，负责通过各种方式解决纠纷，确保稳定。

2）行政保障和法律援助工作组职责：保证应急领导小组成员通信畅通，准备应急车辆，配合项目部工作，提供法律方面的支持。出现应急前兆时应随时关注并与项目部保持联系，进入应急状态紧急阶段时，应保证备勤车辆、急救器材和药品的配备，上级或地方政府领导到场时，负责相应的接待工作，并为项目部解决纠纷提供法律方面的支持。

3）保稳定宣传工作组职责：劳务企业人员的思想动态，负责协助及时调解矛盾，做好联系媒体宣传工作。出现应急前兆做好相关人员的思想工作，维护稳定，负责接待新闻媒体和协调处理与新闻媒体的关系，负责对新闻媒体发布消息。

（3）应急措施

1）在施工单位机关或总承包单位机关办公楼出现紧急情况阶段时，由应急指挥领导小组成员及工作组各司其职，维护现场秩序，进行劝阻和力争谈判解决矛盾。

2）机关各部门人员在出现紧急情况阶段时，部门内应当至少留一名员工负责保护部门内部的财物、资料。

3）局势得到控制后，由群体性突发事件工作组和项目部有关人员出面与劳务企业对话，要求对方派代表与总包单位就具体问题进行谈判，除代表外的其他人员应遣散或集中到会议室。

4）如果对方不能够按照总包单位的要求进行谈判，并且继续冲击总包单位机关、扰乱总包单位办公秩序，则由现场总指挥决定报警，由安全监管部门内勤进行报警。

（4）责任处理和后期处置

1）突发事件的处理：

①突发劳务纠纷事件，要立即上报加强农民工及劳务管理工作领导小组，相关人员按预案要求在第一时间赶到事件发生现场。加强农民工及劳务管理工作领导小组当即启动应急程序、开展工作。

②发生纠纷事件的项目经理要协助公司处理突发纠纷事件，相关部门应积极配合。

③对突发劳务纠纷事件，要严格控制事态，坚持就地解决的原则。

④事件得到控制、平息后，要立即组织恢复生产秩序，采取一切措施消除负面影响。

2）责任处理：

①对违反各项规章制度，侵犯工人权益的劳务队伍视情节给予警告直至清理出场。

按相关责任要求，对发生纠纷事件的总承包企业、总承包二级公司和项目相关责任人追究责任。

②对纠纷事件不上报或瞒报，报告不及时的单位，视情节处以一定数额的罚款、通报批评并追究行政责任。

③对措施不得力，贻误时机，造成重大损失或影响的单位和项目经理，除通报批评、处以罚款外，要追究行政责任。

6. 实施劳务人员工资纠纷应急预案

（1）解决劳务人员工资纠纷的主要措施

1）建立工伤支付农民工工资的约束和保障机制，从根本上解决农民工工资拖欠问题。

一是按照工程合同价款的一定比例向主管部门缴纳农民工工资保障金，工资保障金在工程合同价款中列支，专款专用。二是公司应及时将工资保障金存入指定银行、专户存储、专款专用。三是公司招收农民工，必须与农民工签订劳动合同，农民工依法享有劳动报酬、休息休假、劳动安全卫生以及保险福利的权利，并在规定期限内持农民工名册到当地人力资源和社会保障行政主管部门备案。四是公司应当以货币形式按月足额支付农民工工资，施工工程期限小于一个月的或者双方约定支付工资期限低于一个月的，另外约定。五是在工程建设期间内及工程竣工后，有拖欠农民工工资行为的，由人力资源和社会保障行政主管部门启动工资保障金，及时发放拖欠的农民工工资。

2）建立企业信用档案制度。对存在拖欠农民工工资问题的劳务公司不予使用，挑选工资发放执行有信用的劳务公司。

①建立日常工作机制和监督机制。通过设立拖欠举报投诉电话，加强对各项目的监管，促使每个项目部依法支付农民工工资，落实清欠责任，及时兑现农民工工资。

②建立欠薪应急周转金制度。其主要由公司一部分资金，组成欠薪保障应急基金，专门用于应付突发性、群体性的欠薪纠纷。

③提高农民工的法律维权意识。加强对国家有关法律法规的宣传力度，进一步提高广大农民工的法律法规保护意识，公司应设立农民工工资拖欠举报电话，一旦发现有工程款拖欠的，农民工能及时向公司反映，启动应急预案，及时解决。

④严格做好公司及各项目部劳务队伍管理和用工管理，从源头上杜绝发生农民工工资纠纷事件。

3）完善法律法规，加大执法力度，用法律手段解决工资拖欠问题。一是工资保障金制度。建设项目部开工前，公司要按照各省市规定按比例足额将工资保障金存入建设部门指定的账户。工程竣工验收合格后如果没有拖欠工资的投诉，公司可将本息一并支取。如有拖欠工资投诉，建设主管部门从保障基金中划支所欠款项。二是合同管理制度。公司实行分包时，要与分包企业签订合同，承担项目建设中发生的工资发放义务与责任。三是用工签发工票制度。企业如遇特殊情况不能按月发放工资时，向农民工签发工票，作为领取工资的依据，也可以作为农民工讨要被拖欠工资的凭证。四是按月发放工资制度。总承包企业按月凭工票向农民工足额发放工资。五是建立支付农民工工资公告制度。在施工现场设立公告牌、公示投诉电话、地址等相关信息。六是建立企业信用档案制度。对发生拖欠的项目部，公司将给予经济处罚。

（2）解决劳务人员工资纠纷的主要途径

1）由建设单位或总承包单位先行支付。

2）责令用人单位按期支付工资和赔偿金。

3）通过法律途径解决。

根据《劳动法》和国务院《劳动保障监察条例》等规定，用人单位不得克扣或无故拖欠劳动者工资。用人单位克扣或无故拖欠劳动者工资的，由劳动保障行政部门责令支付劳动者的工资报酬，逾期不支付的，责令用人单位按应付金额的50%以上100%以下的标准，向劳动者加付赔偿金。

如果务工人员遭遇用人单位的欠薪，应通过合法手段来讨要欠薪，不要采取过激行为威胁用人单位；在用人单位拖欠工资的情况下，可以先与用人单位协商，如果协商解决无效，则可以通过以下法律途径来解决。

①向当地劳动保障监察机构举报投诉。

②向当地劳动争议仲裁委员会申请仲裁，需要注意的是，要在劳动争议发生之日起60日

内向劳动争议仲裁委员会提出书面申请。

③通过法律诉讼途径解决。具体分为 3 种情况：一是劳动纠纷案件仲裁后一方不服的，可以向法院提出诉讼；二是经仲裁后不服从，劳动仲裁裁决生效后，用人单位不执行的，可申请法院强制执行；三是属于劳务欠款类的可直接向法院提起民事诉讼。

第三节　劳务工伤管理

一、工伤认定

1. 工伤及工伤事故的认定

（1）工伤

关于“工伤”的概念，1921 年国际劳工大会通过的公约中对“工伤”的定义是：“由于工作直接或间接引起的事故为工伤。”1964 年第 48 届国际劳工大会也规定了工伤补偿应将职业病和上下班交通事故包括在内。因此，当前国际上比较规范的“工伤”定义包括两个方面的内容，即由工作引起并在工作过程中发生的事故伤害和职业病伤害。职业病，是指企业、事业单位和个体经济组织的劳动者在职业活动中，因接触粉尘、放射性物质和其他有毒、有害物质等因素而引起的疾病。

（2）工伤认定

1）限据《工伤保险条例》第十四条和第十五条的规定，职工有下列情形之一的，应当认定为工伤：

①在工作时间和工作场所内，因工作原因受到事故伤害的；

②工作时间前后在工作场所内，从事与工作有关的预备性或者收尾性工作受到事故伤害的；

③在工作时间和工作场所内，因履行工作职责受到暴力等意外伤害的；

④患职业病的；

⑤因工外出期间，由于工作原因受到伤害或者发生事故下落不明的；

⑥在上下班途中，受到非本人主要责任的交通事故或者城市轨道交通、客运轮渡、火车事故伤害的；

⑦法律、行政法规规定应当认定为工伤的其他情形。

2）职工有下列情形之一的，视同工伤：

①在工作时间和工作岗位，突发疾病死亡或者在 48 h 之内经抢救无效死亡的；

②在抢险救灾等维护国家利益、公共利益活动中受到伤害的；

③职工原在军队服役，因战、因公负伤致残，已取得革命伤残军人证，到用人单位后旧伤复发的。

职工有前款第 1 项、第 2 项情形的，按照本条例的有关规定享受工伤保险待遇。职工有前款第 3 项情形的，按照本条例的有关规定享受除一次性伤残补助金以外的工伤保险待遇。

2. 工伤保险

工伤保险是社会保险制度的重要组成部分。是指国家和社会为在生产、工作中遭受事故伤害和患职业性疾病的劳动者及亲属提供医疗救治、生活保障、经济补偿、医疗和职业康复等物质帮助的一种社会保障制度。2003 年 4 月 16 日国务院第 5 次常务会议讨论通过《工伤保险条例》，同年 4 月 27 日中华人民共和国国务院令第 375 号公布，自 2004 年 1 月 1 日起施行。2010 年 12 月 8 日国务院第 136 次常务会议通过《国务院关于〈修改工伤保险条例〉的决定》，同年 12 月 20 日中华人民共和国国务院令第 586 号公布，自 2011 年 1 月 1 日起施行。《工伤保险条例》第二条规定：中华人民共和国境内的企业、事业单位、社会团体、民办非企业单位、基金会、律师事务所、会计师事务所等组织和有雇工的个体工商户应当依照本条例规定参加工伤保险，为本单位全部职工或者雇工缴纳工伤保险费。中华人民共和国境内的企业、事业单位、社会团体、民办非企业单位、基金会、律师事务所、会计师事务所等组织的职工和个体工商户的雇工均有依照本条例的规定享受工伤保险待遇的权利。该条例第三条规定，工伤保险费的征缴按照《社会保险费征缴暂行条例》关于基本养老保险费、基本医疗保险费、失业保险费的征缴规定执行。

《中华人民共和国安全生产法》第四十三条规定：生产经营单位必须依法参加工伤社会保险，为从业人员缴纳保险费。因此，生产经营单位与从业人员订立的劳动合同，应当载明有关保障从业人员劳动安全、防止职业危害的事项，以及依法为从业人员办理工伤社会保险的事项。

《中华人民共和国社会保险法》对工伤保险设专门章节进行规范，规定职工应当参加工伤保险，由用人单位缴纳工伤保险费，职工不缴纳工伤保险费。《建筑施工企业安全生产许可证管理规定》要求：企业应依法参加工伤保险，依法为施工现场从事危险作业的人员办理意外伤害保险，为从业人员交纳保险费。此项要求被列为 12 项建筑施工企业安全生产条件之一。

《中华人民共和国建筑法》第四十八条规定：建筑施工企业应当依法为职工参加工伤保险，缴纳工伤保险费。鼓励企业为从事危险作业的职工办理意外伤害保险，支付保险费。此条规定是 2011 年 4 月 22 日经第十一届全国人大第 20 次会修订，从 2011 年 7 月 1 日起施行。

3. 抢救伤员与保护现场

（1）抢救伤员

事故发生后，有关单位和人员应按照应急救援预案，立即向本单位负责人报告，并拨打 120 请求紧急救护。在 120 救护车赶到之前应展开自救。

1）触电事故现场急救。发生触电事故后，切不可惊慌失措，束手无策。要立即切断电源，使伤员脱离继续受电流损害的状态，减少损伤的程度。同时向医疗部门呼救，这是能否抢救成功的首要因素。在切断电源前应注意伤员身上因有电流通过，已成带电体，任何人不应触碰伤员，以免自己也遭电击。

2）烧伤救护。烧伤包括热烧伤、化学烧伤和电烧伤等。

热烧伤现场救护的主要措施是尽快使伤员脱离致伤因素，以免继续损害深层组织，为下一步的救治创造条件。

电烧伤因电流的特殊作用，所造成的软组织损伤是不规则的立体烧伤。电烧伤往往伤口小，基底大而深，所以不能单纯看烧伤部位的面积来衡量烧伤的程度，而应同时注意致伤的深度和全身情况。

3）出血救护。建筑施工现场的伤亡事故多发生在高处坠落、物体打击、机械伤害、触电和物体坍塌等方面。而这些事故都会造成出血征象，且常伴随软组织割裂伤、挫伤、刺伤、骨折等原发创伤。

发生创伤性出血时，应根据现场条件，及时、正确地采取压迫止血法、指压止血法、弹性止血等暂时性的止血方法止血。伤员经现场止血、包扎、固定后，应尽快正确地运送到医院抢救。正确地运送，能够避免不正确的运送方法导致继发性创伤。

（2）保护现场

1）事故发生后，有关单位和人员应当妥善保护事故现场以及相关证据，任何单位和个人不得破坏事故现场、毁灭相关证据。

2）因抢救人员、防止事故扩大以及疏通交通等原因，需要移动事故现场物件的，应当做出标志，绘制现场简图并做出书面记录，妥善保存现场重要痕迹、物证。

二、工伤事故的报告、调查与处理

1. 工伤事故的调查与处理制度

1）工伤事故报告与处理制度必须以文件的形式确立。

2）工伤事故报告与处理制度必须符合有关法律法规的要求，不得有隐瞒或迟报、缓报等现象的发生。

3）应明确工伤事故报告制度的责任部门或责任人。

4）应制定应急救援预案。

5）其他管理要求。

2. 工伤事故报告与处理制度管理内容

（1）工伤事故报告与调查管理规定

参照《生产安全事故报告和调查处理条例》（国务院令　第493号）的规定，制定工伤事故报告和调查规定：

1）事故报告应当及时、准确、完整，任何单位和个人对事故不得迟报、漏报、谎报或者瞒报。

2）事故发生后，事故现场有关人员应当立即向本单位负责人报告；单位负责人接到报告后，应当于1小时内向事故发生地县级以上人民政府安全生产监督管理部门和负有安全生产监督管理职责的有关部门报告。

3）情况紧急时，事故现场有关人员可以直接向事故发生地县级以上人民政府安全生产监督管理部门和负有安全生产监督管理职责的有关部门报告。

4）自事故发生之日起30日内，事故造成的伤亡人数发生变化的，应当及时补报。道路交通事故、火灾事故自发生之日起7日内，事故造成的伤亡人数发生变化的，应当及时补报。

5）按照生产安全事故等级分别由各级政府和部门进行事故调查。未造成人员伤亡的一般事故，县级人民政府也可以委托事故发生单位组织事故调查组进行调查。

企业应根据以上规定制定等级事故报告管理规定以及重大生产安全隐患的月报告和零报告的具体管理规定。

（2）事故处理

企业和施工现场的事故处理应按等级事故和未造成人员伤亡的一般事故包括生产安全事故隐患等两部分内容进行处置。

1）事故发生单位负责人接到事故报告后，应当立即启动事故应急救援预案，或者采取有效措施，组织抢救，防止事故扩大，减少人员伤亡和财产损失。

2）事故发生后，有关单位和人员应当妥善保护事故现场以及相关证据，任何单位和个人不得破坏事故现场、毁灭相关证据。

3）因抢救人员、防止事故扩大以及疏通交通等原因，需要移动事故现场物件的，应当做出标志，绘制现场简图并做出书面记录，妥善保存现场重要痕迹、物证。

4）事故调查处理应当坚持实事求是、尊重科学的原则，及时、准确地查清事故经过、事故原因和事故损失，查明事故性质，认定事故责任，总结事故教训，提出整改措施，并对事故责任者追究责任。

事故调查处理的最终目的是举一反三，防止同类事故重复发生。

三、劳务工伤纠纷应急预案

1. 协助办理工伤及工伤事故的认定

（1）工伤认定申请主体

1）用人单位申请工伤认定：当职工发生事故伤害或者按照《中华人民共和国职业病防治法》规定被诊断、鉴定为职业病的，用人单位应当依法申请工伤认定，此系其法定义务。

2）受伤害职工或者其直系亲属、工会组织申请工伤认定：在用人单位未在规定的期限内提出工伤认定申请的，受伤害职工或者其直系亲属、工会组织可直接依法申请工伤认定。此种申请必须满足一个前提条件，即用人单位未在规定的期限内提出工伤认定申请。而非职工一发生事故伤害或者一按职业病防治法规定被诊断、鉴定为职业病时就可以由受伤害职工或者其直系亲属、工会组织直接申请工伤认定。此种申请工伤认定就受伤害职工或者去直系亲属而言，是其民事权利而非义务。同时，法律授权工会组织也享有工伤认定申请权，以维护受伤害职工的合法权益。

（2）工伤认定管辖

1）社会保险行政部门。具体来说，应当向统筹地区社会保险行政部门提出工伤认定申请。

2）依规定应向省级社会保险行政部门提出工伤认定申请的，根据属地原则应向用人单位所在地设区的市级社会保险行政部门提出。

（3）工伤认定申请时限

职工发生事故伤害或者按照职业病防治法规定被诊断、鉴定为职业病，所在单位应当自事故伤害发生之日或者被诊断、鉴定为职业病之日起30日内，向统筹地区社会保险行政部门提出工伤认定申请。遇有特殊情况，经报社会保险行政部门同意，申请时限可以适当延长。

用人单位未按上述期限提出工伤认定申请的，工伤职工或者其近亲属、工会组织在事故伤害发生之日或者被诊断、鉴定为职业病之日起 1 年内，可以直接向用人单位所在统筹地区社会保险行政部门提出工伤认定申请。

（4）工伤认定申请材料提交

1）工伤认定申请表。

2）与用人单位存在劳动关系（包括实施劳动关系）的证明材料。

3）医疗机构出具的受伤后诊断证明书或者职业病诊断证明书（或者职业病诊断鉴定书）。

工伤认定申请表应当包括事故发生的时间、地点、原因以及职工伤害程度等基本情况。

工伤认定申请人提供材料不完整的，社会保险行政部门应当一次性书面告知工伤认定申请人需要补正的全部材料。申请人按照书面告知要求补正材料后，社会保险行政部门应当受理。

（5）证据的调查核实

区、县社会保险行政部门受理工伤认定申请后，根据需要可以采取下列措施进行调查核实：

1）进入有关单位和事故现场。

2）查阅与工伤认定有关的资料，询问有关人员并制作笔录。

3）采用记录、复印、录音、录像等方式复制与工伤认定有关的资料。

社会保险行政部门进行调查核实，执法人员不得少于 2 人，并应当出示执法证件。

社会保险行政部门进行调查核实，用人单位、职工、工会组织、医疗机构以及有关部门应当予以协助，如实提供相关情况和证明材料。

（6）举证责任

1）原则上，适用谁主张谁举证。否则，承担举证不能的法律责任。

2）职工或者其近亲属认为是工伤，用人单位不认为是工伤的，由用人单位承担举证责任，该用人单位不承担举证责任的，区、县社会保险行政部门可以根据职工或其近亲属提供的证据，或者自行调查取得的证据，依法作出决定。

（7）工伤认定决定

1）认定决定包括工伤或视同工伤的认定决定和不属于工伤或不视同工伤的认定决定。

2）社会保险行政部门应当自受理工伤认定申请之日起 60 日内作出工伤认定的决定，并书面通知申请工伤认定的职工或者其近亲属和该职工所在单位。

3）社会保险行政部门对受理的事实清楚、权利义务明确的工伤认定申请，应当在 15 日内作出工伤认定的决定。

4）作出工伤认定决定需要以司法机关或者有关行政主管部门的结论为依据的，在司法机关或者有关行政主管部门尚未作出结论期间，作出工伤认定决定的时限中止。

（8）复议或诉讼

社会保险行政部门作出认定为工伤的决定后发生行政复议。行政诉讼的，行政复议和行政诉讼期间不停止支付工伤职工治疗工伤的医疗费用。

在下列情形之一的，有关单位或者个人可以依法申请行政复议，也可以依法向人民法院提起行政诉讼：

1）申请工伤认定的职工或者其近亲属、该职工所在单位对工伤认定申请不予受理的决定不服的。

2）申请工伤认定的职工或者其近亲属、该职工所在单位对工伤认定结论不服的。

3）用人单位对经办机构确定的单位缴费费率不服的。

4）签订服务协议的医疗机构、辅助器具配置机构认为经办机构未履行有关协议或者规定的。

5）工伤职工或者其近亲属对经办机构核定的工伤保险待遇有异议的。

2. 协助办理工伤或伤亡职工的治疗与抚恤手续

（1）医疗费

1）职工治疗工伤应当在签订服务协议的医疗机构就医，情况紧急时可以先到就近的医疗机构急救。

2）治疗工伤所需费用符合工伤保险诊疗项目目录、工伤保险药品目录、工伤保险住院服务标准的，从工伤保险基金支付。

3）工伤职工治疗非工伤引发的疾病，不享受工伤医疗待遇，按照基本医疗保险办法处理。

4）职工住院治疗工伤的伙食补助费标准为本地区规定。参加工伤保险的用人单位，其职工住院治疗工伤的，社会保险经办机构根据工伤职工住院天数核定住院伙食补助费金额，并从工伤保险基金支付给工伤职工。

5）经医疗机构出具证明，报经办机构同意，工伤职工到统筹地区以外就医所需的交通、食宿费用中的“住宿费”开支标准上限为各地区规定，在开支标准上限以内的凭据报销，“伙食费”实行定额包干。赴统筹地区外就医的工伤职工，因行动不便，其所发生的交通费用由工伤职工根据自身情况选择适合的交通工具，报销。参加工伤保险的用人单位，其工伤职工经工伤医疗机构出具证明，报区、县医疗保险经办机构同意，到统筹地区以外就医的，社会保险经办机构根据上述标准凭据核定并从工伤保险基金支付给工伤职工。

（2）误工费（停工留薪期待遇）

1）职工因工作遭受事故伤害或者患职业病需要暂停工作接受工伤医疗的，停工留薪期内，原工资福利待遇不变，由原单位按月支付。

2）停工留薪期一般不超过 12 个月。伤情严重或者特殊，经设区的市级劳动能力鉴定委员会确认，可以适当延长，但延长不得超过 12 个月。

3）工伤职工在停工留薪期满后仍需治疗的，继续享受工伤医疗待遇。

（3）护理费

1）生活不能自理的工伤职工在停工留薪期需要护理的，由所在单位负责。

2）工伤职工已经评定伤残等级并经劳动能力鉴定委员会确认需要生活护理的，从工伤保险基金按月支付生活护理费。生活护理费按照生活完全不能自理、生活大部分不能自理或者生活部分不能自理 3 个不同等级支付，其标准分别为统筹地区上年度职工月平均工资的 50%、40%或者 30%。

（4）职工因工致残享受的待遇

第一种情况职工因工致残被鉴定为一级至四级伤残的，保留劳动关系，退出工作岗位，享受以下待遇：

1）从工伤保险基金按伤残等级支付一次性伤残补助金，标准为：一级伤残为 24 个月的本人工资，二级伤残为 22 个月的本人工资，三级伤残为 20 个月的本人工资，四级伤残为 18 个月的本人工资。

2）从工伤保险基金按月支付伤残津贴，标准为：一级伤残为本人工资的 90%，二级伤残为本人工资的 85%，三级伤残为本人工资的 80%，四级伤残为本人工资的 75%。伤残津贴实际金额低于当地最低工资标准的，由工伤保险基金补足差额。

3）工伤职工达到退休年龄并办理退休手续后，停发伤残津贴，享受基本养老保险待遇。基本养老保险待遇低于伤残津贴的，由工伤保险基金补足差额。

职工因工致残被鉴定为一级至四级伤残的，由用人单位和职工个人以伤残津贴为基数，缴纳基本医疗保险费。

第二种情况职工因工致残被鉴定为五级、六级伤残的，享受以下待遇：

1）从工伤保险基金按伤残等级支付一次性伤残补助金，标准为：五级伤残为 16 个月的本人工资，六级伤残为 14 个月的本人工资。

2）保留与用人单位的劳动关系，由用人单位安排适当工作。难以安排工作的，由用人单位按月发给伤残津贴，标准为：五级伤残为本人工资的 70%，六级伤残为本人工资的 60%，并由用人单位按照规定为其缴纳应缴纳的各项社会保险费。伤残津贴实际金额低于当地最低工资标准的，由用人单位补足差额。

经工伤职工本人提出，该职工可以与用人单位解除或终止劳动关系，终止或解除劳动关系时的一次性医疗补助金标准为：五级 18 个月、六级 15 个月的本市上年度职工月平均工资。参加工伤保险的用人单位，与工伤职工终止或解除劳动关系的，社会保险经办机构根据上述标准进行核定并从工伤保险基金支付给工伤职工。

第三种情况职工因工致残被鉴定为七级至十级伤残的，享受以下待遇：

1）从工伤保险基金按伤残等级支付一次性伤残补助金，标准为：七级伤残为 12 个月的本人工资，八级伤残为 10 个月的本人工资，九级伤残为 8 个月的本人工资，十级伤残为 6 个月的本人工资。

2）劳动合同期满终止，或者职工本人提出解除劳动合同的，终止或解除劳动关系时的一次性医疗补助金标准为：七级 12 个月、八级 9 个月、九级 6 个月、十级 3 个月的本市上年度职工月平均工资。参加工伤保险的用人单位，与工伤职工终止或解除劳动关系的，社会保险经办机构根据上述标准进行核定并从工伤保险基金支付给工伤职工。

（5）因工死亡赔偿

职工因工死亡，其直系亲属按照下列规定从工伤保险基金领取丧葬补助金、供养亲属抚恤金和一次性工亡补助金。

1）丧葬补助金为 6 个月的统筹地区上年度职工月平均工资。

2）供养亲属抚恤金按照职工本人工资的一定比例发给由因工死亡职工生前提供主要生活来源、无劳动能力的亲属。标准为：配偶每月40%，其他亲属每人每月30%，孤寡老人或者孤儿每人每月在上述标准的基础上增加10%。核定的各供养亲属的抚恤金之和不应高于因工死亡职工生前的工资。供养亲属的具体范围由国务院社会保险行政部门规定。

3）一次性工亡补助金标准为上一年度全国城镇居民人均可支配收入的20倍。

伤残职工在停工留薪期内因工伤导致死亡的，其近亲属享受上面规定的待遇。

一级至四级伤残职工在停工留薪期满后死亡的，其近亲属可以享受上面规定的待遇。

（6）非法用工伤亡赔偿

1）一次性赔偿包括受到事故伤害或患职业病的职工或童工在治疗期间的费用和一次性赔偿金，一次性赔偿金数额应当在受到事故伤害或患职业病的职工或童工死亡或者经劳动能力鉴定后确定。

2）劳动能力鉴定按属地原则由单位所在地设区的市级劳动能力鉴定委员会办理。劳动能力鉴定费用由伤亡职工或者童工所在单位支付。

3）职工或童工受到事故伤害或患职业病，在劳动能力鉴定之前进行治疗期间的生活费、医疗费、护理费、住院期间的伙食补助费及所需的交通费等费用，按照《工伤保险条例》规定的标准和范围，全部由伤残职工或童工所在单位支付。

4）伤残的一次性赔偿金按以下标准支付：一级伤残的为赔偿基数的16倍；二级伤残的为赔偿基数的14倍；三级伤残的为赔偿基数的12倍；四级伤残的为赔偿基数的10倍；五级伤残的为赔偿基数的8倍；六级伤残的为赔偿基数的6倍；七级伤残的为赔偿基数的4倍；八级伤残的为赔偿基数的3倍；九级伤残的为赔偿基数的2倍；十级伤残的为赔偿基数的1倍。赔偿基数，是指单位所在地工伤保险统筹地区上年度职工年平均工资。

5）受到事故伤害或者患职业病造成死亡的，按照上一年度全国城镇居民人均可支配收入的20倍支付一次性赔偿金，并按照上一年度全国城镇居民人均可支配收入的10倍一次性支付丧葬补助等其他赔偿金。

（7）其他情形

1）伤残津贴、供养亲属抚恤金、生活护理费由统筹地区劳动保障行政部门根据职工平均工资和生活费用的变化等情况适时调整。调整办法由省、自治区、直辖市人民政府规定。

2）职工因工外出期间发生事故或者在抢险救灾中下落不明的，从事故发生当月起3个月内照发工资，从第4个月起停发工资，由工伤保险基金向其供养亲属按月支付供养亲属抚恤金。生活有困难的，可以预支一次性工亡补助金的50%。职工被人民法院宣告死亡的，按照《工伤保险条例》第三十七条职工因工死亡的规定处理。

3）工伤职工有下列情形之一的，停止享受工伤保险待遇：

①丧失享受待遇条件的；

②拒不接受劳动能力鉴定的；

③拒绝治疗的；

④被判刑正在收监执行的。

4）用人单位分立、合并、转让的，承继单位应当承担原用人单位的工伤保险责任；用人单位已经参加工伤保险的，承继单位应当到当地经办机构办理工伤保险变更登记。

5）用人单位实行承包经营的，工伤保险责任由职工劳动关系所在单位承担。

6）职工被借调期间受到工伤事故伤害的，由原用人单位承担工伤保险责任，但原用人单位与借调单位可以约定补偿办法。

7）企业破产的，在破产清算时优先拨付依法应由单位支付的工伤保险待遇费用。

8）职工被派遣出境工作，依据前往国家或者地区的法律应当参加当地工伤保险的，参加当地工伤保险，其国内工伤保险关系中止；不能参加当地工伤保险的，其国内工伤保险关系不中止。

9）职工再次发生工伤，根据规定应当享受伤残津贴的，按照新认定的伤残等级享受伤残津贴待遇。

10）本人工资是指工伤职工因工作遭受事故伤害或者患职业病前 12 个月平均月缴费工资。本人工资高于统筹地区职工平均工资 300%的，按照统筹地区职工平均工资的 300%计算；本人工资低于统筹地区职工平均工资 60%的，按照统筹地区职工平均工资的 60%计算。

3. 协助处理工伤及伤亡保险事项

《建筑与市政工程施工现场专业人员职业标准》（JGJ/T 250—2011）中规定："参与调解、处理劳务纠纷和工伤事故的善后工作。"是劳务员的主要工作职责之一。作为劳务员必须熟悉处理工伤及伤亡保险事项。

2010 年 7 月 19 日，国务院发出《关于进一步加强企业安全生产工作的通知》（国发〔2010〕23 号），规定从 2011 年 1 月 1 日起，依照《工伤保险条例》的规定，对因生产安全事故造成的职工死亡，其一次性工亡补助金标准调整为按全国上一年度城镇居民人均可支配收入的 20 倍计算，发放给工亡职工的近亲属。同时，依法确保工亡职工一次性丧葬补助金、供养亲属抚恤金的发放。

4. 工伤典型案例

【案例 1】

（1）基本案情

南通六建公司系国基电子（上海）有限公司 A7 厂房工程的承包人，其以《油漆承揽合同》的形式将油漆工程分包给自然人李某某，约定李某某所雇人员应当接受南通六建公司管理。李某某又将部分油漆工程转包给自然人王某某，王某某招用张成兵进行油漆施工。李某某和王某某均无用工主体资格，也无承揽油漆工程的相应资质。2008 年 3 月 10 日，张成兵在进行油漆施工中不慎受伤。11 月 10 日，松江区劳动仲裁委员会裁决确定张成兵与南通六建公司之间存在劳动关系，但该裁决书未送达南通六建公司。12 月 29 日，张成兵提出工伤认定申请，并提交了劳动仲裁裁决书。上海市松江区人力资源和社会保障局立案审查后，认为张成兵受伤符合工伤认定条件，且南通六建公司经告知，未就张成兵所受伤害是否应被认定为工伤进行举证。上海市松江区人力资源和社会保障局遂于 2009 年 2 月 19 日认定张成兵受伤为工伤。南通六建公司不服，经复议未果，遂起诉请求撤销上海市松江区人力资源和社会保障局作出的工伤认定。

（2）裁判结果

经上海市松江区人民法院一审，上海市第一中级人民法院二审认为，根据《劳动和社会保障部关于确立劳动关系有关事项的通知》（劳社部发〔2005〕12号）第四条规定，建筑施工、矿山企业等用人单位将工程（业务）或经营权发包给不具备用工主体资格的组织或自然人，对该组织或自然人招用的劳动者，由具备用工主体资格的发包方承担用工主体责任。本案中，南通六建公司作为建筑施工单位将油漆工程发包给无用工主体资格的自然人李某某，约定李某某所雇用的人员应服从南通六建公司管理。后李某某又将部分油漆工程再发包给王某某，并由王某某招用了上诉人张成兵进行油漆施工。上海市松江区人力资源和社会保障局依据上述规定及事实认定上诉人与被上诉人具有劳动关系的理由成立。根据《工伤保险条例》规定，张成兵在江苏南通六建建设集团有限公司承建的厂房建设项目中进行油漆施工不慎受到事故伤害，属于工伤认定范围。据此，维持上海市松江区人力资源和社会保障局作出被诉工伤认定的具体行政行为。

【案例2】

（1）基本案情

孙立兴系中力公司员工，2003年6月10日上午受中力公司负责人指派去北京机场接人。其从中力公司所在天津市南开区华苑产业园区国际商业中心（以下简称商业中心）八楼下楼，欲到商业中心院内开车，当行至一楼门口台阶处时，孙立兴脚下一滑，从4层台阶处摔倒在地面上，经医院诊断为颈髓过伸位损伤合并颈部神经根牵拉伤、上唇挫裂伤、左手臂擦伤、左腿皮擦伤。孙立兴向该园区劳动局提出工伤认定申请，园区劳动局于2004年3月5日作出《工伤认定决定书》，认为没有证据表明孙立兴的摔伤事故是在工作场所、基于工作原因造成的，决定不认定为工伤。

（2）裁判结果

经天津市第一中级人民法院一审，天津市高级人民法院二审认为，该案焦点问题是孙立兴摔伤地点是否属于工作场所和工作原因。《工伤保险条例》规定，职工在工作时间和工作场所内，因工作原因受到事故伤害，应当认定为工伤。该规定中的“工作场所”，指职工从事职业活动的场所，在有多个工作场所的情形下，还应包括职工来往于多个工作场所之间的必经区域。本案中，位于商业中心八楼的中力公司办公室，是孙立兴的工作场所，而其完成去机场接人的工作任务需驾驶的汽车，是其另一处工作场所。汽车停在商业中心一楼的门外，孙立兴要完成开车任务，必须从商业中心八楼下到一楼门外停车处，故从商业中心八楼到停车处是孙立兴来往于两个工作场所之间的必经的区域，应当认定为工作场所。园区劳动局认为孙立兴摔伤地点不属于其工作场所，将完成工作任务的必经之路排除在工作场所之外，既不符合立法本意，也有悖于生活常识。孙立兴为完成开车接人的工作任务，从位于商业中心八楼的中力公司办公室下到一楼，并在一楼门口台阶处摔伤，系为完成工作任务所致。上诉人园区劳动局以孙立兴不是开车时受伤为由，认为孙立兴不属于“因工作原因”摔伤，理由不能成立。故判决撤销被告园区劳动局所作的《工伤认定决定书》，限其在判决生效后 60 日内重新作出具体行政行为。

【案例 3】

（1）基本案情

原告何培祥系原北沟镇石涧小学教师，2006 年 12 月 22 日上午，原告被石涧小学安排到新沂城西小学听课，中午在新沂市区就餐。因石涧小学及原告居住地到城西小学无直达公交车，原告采取骑摩托车、坐公交车、步行相结合方式往返。15：40 左右，石涧小学邢汉民、何继强、周恩宇等开车经过石涧村大陈庄水泥路时，发现何培祥骑摩托车摔倒在距离石涧小学约二三百米的水泥路旁，随即送往医院抢救治疗。

12 月 27 日，原告所在单位就何培祥的此次伤害事故向被告江苏省新沂市劳动和社会保障局提出工伤认定申请，后因故撤回。2007 年 6 月，原告就此次事故伤害直接向被告提出工伤认定申请。经历了二次工伤认定，二次复议，二次诉讼后，被告于 2009 年 12 月 26 日作出《职工工伤认定》，认定：何培祥所受机动车事故伤害虽发生在上下班的合理路线上，但不是在上下班的合理时间内，不属于上下班途中，不认定为工伤。原告不服，向新沂市人民政府申请复议，复议机关作出复议决定，维持了被告作出的工伤认定决定。之后，原告诉至法院，请求撤销被告作出的工伤认定决定。

（2）裁判结果

经江苏省新沂市人民法院一审，徐州市中级人民法院二审认为：上下班途中的“合理时间”与“合理路线”，是两种相互联系的认定属于上下班途中受机动车事故伤害情形的必不可少的时空概念，不应割裂开来。结合本案，何培祥在上午听课及中午就餐结束后返校的途中骑摩托车摔伤，其返校上班目的明确，应认定为合理时间。故判决撤销被告新沂市劳动和社会保障局作出的《职工工伤认定》；责令被告在判决生效之日起 60 日内就何培祥的工伤认定申请重新作出决定。

【案例 4】

（1）基本案情

宏达豪纺织公司系经依法核准登记设立的企业法人，其住所位于被告广东省佛山市禅城区劳动和社会保障局辖区内。邓尚艳与宏达豪纺织公司存在事实劳动关系。2006 年 4 月 24 日邓尚艳在宏达豪纺织公司擅自增设的经营场所内，操作机器时左手中指被机器压伤，经医院诊断为“左中指中节闭合性骨折、软组织挫伤、伸腱断裂”。7 月 28 日邓尚艳在不知情的情况下向被告申请工伤认定时，列“宏达豪纺织厂”为用人单位。被告以“宏达豪纺织厂”不具有用工主体资格、不能与劳动者形成劳动关系为由不予受理其工伤认定申请。邓尚艳后通过民事诉讼途径最终确认与其存在事实劳动关系的用人单位是宏达豪纺织公司。

2008 年 1 月 16 日，邓尚艳以宏达豪纺织公司为用人单位向被告申请工伤认定，被告于 1 月 28 日作出《工伤认定决定书》，认定邓尚艳于 2006 年 4 月 24 日所受到的伤害为工伤。2008

年3月24日，宏达豪纺织公司经工商行政管理部门核准注销。邹政贤作为原宏达豪纺织公司的法定代表人于2009年3月10日收到该《工伤认定决定书》后不服，向佛山市劳动和社会保障局申请行政复议，复议机关维持该工伤认定决定。邹政贤仍不服，向佛山市禅城区人民法院提起行政诉讼。广东省佛山市禅城区人民法院判决维持被告作出的《工伤认定决定书》。宣判后，邹政贤不服，向广东省佛山市中级人民法院提起上诉。

（2）裁判结果

法院经审理认为，因宏达豪纺织公司未经依法登记即擅自增设营业点从事经营活动，故2006年7月28日邓尚艳在不知情的情况下向禅城劳动局申请工伤认定时，错列“宏达豪纺织厂”为用人单位并不存在主观过错。另外，邓尚艳在禅城劳动局以“宏达豪纺织厂”不具有用工主体资格、不能与劳动者形成劳动关系为由不予受理其工伤认定申请并建议邓尚艳通过民事诉讼途径解决后，才由生效民事判决最终确认与其存在事实劳动关系的用人单位是宏达豪纺织公司。故禅城劳动局2008年1月16日收到邓尚艳以宏达豪纺织公司为用人单位的工伤认定申请后，从《工伤保险条例》切实保护劳动者合法权益的立法目的考量，认定邓尚艳已在1年的法定申请时效内提出过工伤认定申请，是因存在不能归责于其本人的原因而导致其维护合法权益的时间被拖长，受理其申请并作出是工伤的认定决定，程序并无不当。被告根据其认定的事实，适用法规正确。依照行政诉讼法的规定，判决维持被告作出的《工伤认定决定书》。

【案例5】

（1）基本案情

2001年1月7日，新疆米泉市铁厂沟镇三矿副矿长刘自荣得知该矿井煤层采仓仓顶被拉空，将给煤矿生产安全带来隐患。为保证煤矿安全生产，1月8日晚10时许，刘自荣与炮工余远贵一起在职工宿舍内，将瞬发电雷管改制成延期电雷管时，雷管爆炸，将刘自荣的左手拇指、食指、中指炸去，无名指受伤。

事发后，铁厂沟镇煤矿立即将刘自荣送往医院救治，并承担了刘自荣的全部医疗费用。3月21日，铁厂沟镇煤矿与刘自荣达成赔偿协议，由铁厂沟镇煤矿给刘自荣今后生活费、营养费一次性补助15 000元。4月9日，刘自荣向米泉市劳动局申请工伤认定。2002年7月3日，米泉市劳动局作出《关于不予认定刘自荣为工伤的决定》（以下简称《决定》）。

（2）裁判结果

米泉市人民法院一审以米泉市劳动局适用法律、法规错误为由，判决撤销米泉市劳动局的《决定》。

昌吉回族自治州中级人民法院二审认为，米泉市劳动局对刘自荣的工伤申请所作的认定决定，认定事实清楚，适用法律正确，决定程序合法，判决撤销米泉市人民法院一审行政判决，维持米泉市劳动局的《决定》。

新疆维吾尔自治区高级人民法院再审判决维持二审行政判决。

最高人民法院提审认为，根据《企业职工工伤保险试行办法》的规定，从事本单位日常生产、工作或者本单位负责人临时指定的工作的，在紧急情况下，虽未经本单位负责人指定但从事直接关系本单位重大利益的工作负伤、致残、死亡的，应当认定为工伤。刘自荣作为米泉市铁厂沟镇第三煤矿副矿长，其基于煤矿正常生产的需要而与其他炮工一起在工人宿舍内将瞬发电雷管改制成延期电雷管，并因雷管爆炸而受伤，该行为显然与本单位工作需要和利益具有直接关系。公安部《关于对将瞬发电雷管改制为延期电雷管的行为如何定性的意见》认为，雷管中含有猛炸药、起爆药等危险物质，在没有任何防护的条件下将瞬发电雷管改制为延期电雷管，属于严重违反国家有关安全规定和民爆器材产品质量技术性能规定的行为，不应定性为非法制造爆炸物品的行为。据此判决：撤销新疆维吾尔自治区高级人民法院作出的行政判决；撤销新疆维吾尔自治区昌吉回族自治州中级人民法院行政判决；维持新疆维吾尔自治区米泉市人民法院行政判决；新疆维吾尔自治区乌鲁木齐市米东区人力资源和社会保障局应在收到判决之日起两个月内重新作出具体行政行为。

（3）典型意义

如何准确把握工伤认定的标准，一直是人民法院审理工伤认定行政案件的难点。该案涉及对不得认定工伤的情形如何掌握、本单位利益如何界定等工伤认定中的疑难问题。最高人民法院判决从维护职工切身利益的立法宗旨出发，对于不予认定工伤的情形，采取了从严掌握原则，同时明确了对职工因单位工作需要，在非工作场所从事危险工作而受伤，即使存在一定违规，仍应认定该工作与本单位重大利益具有直接关系，从而应予认定为工伤的原则。该案判决充分彰显了工伤保险的立法精神，对于工伤认定行政案件裁判尺度的把握和统一，具有重要的示范意义。

主要参考文献

[1] 胡兴福，等. 通用基础知识[M]. 北京：中国建筑工业出版社，2013.
[2] 徐雷. 建设法规[M]. 北京：科学出版社，2009.
[3] 刘亚臣，等. 工程建设法学[M]. 大连：大连理工大学出版社，2009.
[4] 全国二级建造师职业资格考试用书编写委员会. 建设工程法规及相关知识[M]. 北京：中国建筑工业出版社，2011.
[5] 编写组. 建筑施工手册（第4版）[M]. 北京：中国建筑工业出版社，2003.
[6] 夏友明. 钢筋工[M]. 北京：机械工业出版社，2006.
[7] 杜绍堂. 钢结构施工[M]. 北京：高等教育出版社，2005.
[8] 潘全祥. 施工员必读[M]. 北京：中国建筑工业出版社，2001.
[9] 杨正善，等. 当代劳动法理论与实务[M]. 广州：华南理工大学出版社，2010.
[10] 路焕新等. 劳动法概论与实务[M]. 天津：天津大学出版社，2010.
[11] 王桦宇. 劳动合同法实务操作与案例精解[M]. 北京：中国法制出版社，2012.
[12] 马福谦. 常见信访问题解答[M]. 北京：法律出版社，2012.
[13] 刘昕. 薪酬管理（第3版）[M]. 北京：中国人民大学出版社，2012.
[14] 贺志东. 建筑施工企业财务管理[M]. 广州：广东经济出版社，2010.

附录1　劳务员专业知识测试模拟试卷

试卷一

一、单选题（共50题，每小题1分，共50分）

1. 在法定情形下，需要裁减人员20人以上或者裁减不足20人但占企业职工总数10%以上的，用人单位提前30日向（　　）说明情况，听取工会或者职工的意见后，裁减人员方案经向劳动行政部门报告，可以裁减人员。

A. 工会　　B. 全体职工

C. 工会或者全体职工　　D. 劳动争议仲裁委员会

2. 发包人、承包人应当对上月完成劳务作业量及应支付的劳务分包合同价款予以书面确认，发包人应当在书面确认后（　　）内支付已确认的劳务分包价款。

A. 3日　　B. 5日　　C. 20日　　D. 30日

3. 时间研究是在一定的标准测定条件下，确定人们完成作业活动所需时间总量的一套（　　）。

A. 动作和方法　　B. 程序和方法　　C. 流程和定额　　D. 数据统计表

4. 关于统计分析法，（　　）说法是错误的。

A. 简便易行　　B. 需要有较多的数据资料

C. 适用于批量小的施工作业　　D. 更能反映实际施工水平

5. 在施工现场，登高架设作业人员的年龄应当控制在（　　）周岁以下。

A. 40　　B. 45　　C. 50　　D. 55

6. 解决农民工培训经费的是（　　）。

A. 政府建设主管部门　　B. 分包企业　　C. 总包企业　　D. 自费

7. 新发生的工伤，虽办理了工伤备案相关手续，但未对工伤职工进行工伤认定的，其治疗期间由工伤保险基金支付的医疗费用由（　　）来承担。

A. 由所在单位承担　　B. 由经办机构承担

C. 由工伤保险基金承担　　D. 由职工个人承担

8. 下列说法错误的是（　　），劳务分包人须服从工程承包人转发的发包人及工程师的指令。

A. 一般来说对劳务分包队伍综合评价的依据是双方签订的劳务分包合同及相关的国家法律、法规和行业政策要求

B. 项目部层面上对劳务分包队伍的综合评价内容在项目经理部层面上，主要考核评价劳务分包队伍的整体素质、工程质量、工期、绿色施工和文明施工等情况

C. 评价方法及工具一般而言，对劳务分包队伍综合评价可以采用多种方法和工具，常用的有头脑风暴法和数学模型法

D. 分包单位应向总包项目经理部物资管理部门提前2～5天报送材料进场计划，并要注明材料品种、规格、数量、使用部位和分阶段需用时间

9. 模板作业具有一级资质的分包企业中，具有初级以上相应专业的技术工人不少于（　　）人；其中，中、高级工应占比例不少于（　　）。

A. 30；50%　　B. 40；50%　　C. 30；60%　　D. 40；60%

10. 工伤职工治疗工伤需要住院的，由（　　）按照因公出差伙食补助标准的一定比例发放住院伙食补助费。

A. 所在单位　　B. 职工本人　　C. 工伤保险基金　　D. 社保局

11. 工程总承包企业不得将工程违反规定发包，分包给不具备用工主体资格的组织或个人，否则应承担清偿拖欠工资（　　）。

A. 部分责任　　B. 无责任　　C. 连带责任　　D. 全部责任

12. 据统计，引发劳动争议的第一大原因是（　　）。

A. 伙食问题　　B. 健康问题　　C. 治安管理　　D. 劳动报酬

13. 下列各项中，不属于施工劳动力结构特点的是（　　）。

A. 劳动力主要集中在劳务分包企业　　B. 劳动力主要来源于城镇

C. 劳动力的聘用期相对较短　　D. 普通工人多于高技能工人

14. 当劳务队伍的总人数超过（　　）人以上时，必须配备一名专职劳务员。

A. 100　　B. 80　　C. 50　　D. 30

15. 劳动合同应当一式（　　）份。

A. 1　　B. 2　　C. 3　　D. 5

16. 劳务纠纷的性质不包括（　　）。

A. 劳务纠纷多发性　　B. 经济利益主导性

C. 劳动纠纷地域广泛性　　D. 矛盾激化性

17. 用人单位自用工之日起超过一个月但不满一年未与劳动者订立书面劳动合同的，应当向劳动者支付（　　）倍的工资。

A. 2　　B. 3　　C. 4　　D. 1

18. 采用固定劳务报酬方式的，施工过程中（　　）计算工时和工程量。

A. 要　　B. 部分要　　C. 不　　D. 全部要

19. 劳动者在试用期的工资不得低于本单位相同岗位最低工资或劳动（　　）。

A. 60%　　B. 80%　　C. 100%　　D. 50%

20. 建设主管部门对于不配合监督检查的劳务分包企业，可以采取的措施不包括（　　）。

A. 限制承接新业务　　B. 责令整改

C. 通报批评　　　　D. 记入建设行业信用信息提示系统

21. 劳动者在试用期内提前（　　）日通知用人单位，可以解除劳动合同。

A. 3　　　　B. 5　　　　C. 10　　　　D. 20

22. 劳务分包企业进入施工现场人员的花名册，必须由（　　）审核盖章。

A. 总承包企业　　　　B. 工程监理单位

C. 工程质量监督单位　　　　D. 当地建设主管部门

23. 负责工程沉降观测的是（　　）。

A. 建设主管部门　　B. 设计院　　C. 工程承包人　　D. 劳务分包人

24. 伤残职工配置的辅助器具，在规定保修期内由定点配置机构免费维修。人为造成损坏的，其维修和更换零件的费用由（　　）负担。

A. 由定点配置机构负担　　　　B. 由经办机构承担

C. 由工伤保险基金承担　　　　D. 由职工本人自理

25. 发包人、承包人应当在每月（　　）日前对上月完成劳务作业量及应支付的劳务分包合同价款予以书面确认。

A. 5　　　　B. 10　　　　C. 20　　　　D. 30

26. 下列各项中，不属于建设主管部门对劳务分包合同实施监督检查所采取的方式是（　　）。

A. 定期检查　　B. 突击检查　　C. 联合检查　　D. 巡查

27. 下列（　　）用人单位不必向劳动者支付经济补偿。

A. 被依法宣告破产的

B. 劳动者主动向用人单位提出解除劳动合同并与用人单位协商一致解除劳动合同的

C. 被吊销营业执照的

D. 被责令关闭、撤销的

28. 劳务分包企业超过 50 人时，其中级工的比例不得低于（　　）。

A. 5%　　　　B. 20%　　　　C. 40%　　　　D. 50%

29. 劳动保障行政部门应当自受理工伤认定申请之日起（　　）日内作出工伤认定决定。

A. 15　　　　B. 30　　　　C. 60　　　　D. 90

30. 关于农民工工资的领取说法正确的是（　　）。

A. 可以由项目经理代领　　　　B. 可以由队长或班组长代领

C. 可以由农民工近亲属代领　　　　D. 必须本人领取

31. 除合同另有约定，支付劳务费应当保障劳务分包队伍每月支付农民工基本工资人均不低于工程所在地最低工资标准，每年年底前做到（　　）支付。

A. 20%　　　　B. 50%　　　　C. 80%　　　　D. 100%

32. 劳动者拒绝用人单位管理人员违章指挥，强令冒险作业的，（　　）违反劳动合同。

A. 视为　　B. 有时视为　　C. 不视为　　D. 部分视为

33. 享受养老保险待遇的必要条件不包括（　　）。

A. 退出劳动领域　　B. 年龄　　C. 工龄　　D. 城镇常住人口

34. 工资结算期超过一个月的，应当每月预付工资，对当月提供正常劳动的劳务工人预付的工资不得低于当地最低工资标准，余额按季或年度结算工资，结算后足额支付，结算期不得超过（　　）。

A. 本季度末　　B. 本月末　　C. 次年 1 月 20 日　　D. 当年春节

35. 下面不属于社会保险经办机构的职责的是（　　）。

A. 筹集社会保险基金　　B. 给付社会保险待遇

C. 制定社会保险政策　　D. 组织社会保险服务

36. 劳务分包合同的形式不包括（　　）。

A. 临时劳务承包　　B. 零散的劳务分包

C. 自带劳务分包　　D. 成建制的劳务分包

37. 工程承包人提供给劳务分包人使用的施工机械设备，其保险费用由（　　）支付。

A. 工程承包企业　　B. 劳务分包人

C. 业主方　　D. 施工机械设备所有者

38. 对劳动合同的无效或者部分无效有争议的，由（　　）确认。

A. 劳动行政部门　　B. 工会

C. 劳动争议仲裁机构或者人民法院　　D. 企业管理部

39. 调解委员会调解争议的期限为（　　）。

A. 20　　B. 25　　C. 30　　D. 35

40. 劳务作业工人应当（　　）具有相应的工种岗位资格证书。

A. 50%　　B. 60%　　C. 80%　　D. 100%

41. 分包队伍因被拖欠工程款导致拖欠工人工资的，追回的被拖欠工程款，应优先用于（　　）。

A. 支付拖欠的劳务工资　　B. 购买材料

C. 交税　　D. 交保证金

42. 下列各项中，不属于损失时间的是（　　）。

A. 施工组织和技术上的缺点而产生的时间消耗

B. 施工过程中人为过失而造成的时间消耗

C. 与施工工艺特点有关的工作中断时间

D. 劳动组织不当引起的时间消耗

43. 特种作业人员应当（　　）具有相应的工种岗位资格证书。

A. 50%　　B. 60%　　C. 80%　　D. 100%

44. 下列（　　）不是办理劳务费结算时，需要具备的条件。

A. 发放工资的工资表中人员必须与考勤表相一致

B. 必须有务工人员本人签字

C. 施工队伍负责人签字

D. 劳务人员的手印

45. 《工伤保险条例》对劳动保障行政部门做出工伤认定决定的时限为自受理工伤认定之日起（　　）。

A. 15 日内　　B. 20 日内　　C. 30 日内　　D. 60 日内

46. 职工患病，在规定的医疗期内劳动合同期满时，劳动合同（　　）。

A. 即时终止　　B. 续延半年后终止

C. 续延一年后终止　　D. 续延到医疗期满时终止

47. 用人单位违法解除或者终止劳动合同的，应当依照法定经济补偿标准的（　　）向劳动者支付赔偿金。

A. 2 倍　　B. 2 倍以下　　C. 1 倍以上 2 倍以下　　D. 150%

48. 建筑面积综合单价是指以建筑施工面积（　　）为计量单位，完成从进场到竣工全部劳务工作量的各工种工人应支付的工资和其他劳务费用的价格。

A. 平方米　　B. 平方分米　　C. 平方厘米　　D. 平方千米

49. 建筑劳务分包企业与农民工在劳动合同中约定的工资标准不得低于（　　）。

A. 低于全国最低工资标准　　B. 低于本企业最低工资标准

C. 低于本行业最低工资标准　　D. 低于当地最低工资标准

50. 在劳动定额中，劳动效率代表了（　　）。

A. 社会一般水平　　B. 社会先进水平　　C. 社会平均先进水平　　D. 社会最高水平

二、多选题（共 10 题，每小题 2 分，共 20 分）

51. 下列属于劳务分包合同价款的是（　　）。

A. 工人工资　　B. 管理费　　C. 工具用具费

D. 工人奖金　　E. 利润

52. 下列选项中属于建筑劳务分包企业与农民工在劳动合同中应明确的工资问题是（　　）。

A. 约定工资标准　　B. 明确约定工资支付日期

C. 约定工资支付方式　　D. 约定工资支付银行

E. 约定工资代领人

53. 突发事件应急状态主要分为以下阶段（　　）。

A. 前兆阶段　　B. 紧急阶段　　C. 谈判阶段

D. 僵持阶段　　E. 解决阶段

54. 有下列情形之一，劳动者提出或者同意续订、订立劳动合同的，除劳动者提出订立固定期限劳动合同外，应当订立无固定期限劳动合同（　　）。

A. 劳动者在该用人单位连续工作满 10 年的

B. 用人单位初次实行劳动合同制度时，劳动者在该用人单位连续工作满 10 年且距法定退休年龄不足 10 年的

C. 国有企业改制重新订立劳动合同时，劳动者在该用人单位连续工作满 10 年且距法定退休年龄不足 10 年的

D. 试用期满后签订的合同

E. 连续订立 2 次固定期限劳动合同，续订劳动合同的

55. 下列各项中，属于实施劳务培训计划需要解决的问题是（　　）。

A. 培训师资　　B. 培训教材　　C. 培训方法

D. 培训场地　　E. 培训资金

56. 医疗保险待遇的主要内容（　　）。

A. 医疗期待遇　　B. 疾病津贴　　C. 医疗待遇

D. 免费医疗　　E. 工伤保险费用

57. 施工现场作业的劳务人员的要求是（　　）。

A. 人与劳务企业签订书面劳动合同　　B. 必须具备大专以上学历

C. 安全生产和普法维权培训考核合格　　D. 具有相应的工种岗位资格证书

E. 具有机动车驾驶证

58. 解决劳务人员工资纠纷的主要途径有（　　）。

A. 募捐解决　　B. 银行贷款

C. 由建设单位或总承包单位先行支付　　D. 责令用人单位按期支付工资和赔偿金

E. 通过法律途径解决

59. 劳动者（　　），用人单位可以解除劳动合同。

A. 在试用期间被证明不符合录用条件的

B. 患病或非因工负伤，在规定的医疗期内的

C. 严重违反用人单位的规章制度的

D. 被依法追究刑事责任的

E. 受到警告行政部门处分的

60. 工伤认定申请主体主要包括（　　）。

A. 工伤职工所在工会组织　　B. 地方劳动保障行政部门

C. 工伤职工所在单位　　D. 工伤职工本人

E. 工伤职工直系亲属

三、判断题（共 20 题，每小题 1 分，共 20 分）

61. 劳务分包人可以将合同下的劳务作业转包或再次分包给他人。（　　）

A. 正确　　B. 错误

62. 专业承包企业不可以将劳务作业分包给具有相应资质的劳务分包企业。（　　）

A. 正确　　B. 错误

63. 在劳务培训当中，培训地点的选择，还应当考虑培训的人数、培训的成本等因素（　　）

A. 正确　　B. 错误

64. 混凝土作业分包企业资质不分等级。（　　）

A. 正确　　B. 错误

65. 在劳务培训当中，培训教师的来源一般来说有两个渠道：一个是外部渠道；另一个是内部渠道。（　　）

A. 正确　　B. 错误

66. 劳动者经济困难的，劳动争议仲裁不收费。（　　）

A. 正确　　B. 错误

67. 劳务派遣单位跨地区派遣劳动者的，被派遣劳动者享有的劳动报酬和劳动条件，按照用工单位所在地的标准执行。（　　）

A. 正确　　　　B. 错误

68. 用人单位自用工之日起超过一个月不满一年未与劳动者订立书面劳动合同的，应当向劳动者每月支付 2 倍工资。（　　）

A. 正确　　　　B. 错误

69.（　　）发包人、承包人再未签订书面劳务分包合同并备案的情况下，可以先进场施工，在 10 天内将合同订立备案即可。（　　）

A. 正确　　　　B. 错误

70. 社会保险是一种为丧失劳动能力、暂时失去劳动岗位或因健康原因造成损失的人口提供收入或补偿的一种社会和经济制度。（　　）

A. 正确　　　　B. 错误

71.用人单位设立的分支机构，依法取得营业执照或者登记证书的，可以作为用人单位与劳动者订立劳动合同。（　　）

A. 正确　　　　B. 错误

72. 劳务分包队伍因被拖欠工程款导致拖欠工人工资的，追回的被拖欠工程款，应优先用于支付拖欠的劳务工工资。（　　）

A. 正确　　　　B. 错误

73. 和解是指当事人通过自行友好协商，解决合同发生的争议。（　　）

A. 正确　　　　B. 错误

74. 行业和企业对劳务企业和施工作业队的信用评价资料包括：建筑行业劳务企业施工作业队伍信用评价等级名录和行业协会颁发的《建筑业施工作业队信用等级证书》。（　　）

A. 正确　　　　B. 错误

75. 劳务分包队伍人数在百人以上的劳务分包企业，没有配备专职安全员，可以使用兼职管理人员。（　　）

A. 正确　　　　B. 错误

76. 工程总承包企业不得将工程违反规定发包、分包给不具备用工主体资格的组织或个人，否则应承担清偿拖欠工资连带责任。（　　）

A. 正确　　　　B. 错误

77.劳务分包商必须服从监理工程师的直接指令。（　　）

A. 正确　　　　B. 错误

78. 总包企业负责建立劳务分包合同管理信息系统。（　　）

A. 正确　　　　B. 错误

79. 在劳务培训当中，外部渠道聘请的培训教师责任心比较强，费用较低，但受企业现有状况的影响比较大，思路可能没有创新。（　　）

A. 正确　　　　B. 错误

80. 伤害职工或者其直系亲属、工会组织申请工伤认定时限为 1 年，自事故伤害发生之日或者被诊断、鉴定为职业病之日起算。（　　）

A. 正确　　　　B. 错误

四、案例分析（共2题，每小题5分，共10分）

81.［背景资料］陈某于2008年4月1日到某工程施工单位工作，担任项目工程师，双方签订了二年期劳动合同，合同期限为2008年4月1日至2010年3月31日。劳动合同期满后，双方又续签了二年期劳动合同，合同终止时间为2012年3月31日。在2012年2月28日，施工单位单方面向陈某做出《终止劳动合同通知书》，书面告知与陈某签订的劳动合同于2012年3月31日期满后终止劳动关系。陈某拒绝签署《终止劳动合同通知书》，并要求签订无固定期限劳动合同。因公司不同意陈某的要求，并于2012年4月1日停止了陈某的工作。

［问题］根据背景资料，解答下列问题。

（1）（判断题）劳动者不能胜任工作，经过培训或者调整工作岗位，仍不能胜任工作的，用人单位提前30天以书面形式通知劳动者本人，可以解除劳动合同（　　）。

A. 正确　　B. 错误

（2）（单选题）施工单位与陈某连续签订了两次固定期限劳动合同后，第三次陈某可以要求签订（　　）。

A. 五年期限劳动合同　　B. 10年期限劳动合同

C. 无固定期限劳动合同　　D. 长期劳动合同

（3）（单选题）对劳动合同的无效或者部分无效有争议的，由（　　）或者人民法院确认。

A. 劳动行政部门　　B. 劳动监察机构

C. 劳动争议调解委　　D. 劳动争议仲裁机构

（4）（多选题）用人单位与劳动者协商一致，可以订立无固定期限劳动合同。有下列情形之一，劳动者提出或者同意续订，订立劳动合同的，除劳动者提出订立固定期限劳动合同外，应当订立无固定期限劳动合同（　　）。

A. 短期工转为长期合同工

B. 劳动者在该用人单位连续工作满10年的

C. 用人单位初次实行劳动合同制度或者国有企业改制重新订立劳动合同时，劳动者在该用人单位连续工作满10年且距法定退休年龄不足10年的

D. 连续订立二次固定期限劳动合同，且劳动者没有本法第三十九条和第四十条第一项、第二项规定的情形，续订劳动合同的

E. 重新签订新合同

82.［背景资料］某装饰公司承接了一项1 500万元的装饰工程，亟须组织劳动力进场，该装饰公司与某劳务公司签订劳务合同，二者确定劳务分包合同额140万元，工期3个月。工程进展到第2个月，现场发生了100名农民工围堵工地索要工资的恶性事件，经调查该劳务公司属王某私自挂靠。王某私自挪用农民工工资，并在事发前不明去向。该装饰公司劳务员要求该劳务公司配合解决该事件。

［问题］根据背景资料，解答下列问题。

（1）（判断题）本案例中农民工围堵工地索要工资，属于劳务工资突发事件状态的前兆阶段。（　　）

A. 正确　　B. 错误

（2）（单选题）突发事件应急状态分为几个阶段，不属于这几个阶段的是（　　）。

A. 前兆阶段　　B. 紧急阶段　　C. 谈判阶段　　D. 僵持阶段

（3）（单选题）建立公司支付农民工工资的约束和保障机制，从根本上解决农民工工资拖欠问题，下列说法不正确的是（　）。

A. 按照工程合同价款的一定比例向主管部门交纳职工工资保障金，工资保障金在工程价款中列支，专款专用；

B. 公司应及时将工资保障金存入指定银行，专户存储、专款专用；

C. 公司招收农民工，必须与农民工签订劳动合同，农民工依法享有劳动报酬、休息休假、劳动安全卫士及保险福利的权利，并在规定期限内持农民工名册到当地劳动和社会保障行政主管部门备案；

D. 公司应当以货币形式足额支付农民工工资，施工工程期限小于6个月的或者双方约定支付工资期限低于6个月的，另其约定；

（4）（多选题）在用人单位拖欠工资的情况下，劳务人员可以先与用人单位协商，如果协商无效解决，则可以通过以下法律途径来解决（　　）。

A. 向当地劳动保障监督机构举报投诉

B. 向县级以上人民政府建设行政主管部门举报投诉

C. 向用人单位工会举报

D. 向当地劳动争议仲裁委员会申请仲裁

E. 通过法律诉讼途径解决

试卷二

一、单选题（共50题，共50分）

1. 劳务分包企业进入施工现场人员的花名册，必须由（　　）审核盖章。

A. 总承包企业　　B. 工程监理单位

C. 工程质量监督单位　　D. 当地建设主管部门

2. 《工伤保险条例》所称本人工资是指工伤职工因工作遭受事故伤害或患职业病（　　）的工资收入。

A. 本企业平均工资　　B. 本人12个月平均工资

C. 本人当月工资　　D. 本人12个月平均缴费工资

3. 从2006年起基本养劳保险的规模统一由本人缴费工资的11%调整到（　　）。

A. 5%　　B. 8%　　C. 10%　　D. 20%

4. 劳动者在试用期内提前（　　）通知用人单位，可以解除劳动合同。

A. 3日　　B. 5日　　C. 10日　　D. 20日

5. 发包人、承包人应当在每月（　　）前对上月完成劳务作业量及应支付的劳务分包合同价款予以书面确认。

A. 5日　　B. 10日　　C. 20日　　D. 30日

6. 模板作业具有一级资质的分包企业中，具有初级以上相应专业的技术工人不少于（　　）人；其中，中、高级工所占比例不少于（　　）。

A. 30；50%　　B. 40；50%　　C. 30；60%　　D. 40；60%

7. 下列说法错误的是（　　）。

A. 一般来说对劳务分包队伍综合评价的依据是双方签订的劳务分包合同及相关的国家法律、法规和行业政策要求

B. 项目部层面上对劳务分包队伍的综合评价内容在项目经理部层面上，主要考核评价劳务分包队伍的整体素质、工程质量、工期、绿色施工和文明施工等情况

C. 评价方法及工具一般而言，对劳务分包队伍综合评价可以采用多种方法和工具，常用的有头脑风暴法和数学模型法

D. 分包单位应向总包项目经理部物资管理部门提前 2～5 天报送材料进场计划，并要注明材料品种、规格、数量、使用部位和分阶段需用时间

8. 劳务人员工资是指建筑劳务企业依据有关法律法规的规定和劳动合同的约定，以（　　）支付给形成劳动关系或提供劳务的劳动者的劳动报酬。

A. 组织的形式　　B. 劳动的形式　　C. 慰问的形式　　D. 货币的形式

9. 调解委员会调解争议的期限为（　　）。

A. 20　　B. 25　　C. 30　　D. 35

10. 对广大农民工的普法教育培训，岗位培训主要由政府出资解决。（　　）建设主管部门每年会拨付一定的费用，组织开展全市农民工的普及培训。

A. 省（市）　　B. 区县　　C. 国务院　　D. 乡（镇）

11. 在工程合同义务合同之中，（　　）负责工程测量定位，沉降观测。

A. 建设主管部门　　B. 设计院　　C. 工程承包人　　D. 劳务分包人

12. 下列各项中，不属于损失时间的是（　　）。

A. 施工组织和技术上的缺点而产生的时间消耗

B. 施工过程中人为过失而造成的时间消耗

C. 与施工工艺特点有关的工作中断时间

D. 劳动组织不当引起的时间消耗

13. 劳务作业工人应当（　　）具有相应的工种岗位资格证书。

A. 50%　　B. 60%　　C. 80%　　D. 100%

14. 下列（　　）不是办理劳务费结算时，需要具备的条件。

A. 发放工资的工资表中人员必须与考勤表相一致

B. 必须有务工人员本人签字

C. 施工队伍负责人签字

D. 劳务人员的手印

15. 劳务分包企业的施工作业队无须通过当地（　　）的考核评价合格。

A. 工会组织　　B. 行业管理协会　　C. 建设主管部门　　D. 企业

16. 劳动定额的表现形式分为（　　）。

A. 时间定额和产量定额　　B. 技术定额和经济定额

C. 经济定额和产量定额　　D. 产量定额和时间定额

17. 采用固定劳务报酬方式的，施工过程中（　　）计算工时和工程量。

A. 要　　B. 部分要　　C. 不　　D. 全部要

18. 建筑面积综合单价是指以建筑施工面积（　　）为计量单位，完成从进场到竣工全部劳务工作量的各工种工人应支付的工资和其他劳务费用的价格。

A. 平方米　　B. 平方分米　　C. 平方厘米　　D. 平方千米

19. 劳动保障行政部门应当自受理工伤认定申请之日起（　　）日内作出工伤认定决定。

A. 15　　B. 30　　C. 60　　D. 90

20. 以下不属于劳动合同必备条款的是（　　）。

A. 劳动报酬　　B. 试用期　　C. 职位晋升　　D. 福利待遇

21. 在施工实践中，总包单位与分包商之间因履约范围不清而发生纠纷的现象屡见不鲜，造成履约范围不清的主要原因是（　　）。

A. 合同双方当事人未按照合同示范文本执行

B. 合同双方当事人对工程情况不熟悉

C. 合同双方当事人对法律知识不了解

D. 分包合同条款内容不规范、不具体

22. 劳务企业施工作业人员进入现场后，项目部统一管理的“三证八统一”中的三证不包括（　　）。

A. 身份证　　B. 健康证　　C. 暂住证　　D. 上岗证

23. 支付工程款时，应把（　　）列为第一支付顺序。

A. 人工费　　B. 机械费　　C. 劳务费　　D. 管理费

24. 分包合同价款的支付形式必须采用（　　）形式办理。

A. 现金　　B. 银行转账　　C. 支票　　D. 网上支付

25. 建设主管部门对于不配合监督检查的劳务分包企业，可以采取的措施不包括（　　）。

A. 限制承接新业务　　B. 责令整改

C. 通报批评　　D. 记入建设行业信用信息提示系统

26. 从 2011 年起，安全生产事故中一次死亡补偿金标准，按上一年度全国城镇居民人均可支配收入的（　　）倍计算。

A. 10　　B. 12　　C. 16　　D. 20

27.（　　）应当建立劳务分包合同监督检查制度，采取定期检查，巡查和联合检查等方式进行监督检查。

A. 劳动局　　B. 总包企业　　C. 建设主管部门　　D. 分包企业

28. 在下列各项中，应当认定为工伤的是（　　）。

A. 因工外出途中，由于交通事故造成重伤　　B. 因违反治安管理而造成伤亡

C. 因醉酒斗殴造成轻伤　　D. 因与同事发生矛盾而自残

29. 发包方与不具备相应资质的企业签订劳务分包合同的，其后果是（　　）。

A. 可以履行合同　　B. 法律不支持请求劳务费

C. 合同无效　　D. 工程不合格时不承担损失

30. 劳务分包企业从事危险作业员工的意外伤害保险，其保险费用由（　　）支付。

A. 工程承包企业　　B. 劳务分包企业　　C. 业主方　　D. 员工个人

31. 时间研究是在一定的标准测定条件下，确定人们完成作业活动所需时间总量的一套（　　）。

A. 动作和方法　　B. 程序和方法　　C. 流程和定额　　D. 数据统计表

32. 不属于处置劳务纠纷的主要方式是（　　）。

A. 和解及调解　　B. 仲裁　　C. 政府强制执行　　D. 诉讼

33. 劳动者拒绝用人单位管理人员违章指挥，强令冒险作业的，（　　）违反劳动合同。

A. 视为　　B. 有时视为　　C. 不视为　　D. 部分视为

34. 非全日制用工终止时，用人单位（　　）向劳动者支付经济补偿。

A. 无义务

B. 以劳动者每工作满 1 年支付 1 个月工资的标准

C. 以劳动者每工作满 1 年支付半个月工资的标准

D. 以与全日制用工相同的标准

35. 非全日制用工劳动报酬结算周期不超过（　　）。

A. 24 小时　　B. 15 天　　C. 7 天　　D. 1 个月

36. 劳动合同期限 1 年以上不满 3 年的，试用期不得超过（　　）。

A. 半个月　　B. 1 个月　　C. 一个半月　　D. 2 个月

37. 职工发生事故伤害后，用人单位未按《工伤保险条例》规定提出工伤认定申请的，工伤职工或者其直系亲属，工会组织在事故伤害发生之日起（　　）年内，可以直接向用人单位所在地统筹地区劳动保障行政部门提出工伤认定申请。

A. 半　　B. 1　　C. 2　　D. 3

38. 下列各项中，不属于施工劳动力结构特点的是（　　）。

A. 劳动力主要集中在劳务分包企业　　B. 劳动力主要来源于城镇

C. 劳动力的聘用期相对较短　　D. 普通工人多于高技能工人

39. 发包人、承包人应当对上月完成劳务作业量及应支付的劳务分包合同价款予以书面确认，发包人应当在书面确认后（　　）日内支付已确认的劳务分包价款。

A. 3　　B. 5　　C. 20　　D. 30

40. 有下列情形之一的，劳动合同终止（　　）。

A. 劳动者不能胜任工作

B. 劳动者患病或者非因工负伤，在规定的医疗期满后不能从事原工作，且未能就变更劳动合同与用人单位协商一致的

C. 劳动合同订立时所依据的客观情况发生重大变化，致使劳动合同无法履行，经用人单位与劳动者协商，未能就变更劳动合同内容达成协议的

D. 用人单位被依法宣告破产的

41. 工伤认定的主体不包括（　　）。

A. 职工工友　　B. 职工所在单位

C. 职工或者其直系亲属　　D. 职工所在单位的工会组织

42. 对于工伤保险，以下说法正确的是（　　）。

A. 由国家强制实行　　B.由用人单位自愿参加

C. 不会促进安全生产　　D. 不会减轻用人单位负担

43. 提出在全国推行建筑劳务人员实名制管理的机构是（　　）。

A. 国务院　　B. 住房和城乡建设部

C. 中国建筑业协会　　D. 省级人民政府

44. 实名制管理系统的基本功能是（　　）。

A. 维护劳务人员权益　　B. 保障安全生产

C. 准确掌握现场劳务人员情况　　D. 提高劳动生产效率

45. 实名制管理系统中的“双卡”是指（　　）。

A. 工作卡和工资卡　　B. 工资卡和床头卡

C. 床头卡和金融卡　　D. 工作卡和床头卡

46. 社会保险关系中的用人单位不包括（　　）。

A. 国家机关　　B. 事业单位

C. 有雇工的个体工商户　　D. 国外驻华大使馆

47. 国家对基本养老保险个人账户资金所征的利息税比例为（　　）。

A. 20%　　15%　　C. 5%　　D. 免征

48. 享受养老保险待遇的必要条件不包括（　　）。

A. 退休　　B. 年龄　　C. 工龄　　D. 事业单位退休人员

49. 职工患病或非因公负伤，停止工作满（　　）以上的，停发工资，由用人单位按其工龄长短给付相当于本人工资一定比例的疾病津贴。

A. 一周　　B. 一个月　　C. 一季度　　D. 一年

50. 我国养老保险的组成不包括（　　）。

A. 基本养老保险　　B. 企业补充养老保险

C. 个人储蓄型养老保险　　D. 人身伤害险

二、多选题（共 10 题，共 20 分）

51. 社会保险领域涉及的较为重要的主体为（　　）。

A. 保险人　　B. 投保人　　C. 被保险人

D. 劳动局　　E. 受益人

52. 劳务企业管理人员培训经费由（　　）支付。

A. 政府建设主管部门　　B. 国务院建设主管部门

C. 总包企业　　D. 劳务企业

E. 个人

53. 建筑施工企业应当对劳动者出勤情况进行记录，作为发放工资的依据，并按照工资支付周期编制工资支付表，不得（　　）出勤记录和工资支付表。

A. 伪造　　B. 变造　　C. 隐匿

D. 销毁　　　　E. 复印

54. 建筑劳务企业岗位证书的主要种类有（　　）。

A. 继续教育合格证书　　　　B. 管理人员岗位证书

C. 职业技能岗位证书　　　　D. 特种作业人员操作证书

E. 特种设备作业人员证书

55. 建筑劳务纠纷常见的形式有（　　）。

A. 因资质问题而产生的纠纷　　　　B. 因履约范围不清而产生的纠纷

C. 因转包而产生的纠纷　　　　D. 因拖欠农民工工资而引发的纠纷

E. 因工程质量不合格而引发的纠纷

56. 订立劳动合同，应当遵守（　　）原则。

A. 合法　　　　B. 公平　　　　C. 平等自愿、协商一致

D. 诚实信用　　　　E. 协商

57. 在约定劳务分包合同价款计算方式时，可以采用（　　）的方式约定合同总价。

A. 固定劳务价格　　　　B. 暂估价　　　　C. 计时单价

D. 计件单价　　　　E. 计面积单价

58. 下列（　　）属于进场作业的劳务人员必须具备的证书。

A. 身份证　　　　B. 务工证　　　　C. 计划生育证

D. 高中毕业证　　　　E. 暂住证

59. 劳务纠纷调解的基本原则是（　　）。

A. 合法原则　　　　B. 公开原则　　　　C. 公正原则

D. 及时处理原则　　　　E. 调解为主原则

60. 下列属于劳务分包合同价款的是（　　）。

A. 工人工资　　　　B. 管理费　　　　C. 工具用具费

D. 工人奖金　　　　E. 利润

三、判断题（共20题，共20分）

61. 超过国家规定的正常退休年龄的人员，可以从事建筑业的体力劳动务工。（　　）

A. 正确　　　　B. 错误

62. 劳务分包队伍人数在百人以上的劳务分包企业，没有配备专职安全员，可以使用兼职管理人员。（　　）

A. 正确　　　　B. 错误

63. 约定劳务分包合同价款计算方式时，不可以采用“暂估价”方式约定合同价款。（　　）

A. 正确　　　　B. 错误

64. 用人单位与劳动者订立的劳动合同中劳动报酬标准不得低于当地最低工资标准。（　　）

A. 正确　　　　B. 错误

65. 劳动者患病或者非因工负伤，在规定的医疗期满后不能从事原工作，也不能从事由用人单位另行安排的工作的，用人单位可直接解除劳动合同。（　　）

A. 正确　　　　　　　　　　　　B. 错误

66. 用人单位与劳动者变更劳动合同时，应当采用书面形式。（　）

A. 正确　　　　　　　　　　　　B. 错误

67. 在用人单位存在违法行为的情况下，劳动者提出解除劳动合同的，用人单位应当向劳动者支付经济补偿。（　　）

A. 正确　　　　　　　　　　　　B. 错误

68. 劳动合同由用人单位与劳动者协商一致，并经用人单位与劳动者在劳动合同文本上签字或者盖章生效。（　　）

A. 正确　　　　　　　　　　　　B. 错误

69. 行业和企业对劳务企业和施工作业队的信用评价资料包括：建筑行业劳务企业施工作业队伍信用评价等级名录和行业协会颁发的《建筑业施工作业队信用等级证书》。（　　）

A. 正确　　　　　　　　　　　　B. 错误

70. 劳务分包商必须服从监理工程师的直接指令。（　）

A. 正确　　　　　　　　　　　　B. 错误

71. 劳务分包队伍因被拖欠工程款导致拖欠工人工资的，追回的被拖欠工程款，应优先用于支付拖欠的劳务工工资。（　　）

A. 正确　　　　　　　　　　　　B. 错误

72. 工程总承包企业不得将工程违反规定发包、分包给不具备用工主体资格的组织或个人，否则应承担清偿拖欠工资连带责任。（　　）

A. 正确　　　　　　　　　　　　B. 错误

73. 劳务分包企业提供的进入施工现场人员花名册，是总承包单位掌控进场作业人员自然情况的重要材料。花名册必须包含姓名、籍贯、年龄、身份证号码、岗位证书编号、工种等重要信息。（　）

A. 正确　　　　　　　　　　　　B. 错误

74. 社会保险是一种为丧失劳动能力、暂时失去劳动岗位或因健康原因造成损失的人口提供收入或补偿的一种社会和经济制度。（　　）

A. 正确　　　　　　　　　　　　B. 错误

75. 劳务企业必须每月一次性全部支付农民工的工资。（　　）

A. 正确　　　　　　　　　　　　B. 错误

76. 劳动者经济困难的，劳动争议仲裁不收费。（　　）

A. 正确　　　　　　　　　　　　B. 错误

77. 在劳务培训当中，外部渠道聘请的培训教师费用比较低。（　　）

A. 正确　　　　　　　　　　　　B. 错误

78. 总包企业负责建立劳务分包合同管理信息系统。（　　）

A. 正确　　　　　　　　　　　　B. 错误

79. 混凝土作业分包企业资质不分等级。（　）

A. 正确　　　　　　　　　　　　B. 错误

80. 非全日制用工可以不签订劳动合同。

A. 正确　　　　B. 错误

四、案例分析（共2题，共10分）

81. [背景资料]甲劳务公司和混凝土工张三（农民工）签订了劳动合同，合同约定：(1) 合同期限为某工程的主体混凝土施工完成；(2) 试用期为3个月；(3) 每半年支付一次工资；(4) 劳务报酬的计算方式根据浇筑的混凝土工程量乘以相应单价，但在试用期期间，发放的报酬要下浮40%；(5) 无论现场发生何种情形，张三要无条件服从现场施工员的安排。签订合同后，张三发现，根据约定的报酬条款计算后，试用期的月工资低于当地的最低工资标准1 500元，于是向甲公司提出了异议。

[问题]根据背景资料，解答下列问题。

(1)（判断题）张三的试用期约定为3个月是符合国家相关法律的。（　　）

A. 正确　　　　B. 错误

(2)（单选题）甲公司和张三签订的合同为（　　）。

A. 有固定期限的合同　　　　B. 无固定期限的合同

C. 临时性合同　　　　D. 以完成一定工作任务为期限的合同

(3)（单选题）根据有关规定，劳动合同中应当明确（　　）至少向农民工支付一次工资。

A. 每月　　　　B. 每季度

C. 每半年　　　　D. 双方约定的任何时间段

(4)（多选题）国务院非常重视农民工工资发放问题，要求有关部门核实劳务人员工资发放情况，关于工资核实内人下列（　　）是正确的。

A. 是否购买保险

B. 是否签订劳务合同

C. 核实农民工工资专用账户是否备案

D. 核实是否编制农民工工资表并进行公示和确认

E. 核实务工人员工资是否实际支付

82. [背景资料]A建筑公司挂靠于一资质较高的B建筑公司，以B建筑公司名义承揽了一项工程，并与建设单位C公司签订了施工合同。但在施工过程中，由于A建筑公司的实际施工技术力量和管理能力都较差，造成了工程进度的延误和一些工程质量缺陷。C公司以此为由，不予支付余下的工程款。由于资金紧张A公司3个月没有发放劳务人员工资，导致30名农民工在建设单位门口聚众闹事围堵建设单位工作人员。A建筑公司以B建筑公司名义将C公司告上了法庭。

[问题]根据背景资料，解答下列问题。

(1)（判断题）据统计，引发劳动争议的第一大原因是劳动报酬。（　　）

A. 正确　　　　B. 错误

(2)（单选题）关于履行劳务分包合同价款的规定，说法错误的是（　　）。

A. 发包人不得以工程质量纠纷拖欠劳务分包合同价款

B. 发包人，承包人应当在每月月底前对上月完成劳务作业量级应支付的劳务分包合同价款予以书面确认

C. 发包人应当在书面确认后 7 日内支付已确认的劳务分包合同价款

D. 承办人应当按照劳务分包合同的约定组织劳务作业人员完成劳务作业内容

（3）（单选题）不属于农民工工资纠纷应急处理的原则是（　　）。

A. 优先支付原则　　　　B. 事后追究责任原则

C. 及时裁决和强制执行原则　　　　D. 先行垫付原则

（4）（多选题）C 公司（　　）应当支付余下的工程款。

A. 不应当

B. 应当

C. 工程竣工验收合格，应当支付

D. 工程经竣工验收不合格的，修复后仍不合格的，不应当支付

E. 工程经竣工验收不合格的，修复后合格的，应当支付

附录2　劳务员专业知识测试模拟试卷参考答案

试卷一

一、单选题

1. C	2. B	3. B	4. C	5. B	6. A	7. A	8. C	9. A	10. A
11. C	12. D	13. B	14. A	15. C	16. C	17. A	18. C	19. B	20. A
21. A	22. D	23. C	24. D	25. C	26. B	27. B	28. C	29. C	30. D
31. D	32. C	33. D	34. C	35. C	36. A	37. A	38. C	39. C	40. D
41. A	42. C	43. D	44. D	45. D	46. A	47. A	48. A	49. D	50. C

二、多选题

51. ABCE	52. ABC	53. ABCE	54. ABCE	55. ABDE
56. ABC	57. ACD	58. CDE	59. ACD	60. ACDE

三、判断题

61. B	62. A	63. A	64. A	65. A	66. A	67. A	68. A	69. B	70. A
71. A	72. A	73. A	74. A	75. B	76. A	77. A	78. A	79. A	80. A

四、案例分析

81（1）A、（2）C、（3）D、（4）BCD

82（1）A、（2）D、（3）D、（4）ADE

试卷二

一、单选题

1. D	2. D	3. B	4. A	5. C	6. A	7. C	8. D	9. C	10. A
11. C	12. C	13. D	14. D	15. A	16. A	17. C	18. A	19. C	20. C
21. D	22. B	23. C	24. B	25. A	26. D	27. C	28. A	29. C	30. B
31. B	32. C	33. C	34. A	35. B	36. D	37. B	38. B	39. B	40. D
41. A	42. A	43. B	44. C	45. D	46. D	47. D	48. D	49. D	50. D

二、多选题

51. ABCE　52. DE　53. ABCD　54. BCDE　55. ABCD

56. ABCD　57. ACDE　58. ABC　59. ACDE　60. ABCE

三、判断题

61. B　62. B　63. A　64. A　65. B　66. A　67. A　68. B　69. A　70. A

71. A　72. A　73. A　74. A　75. B　76. B　77. B　78. B　79. A　80. A

四、案例分析

81（1）B、（2）D、（3）A、（4）CDE

82（1）A、（2）C、（3）B、（4）CDE